J. V. Luce

La fine di Atlantide

Nuove luci su un'antica leggenda

Prefazione di Mortimer Wheeler
Traduzione di Celso Balducci

Edizione integrale

Grandi Tascabili Economici
Newton

Prefazione

«I redattori intendono mettere in chiaro il fatto che, a loro avviso, la tesi principale sostenuta in questo articolo necessita di ulteriori prove a sostegno che potranno derivarle da scavi condotti in determinate località. È sperabile che detti scavi vengano eseguiti a tempo opportuno.»

I «redattori» di cui si parla appartenevano al periodico inglese Antiquity *che, nel 1939, pubblicava un interessante articolo del professor Spyridon Marinatos, Direttore del Servizio Archeologico Greco, sulla «distruzione vulcanica della Creta minoica». Il professor Marinatos sosteneva, con l'appoggio di una notevole mole di prove, che la distruzione, di vastissima portata e da tutti riconosciuta, di Cnosso e della civiltà cretese, risalente grosso modo agli anni immediatamente successivi al 1500 a.C., era stata provocata da una violenta attività vulcanica nell'isola di Thera (Santorino), a circa 100 km a nord di Creta.*

Attualmente, a 30 anni di distanza, il professor Marinatos conduce effettivamente degli scavi ad Akrotiri, in prossimità dell'estremo meridionale del gruppo di Thera, e ha ampliato un preesistente ritrovamento di mura minoiche (cretesi) ai piedi del vulcano, tanto che è lecito affermare che tali scoperte, in concomitanza con il grande spessore del materiale vulcanico sovrapposto alle rovine, convalidano in larga misura la sua tesi del 1939. Sembrerebbe che la sequenza di eventi distruttivi si sia aperta con un tremendo terremoto continuatosi sotto forma di due eruzioni, la seconda delle quali fu più grave, essendo sicuramente accompagnata da immense ondate. Tanto le scorie vulcaniche, quanto le ondate raggiunsero Creta, senza dubbio con altri terremoti, e la civiltà cretese fu praticamente cancellata dalla faccia della terra. Solamente Cnosso, relativamente riparata, poté in qualche modo sopravvivere, a quanto pare sotto la dominazione di alcuni profittatori di lingua greca, giunti dal continente.

E non è tutto. Questo episodio ha riportato alla luce dalle nebulose dicerie platoniche, e dalle moderne stramberie, l'antico Continente perduto di Atlantide. Già nel 1909 un giovane studioso pubblicava a Belfast una sua ardita ipotesi, secondo la quale il favoloso stato di Atlantide in realtà era il ricordo dello scintillante impero minoico che Sir Arthur Evans e altri esploratori cominciavano allora a rivelare al mondo. Ma, come ho detto, sarebbe toccato al professor Marinatos di conferire attualità a questa leggendaria distruzione e di fornire, dal 1967, grazie agli scavi, qualcuna delle prove essenziali, richieste nel 1939 dai suoi redattori. Anche altri hanno contribuito sostanzialmente alla ricostruzione del dramma: tra questi si distingue il si-

smologo greco professor Angelos Galanopoulos, che, oltre tutto, si è applicato, con competenza professionale, allo studio del forte terremoto di Thera del 1956, pervenendo, col sistema del carbonio radioattivo, alla datazione di materiali estratti dalle rovine scoperte in quell'occasione sotto a uno spesso strato di scorie vulcaniche. Chi in un modo chi nell'altro, i più autorevoli studiosi si stanno dimostrando sempre più inclini all'accoglimento di questo tipo di spiegazione razionale degli eventi. Il momento attuale sembra propizio alla raccolta e alla presentazione degli elementi del problema, così come ci appaiono alla fine del 1968; e appunto questo è stato fatto da Mr. J. V. Luce, dopo aver visitato i luoghi dove sono in corso i lavori, ricevendo il più generoso appoggio dallo stesso professor Marinatos.

MORTIMER WHEELER

Avvertenza

Le illustrazioni nel testo sono di Lucinda Rodd.
La dizione «tav.» rinvia alle illustrazioni fuori testo, la dizione «fig.» alle illustrazioni nel testo. La dizione «*Bibl.*» rinvia ai Riferimenti bibliografici alle pp. 171-172.

LA FINE DI ATLANTIDE

Introduzione

Cinque campioni di sedimenti, provenienti dal fondo marino del Mediterraneo Orientale, sono bastati a catalizzare un vastissimo ritorno di interesse per la storia dell'Egeo nel quindicesimo secolo a.C. I campioni contengono cenere vulcanica dell'isola di Thera, cenere depositata su una zona assai ampia a opera di un'eruzione vulcanica di grande potenza esplosiva. Il materiale documentario è stato pubblicato nel 1965 in un'importante comunicazione di due scienziati americani: D. Ninkovich e B. C. Heezen. Questi, dopo aver definito la distribuzione della cenere, proseguono enunciando le conseguenze che le loro scoperte potranno avere sulla storia della tarda Età del Bronzo. In particolare, essi avanzano l'ipotesi che l'eruzione sia stata una catastrofe di immensa portata per l'impero insulare della Creta minoica, tale da comportare direttamente un trapasso di potere dai Minoici ai Greci del continente (Micenei). Fin dal 1939 il professor Marinatos aveva sostenuto che la Creta minoica fu distrutta da un'eruzione vulcanica e il lavoro di Ninkovich e Heezen ha contribuito ad avvalorare questa tesi con l'apporto di prove che non è lecito ignorare e che esigono la massima considerazione.

Tra gli scopi essenziali del mio lavoro si trova la presentazione di un quadro di Thera e della sua grande eruzione nell'Età del Bronzo, testimoniata da importanti dati di fatto venutisi fin qui accumulando. In linea generale, le conclusioni, cui sono pervenuto circa le conseguenze dell'eruzione sulla Creta minoica, concordano con quelle di Ninkovich e Heezen, con una sola eccezione importante: questi autori collocano la catastrofe intorno al 1400 a.C., laddove io propendo per il 1470 a.C. circa. Sono lieto di trovarmi, in questa retrodatazione, in accordo col professor Marinatos e anche con M. S. F. Hood, che, nel suo volume *The Home of the Heroes*, ha enunciato le conseguenze del disastro di Thera (pp. 104-6).

L'altro mio scopo è Atlantide. Già nel 1909 K. T. Frost avanzava l'ipotesi che la leggenda di Atlantide poggiasse sul ricordo, autentico, ma travisato, della Creta minoica. L'«ipotesi minoica» fece scarsissima presa sull'opinione dei dotti, a quell'epoca, mentre, a partire dalla seconda guerra mondiale, è andata riscuotendo sempre maggior interesse e sempre nuovi sostenitori. Nell'estate del 1967 il professor Marinatos faceva importanti scoperte archeologiche a Thera. La risonanza mondiale che hanno avuto queste notizie è stata più volte accompagnata dall'affermazione che finalmente si è scoperta la «perduta Atlantide». Voglio sperare che la mia relazione sugli scavi di Thera (basata su una visita del posto e sul rapporto del professor Marinatos), come pure la mia discussione della leggenda di Atlantide, daranno ai lettori la possibilità di giudicare in qual senso sia, o possa essere, vera l'identificazione di Atlantide con la Creta minoica in generale o, in particolare, con Thera.

Per quanto riguarda i ricordi della catastrofe di Thera, esistenti nella letteratura e nella mitologia greca al di fuori della leggenda di Atlantide, io ho riesumato alcune ipotesi emesse in passato e ne ho formulate altre che mi paiono nuove. Queste ipotesi, se ritenute convincenti, varranno a convalidare parzialmente l'asserzione di Mr. Hood, secondo il quale la catastrofe sarebbe stata meglio ricordata dai Greci qualora si fossero trovati nella regione dell'Egeo al tempo in cui si verificò. Discostandomi da Mr. Hood, io penso che i Micenei erano Greci e che le tavolette in Lineare B contengono una forma primordiale di greco. Per questo ne concludo che l'eruzione di Thera ebbe una profonda influenza sui primordi della storia *greca*, come pure sull'impero minoico. Credo che qualche frammento di questa tradizione si sia conservato, soprattutto nell'epica greca, senza, però, che i Greci se ne rendessero conto. Essi neppure ricollegavano la leggenda di Atlantide con la Creta minoica. Per quanto riguarda la leggenda, mi conformo all'opinione che una tradizione autentica della subitanea distruzione dell'impero minoico si conservasse in Egitto e che tale tradizione fosse reintrodotta in Grecia da Solone verso il 590 a.C., però in una forma confusa e travisata. Più tardi Platone doveva perpetuare il malinteso conferendo forma letteraria e artistica al resoconto di Solone.

Persino se si respinge l'identificazione fra Atlantide e la Creta minoica, l'ipotesi di Thera può reggersi da sola, dato che poggia su un diverso genere di prove. Il contributo di Ninkovich e Heezen è un significativo esempio di quel che la scienza moderna può offrire all'archeologia classica. Ulteriori scavi a Thera potranno certamente accrescere la nostra già profonda conoscenza della cultura minoica e cicladica, ma non potranno modificare di molto la nostra prospettiva storica. Oltre a questi scavi, si sente l'urgente necessità di nuove indagini sull'eruzione e sui suoi effetti, se vogliamo confermare e ampliare le attuali concezioni sulla caduta della Creta minoica. Indagini del genere richiederanno la più stretta collaborazione fra archeologi, storici dell'antichità e scienziati, soprattutto vulcanologi e cultori di geologia sottomarina.

Desidero esprimere la mia gratitudine per l'assistenza prestatami dai colleghi delle sezioni scientifiche del Trinity College di Dublino: dal professor W. A. Watts di botanica, dal professor C. H. Holland di geologia, dal professor J. P. Haughton e da Mr F. H. A. Aalen di geografia. Sono inoltre debitore in larga misura al professor W. D. Gill e al dottor G. Walker dell'Imperial College di Londra, per i loro preziosi consigli. Il dottor Walker ha avuto la gentilezza di permettermi di prendere visione di alcuni importanti dati contenuti in un suo studio, non ancora pubblicato, sulla caduta di ceneri alle Azzorre: queste notizie mi hanno aiutato a meglio rendermi conto sulla possibile portata degli effetti dell'eruzione di Thera. Sono altresì grato al dottor W. T. Stearn della Sezione Botanica del British Museum (Storia Naturale) per aver richiamato la mia attenzione su materiale già pubblicato relativo all'importazione in Egitto di licheni provenienti da Creta e dalle Cicladi. Quando mi trovavo all'inizio delle mie ricerche il professor L. J. D. Richardson mi ha gentilmente messo a disposizione un'utile bibliografia da lui compilata. Più avanti il professor J. Weingreen ha avuto la bontà di orientarmi fra le complessità del problema dell'Esodo e sui punti ove il Vecchio Testamento menziona Caftor. Nella stessa Thera l'incontro casuale con Mr. B. Gill mi ha procurato un proficuo scambio di idee e informazioni. Desidero anche ringraziare Mr. P. Clayton per la competente assistenza redazionale.

Il testo e la bibliografia dimostreranno quanto debba al professor Marinatos al quale devo anche la massima riconoscenza per aver agevolato la mia visita ai nuovi scavi di Thera. Ma più che a qualsiasi altro sono obbligato verso Sir Mortimer Wheeler. Nella sua qualità di presidente delle Swans Hellenic Cruises, egli ha organizzato la maggior parte delle mie visite a Thera e a Creta, visite che hanno acceso il mio interesse per l'archeologia minoica. Egli inoltre, in qualità di curatore generale di questa collana, mi ha invitato, molto gentilmente, a contribuire alla definizione dello stato attuale della questione Atlantide-Thera. Gli sono profondamente grato per il suo ausilio e incoraggiamento.

Desidero infine ringraziare mia moglie per il suo interesse e incoraggiamento, che non sono mai venuti meno. Mia moglie mi ha aiutato ad apprezzare la verità della conclusione del primo discorso di Odisseo a Nausicaa.

ὁμοφρονέοντε νοήμασιν [1]

Odissea VI, 183.

Trinity College, Dublino

J.V.L.

[1] «Concordi d'animo.»

CAPITOLO PRIMO

L'Atlantide secondo Platone

Atlantide: realtà o fantasia?

È a Platone che dobbiamo la leggenda di Atlantide, affascinante racconto su un'antica civiltà insulare, scomparsa in seguito a una grandiosa catastrofe naturale. Fin dal tempo in cui Platone fece conoscere agli uomini la sua storia, questi ne sono rimasti attratti e stupiti e hanno tentato o di vanificarla, riducendola al livello di fiaba, o di autenticarla localizzando i resti dell'isola perduta. Questi due tipi di reazione sono rintracciabili già al tempo della generazione che seguì alla morte di Platone. Aristotele traccia un parallelo tra il racconto di Atlantide e la descrizione, dataci da Omero, di un muro che i Greci avevano innalzato attorno all'accampamento davanti a Troia e che poi fu abbattuto per intervento divino. Per Aristotele entrambi i racconti sono fantasie poetiche escogitate dagli autori per agevolare la scorrevolezza della narrazione. Aristotele prosegue avanzando l'ipotesi che, come Omero aveva eliminato il muro dopo che questo aveva esaurito il suo scopo, Platone aveva inabissato Atlantide nelle profondità oceaniche per prevenire il critico che gli avrebbe potuto chiedere l'attuale ubicazione dell'isola. «L'uomo che l'ha sognata, l'ha anche fatta scomparire»; tale la sbrigativa soluzione del problema di Atlantide secondo Aristotele [1].

Ma il problema non si sarebbe risolto così facilmente e rapidamente. Il primo editore del *Timeo*, Crantore (circa 300 a.C.), è andato all'estremo opposto, giungendo a ritenere che il racconto platonico dovesse essere, in tutti i suoi punti, autentico, parola per parola, sotto l'aspetto storico. Sembra che Crantore facesse addirittura condurre un'indagine in Egitto, per controllare le fonti della narrazione. I sacerdoti avrebbero risposto che il racconto si conservava tuttora «sui pilastri» [2].

Sin da allora i modi di concepire l'Atlantide hanno oscillato fra questi due estremi. Nelle carte medievali, per esempio quella di Paolo dal Pozzo Toscanelli, pubblicata nel 1475 e usata da Co-

[1] L'opinione di Aristotele è deducibile da due passi di Strabone, II, 102 e XIII, 598. Cfr. Proclo in *Timeo* 61a (Diehl I, p. 197).

[2] Proclo, in *Timeo* 24a-b (Diehl I, p. 76).

lombo, i mari a occidente dell'Europa e dell'Africa sono costellati di isole grandi e piccole. Tra queste si trova Antillia (donde il nome delle Antille) che forse tramanda, in forma alterata, il nome dell'Atlantide platonica. I primi navigatori spagnoli e portoghesi erano ben disposti a credere nella possibilità di scoprire qualche rimasuglio dell'isola perduta e, tra i moventi delle loro esplorazioni, annoveriamo anche il fascino di tale ricerca. Più di un sol granello di verità è contenuto nell'epigramma di J. O. Thomson: «Si può dire in un certo senso che Platone ha inventato l'America» [3]. Addirittura nel 1882 Gladstone sollecitava (senza ottenerli) finanziamenti per una spedizione marittima alla ricerca di Atlantide.

Più scettici i cultori di antichità classiche. Un eminente studioso di Platone di epoca vittoriana, Benjamin Jowett, liquida l'Atlantide considerata pura fantasia. Identica opinione esprime F. M. Cornford nel suo commento al *Timeo*. Secondo A. E. Taylor «l'intero racconto è un'invenzione dello stesso Platone». Per W. W. Hyde si tratta di «una favola geografica». Per T. G. Rosenmayer l'Atlantide è una *plaisanterie* destinata a parodiare alcune precedenti utopie [4].

Indiscutibile realtà o evidente fantasia? Si può dare un compromesso fra i due estremi? In questo libro si cerca di seguire la via di mezzo.

L'elemento storico nei miti e nelle leggende greche

La nostra indagine si conforma agli sviluppi subiti, nel corso di un secolo, dall'interpretazione della mitologia e della saga greca. Allorché Schliemann si accingeva a scoprire Troia con Omero in una mano e una vanga nell'altra, gli studiosi dell'antichità ridevano di lui. Eppure egli la disseppellì dimostrando che non è prudente sottovalutare l'importanza storica dei ricordi popolari. Pressoché identica fu l'impresa di Sir Arthur Evans che trovò a Cnosso il palazzo-labirinto del Minotauro. A mano a mano che l'archeologia andava rivelando i resti dei grandi regni micenei a Micene, Tirinto, Orcomeno e Tebe, Nilsson poneva in rilievo il fatto che i principali cicli della saga greca si incentrano proprio su

[3] J. O. Thomson, *A History of Ancient Geography*, New York, 1964, p. 91.

[4] B. Jowett, *The Dialogues of Plato* (III ed.), Oxford, 1892, vol. 3, p. 519 (dall'introduzione al *Crizia*): «Quindi possiamo concludere con sicurezza che l'intera narrazione è dovuta alla fantasia di Platone...». F. M. Cornford, *Plato's Cosmology*, New York, 1957, p. 8: «Tutto questo elaborato romanzo sull'invasione dall'Atlantide...». A. E. Taylor, *Plato, The Man and his Work*, London, 1926, p. 439. W. W. Hyde, *Ancient Greek Mariners*, Oxford, 1947, p. 158. T. G. Rosenmeyer, *Classical Philology 44*, p. 118.

questi luoghi. Egli poteva così provare come i racconti della stirpe di Atreo, di Eracle, di Edipo, non potessero più essere liquidati come pure fantasie poetiche [5]. Anzi, bisognava oramai considerarli alla stregua di autentiche tradizioni formatesi attorno ai principali centri di potere del mondo miceneo all'epoca del suo massimo splendore nella tarda Età del Bronzo. Quello che un tempo era considerato semplice mito, doveva ora essere trattato come materiale storico da vagliarsi con la massima cura onde ricuperare il consistente nucleo di fatti in esso contenuto.

Questo procedimento è tuttora in atto e negli ultimi anni le leggende sono state convalidate, una dopo l'altra, dai ritrovamenti archeologici in territorio greco. Per esempio lo scenario dell'*Odissea* è stato illuminato dalle scoperte fatte a Itaca. Nel 1937-38 Miss Benton portava alla luce le vestigia di un vastissimo edificio e ricuperava, a Polis nell'isola di Itaca, importanti quantitativi di ceramiche micenee. Da una grotta dei dintorni, sacra alle ninfe, fu estratto del vasellame risalente dall'Età del Bronzo fino al primo secolo d.C., tredici magnifici calderoni montati su tripodi del nono e ottavo secolo a.C. e una maschera di terracotta, del secondo secolo a.C., con l'iscrizione: «Una prece per Odisseo». Queste scoperte tendono a confermare la fondamentale esattezza della descrizione lasciataci da Omero di Itaca quale regno insulare miceneo all'epoca dell'assedio di Troia [6].

Racconta Omero nel terzo libro dell'*Odissea* come Telemaco, figlio di Odisseo, salpasse da Itaca in cerca di notizie del padre lontano e, veleggiando a sud, approdasse alla «arenosa Pilo». Quivi incontrò re Nestore e venne ospitalmente accolto nel grande palazzo di Nestore là nei pressi. Tra l'altro veniamo a sapere che la figlia di Nestore, Policasti, gli preparò un bagno e Nestore gli servì vino pregiato, vecchio di undici anni [7].

Il quadro di Omero ha ricevuto un'interessante conferma in seguito alle stupefacenti scoperte del professor Carl Blegen a Epano Englianos nella Messenia sud-occidentale [8]. Grazie agli scavi di Blegen, condotti a partire dal 1952, possiamo ora disegnare con chiarezza la pianta di un grande palazzo miceneo che si ergeva in tutto il suo maestoso splendore nel tredicesimo secolo a.C. Si possono tuttora distinguere i segni delle scanalature alla base dei pilastri ancora *in situ* nel portico «risonante di echi».

[5] M. P. Nilsson, *The Mycenaean Origin of Greek Mythology*, New York, 1932.

[6] Situato a Tris Langadas sulla riva Nord del Golfo di Polis: *Annual of the British School at Athens 40*, p. 10, Sacrario in caverna delle ninfe, *ibid. 35*, p. 45 ss.; *39*, p. 1 ss.; *Antiquity 10*, p. 358 ss.

[7] Omero, *Odissea* 3, *passim*; bagno: 464-8, vino: 391.

[8] Palazzo di Nestore: segnalato per la prima volta in *American Journal of Archeology 43*, p. 557 ss. Descrizione sintetica in *A Guide to the Palace of Nestor*, University of Cincinnati, 1962.

Addirittura si riescono a vedere i resti di successivi rinnovi dell'intonaco attorno al grande focolare centrale nella sala del trono e a distinguere ancora qualcosa delle tinte e degli ornamenti sul pavimento variopinto. Quando troviamo, ancora al suo posto in una stanza, una vasca da bagno finemente modellata e decorata e quando ci viene detto che in una cantina dietro il palazzo si trovano sigilli di creta che stanno presumibilmente a significare l'anno di vendemmia e la provenienza del vino, dobbiamo ammettere che la convergenza tra archeologia e tradizione letteraria, per quanto riguarda questa località, è diventata assai stretta e convincente. E direi che a questo punto spetterà semmai allo scettico di negare, se può, l'identificazione di questo luogo col palazzo di Nestore quale ce l'ha descritto Omero. Gli archivi del palazzo, le famose tavolette in Lineare B di Pilo, dimostrano che questo palazzo era uno dei principali centri amministrativi della Messenia occidentale in un tempo non lontano dalla guerra di Troia. In questi documenti il nome di Nestore non figura, ma si deve ricordare che le tavolette risalgono all'anno della distruzione definitiva del palazzo, verso il 1200 a.C., quando sul trono doveva sedere un figlio o un nipote. Ma l'epica greca ha conservato il nome di Nestore che condusse novanta navi a Troia (la flotta più numerosa dopo quella di Agamennone) e i bardi hanno, l'uno dopo l'altro, cantato di lui finché il racconto ci è stato conservato in forma definitiva nei poemi di Omero, composti circa 500 anni più tardi. Se si tengono presenti i particolari dati da Omero, l'attuale visitatore degli scavi di Blegen non potrà essere tacciato di eccessiva credulità se presterà fede ai cartelli che lo informano che si sta avvicinando al «palazzo di Nestore».

Mi sono soffermato alquanto sulla questione dell'identificazione del palazzo di Nestore perché mi sembra trattarsi di un problema affine al problema dell'Atlantide. In mancanza di iscrizioni che ne attestino la veridicità, identificazioni del genere si basano su prove circostanziali, vale a dire su elementi indiretti scoperti in circostanze che limitano il numero delle ipotesi ammissibili. Così io annovero fra le ipotesi ammissibili la possibilità che le «illustri sale» – come le chiama Omero – di Nestore siano tuttora in attesa di essere scoperte in qualche altra parte del Peloponneso. Recenti indagini hanno rivelato come moltissime località micenee, particolarmente in Messenia, attendano ancora di essere scavate. D'altra parte Blegen ha disseppellito un grande palazzo i cui documenti scritti dimostrano come avesse il controllo amministrativo di un'ampia zona. Le date della sua costruzione e distruzione, determinate dall'esame delle ceramiche, concordano strettamente con la tradizione greca, secondo la quale i monarchi di Pilo furono solamente quattro: Neleo, che si impadronì del luogo, Nestore dalla lunga vita, suo figlio Pisistrato e il nipote. E quando riflettiamo sui particolari della descrizione omerica – le novanta navi, il lido arenoso, il nome Pilo (frequente in quei paraggi), le cantine e la stanza da bagno – ci dobbiamo chiedere se possa esistere un altro palazzo che corrisponda altrettanto esattamente a tutti questi particolari.

Il problema dell'identificazione di Atlantide, per molteplici ragioni, è assai più complesso del problema di Pilo. Innanzi tutto l'Atlantide rappresenta una civiltà scomparsa e non soltanto un edificio sepolto. In secondo luogo la leggenda di Atlantide affonda, nell'antica tradizione greca, radici molto meno profonde di quelle della saga della guerra di Troia. In terzo luogo, ammesso che il racconto contenga un consistente nucleo di storia greca, gli avvenimenti debbono risalire al primo periodo miceneo che i Greci non ricordavano con molti particolari. In quarto luogo, chi va in cerca del palazzo di Nestore non uscirà mai dal Peloponneso, mentre l'Atlantide è stata letteralmente cercata da Ceylon al Messico e tante sono state le false piste, che non sapremmo da dove cominciare. Tuttavia, in linea di principio, le argomentazioni avanzate in questo libro sono identiche a quelle adottate nell'identificazione della Troia di Agamennone e del palazzo di Nestore. Si tratta di argomenti, fondati su prove circostanziali fornite dall'archeologia, dalla storia e dalla leggenda, che tentano di avvalersi di queste prove per limitare il numero delle ipotesi accettabili finché non emerga la più attendibile. Essi partono dal punto di vista secondo il quale la leggenda di Atlantide, al pari di altre leggende greche, possa racchiudere un consistente nucleo di fatti storici. Indi prendono in considerazione il modo in cui la leggenda si è tramandata fino a Platone. Lo studio delle vie di questa trasmissione suggerisce un tempo e un luogo in cui collocare gli avvenimenti che portarono alla formazione iniziale della leggenda. Un'idonea collocazione spazio-temporale può essere individuata nella Creta minoica e nel suo impero insulare nella tarda Età del Bronzo. In tal modo l'Atlantide viene ipoteticamente identificata con la Creta minoica. Indi si mettono a confronto i particolari della leggenda di Atlantide con quanto si conosce, indipendentemente da questa, della Creta minoica. Infine si deve decidere se il confronto ha sufficientemente limitato le «ipotesi ammissibili» perché si possa dire che l'identificazione è improbabile, possibile, ragionevole o probabile. Non si pretende di raggiungere la certezza.

A prescindere dall'Atlantide, le prove archeologiche e scientifiche esposte nei capitoli seguenti impongono un nuovo modo di considerare la «storia» dell'Egeo nella tarda Età del Bronzo. Uno dei principali problemi è sempre stato quello del declino e del collasso della potenza, dell'indipendenza e dell'importanza culturale minoiche nel quindicesimo secolo a.C. Tre sono le principali ragioni, suggerite per spiegare questa caduta: conquista straniera, lotte intestine, una catastrofe naturale di massicce proporzioni, quale un terremoto o una siccità che abbia portato carestie ed epidemie. Negli ultimi anni l'attenzione degli studiosi si è rivolta sempre più intensamente alla terza possibilità, ossia che la caduta della Creta minoica sia stata provocata o affrettata da una catastrofe o cataclisma naturale. Si pensa che questa catastrofe sia consistita in una grande eruzione o serie di eruzioni incentrate sull'isola vulcanica di Thera (Santorino) [9] posta a circa 120 km direttamente a nord di Cnosso.

Uno dei principali scopi di questo libro è quello di presentare i dati scientifici e archeologici riguardanti Thera, accumulatisi nel corso degli ultimi due secoli. In anni recenti la mole dei dati si è accresciuta grazie a due importantissime ricerche: 1. il ricupero di materiali vulcanici (*tefra*) provenienti dal vulcano di Thera e distribuiti su una vastissima zona del mediterraneo orientale; 2. gli scavi, condotti dal Servizio Archeologico greco, in una località della costa sud-occidentale di Thera, scavi che hanno già rivelato l'esistenza di un fiorente insediamento minoico sommerso e cancellato dalla pomice e dalla cenere di una grande eruzione. I dati sono già abbastanza consistenti da consentire di stabilire una datazione e ricostruire lo svolgimento dell'eruzione entro limiti di tempo assai ristretti. Si può anche fare una stima attendibile della straordinaria violenza e potenza distruttiva dell'eruzione. Ormai non è più possibile non tener conto delle conseguenze dell'eruzione di Thera in qualunque memoria storica sugli avvenimenti relativi alla tarda Età del Bronzo nel Mediterraneo orientale, specialmente in rapporto alla Creta minoica.

Ci troviamo ancora una volta di fronte a una convergenza dell'archeologia e di una leggenda greca. Questa leggenda proviene essenzialmente da Platone e non è affatto profondamente radicata nella mitologia greca, come lo è invece, per esempio, la leggenda di Troia. Ma quando leggiamo in Platone che la grande e antica civiltà atlantidea «scomparve in un terribile giorno e una notte soltanto», secondo me dobbiamo riesaminare le vecchie prospettive alla luce delle nuove scoperte. Si tratta dell'artificio di un favoleggiatore che, con un tratto di penna, distrugge l'edificio eretto dalla sua stessa immaginazione? Oppure racchiude un antico e confuso ricordo di qualche cosa realmente accaduta?

[9] L'antico nome dell'isola, Thera, è stato risuscitato ufficialmente. Il nome alternativo di Santorino (Santorini) deriva dall'occupazione veneziana dopo la quarta crociata. «Thera» deriva da Theras, capo dei colonizzatori dori che occuparono l'isola nel periodo geometrico. «Santorino» è una corruzione del nome della patrona dell'isola, S. Irene.

Il breve resoconto su Atlantide nel Timeo *di Platone*

È arrivato il momento di esaminare più da vicino la principale fonte della leggenda di Atlantide. Platone delinea la leggenda dell'Atlantide nel suo *Timeo* e descrive l'Atlantide con maggiori particolari nel *Crizia* (incompiuto). I passi in questione sono riportati per esteso in Appendice. Onde evitare qualsiasi sospetto che la traduzione sia manipolata in modo da favorire la «ipotesi minoica», trascrivo il materiale nella presentazione dello scettico Jowett. Le citazioni che seguono comprendono la parte essenziale delle dichiarazioni rese a Solone dal sacerdote egiziano, come le riferisce Crizia nel *Timeo* (24d-25d):

> Nelle nostre storie si ricordano molti grandi e meravigliose imprese della vostra nazione (Atene). Ma tra queste una supera tutte le altre in grandezza e valore. Queste storie, infatti, parlano di una grande potenza che, senza essere provocata, compì una spedizione contro tutta l'Europa e l'Asia, alla quale la vostra città pose termine. Questa potenza veniva dall'Oceano Atlantico, perché in quei giorni l'Atlantico era navigabile; e vi era un'isola posta di fronte agli stretti che voi chiamate Colonne d'Ercole; l'isola era più grande della Libia e dell'Asia messe insieme ed era un passaggio verso altre isole, dalle quali si poteva raggiungere qualsiasi parte del continente opposto che circondava l'oceano vero e proprio; infatti il mare che si trova all'interno delle Colonne d'Ercole (il Mediterraneo) non è altro che un porto con un'angusta entrata, mentre l'altro è un vero mare e la terra che da ogni parte lo circonda può a buon diritto essere considerata un continente senza limiti (fig. 1). Ora in quest'isola di Atlantide vi era un grande e meraviglioso impero che aveva il dominio dell'intera isola e di molte altre ancora e di parte del continente; e inoltre gli uomini di Atlantide avevano assoggettato la parte della Libia che si trova immediatamente all'interno delle Colonne d'Ercole fino all'Egitto, e parte dell'Europa fino alla Tirrenia (l'Etruria nella porzione settentrionale della penisola italica). Questa grande potenza, riunita in un solo stato, tentò improvvisamente di soggiogare il nostro e il vostro paese e tutta la regione all'interno degli stretti; e allora, o Solone, la vostra patria rifulse su tutto il genere umano per l'eccellenza del suo valore e della sua forza. Essa si distinse per coraggio e virtù militare, e si pose alla testa degli Elleni. E quando gli altri l'abbandonarono, costringendola a reggersi da sola, essa, dopo aver corso gravissimi pericoli, sconfisse gli invasori e trionfò su di essi, salvò dalla schiavitù quanti non erano stati ancora sottomessi e generosamente liberò noi tutti che vivevamo all'interno delle Colonne. Ma poi vi furono violenti terremoti e inondazioni, e in un giorno di sciagura e in una notte soltanto tutti i vostri guerrieri furono travolti e così pure l'isola di Atlantide scomparve nelle profondità marine. Per questa ragione il mare in quei luoghi è insuperabile dato che vi si trova un banco di fango e tutto questo è stato provocato dallo sprofondamento dell'isola.

L'estratto che abbiamo trascritto contiene il nocciolo della storia di Atlantide, quale impero insulare in conflitto con l'Atene primordiale e con l'Egitto. L'impero, si sarà notato, poggiava su un'unica isola principale e si estendeva su molte altre isole e su tratti di continente. A causa dei loro piani di aggressione contro

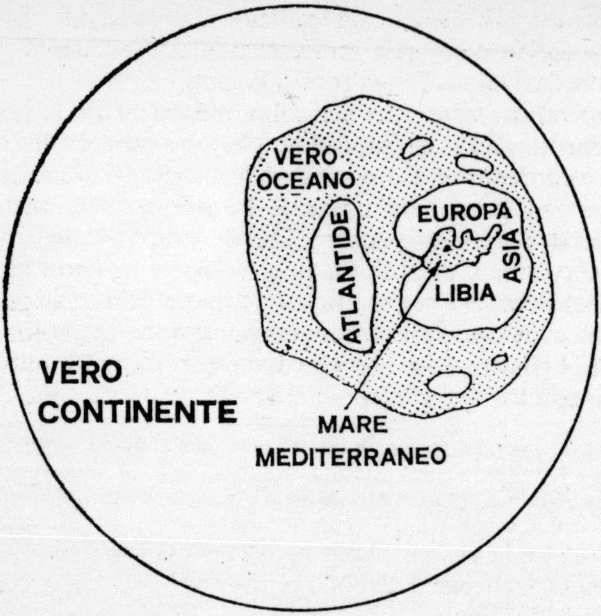

Fig. 1. Concezione del globo terrestre secondo Platone (Friedlander).

altri popoli mediterranei, gli uomini di Atlantide entrarono in violento conflitto con gli Elleni, e con Atene in particolare, e furono sconfitti dopo una lotta disperata. Poi vi fu una grande catastrofe naturale che distrusse le forze ateniesi e sommerse nel mare l'isola di Atlantide.

Platone afferma che l'Atlantide era «più grande della Libia e dell'Asia messe insieme». Si tratta di una valutazione quanto mai generica, legata, com'è ovvio, al concetto personale di Platone circa l'estensione della Libia e dell'Asia, che ci è impossibile valutare, ma che vuole probabilmente intendere una massa di terre equivalente all'Africa settentrionale e all'Asia minore prese insieme. Egli, inoltre, fa risalire l'invasione degli Atlantidi a 8000 o 9000 anni prima dell'epoca di Solone (circa il 600 a.C.). Più oltre io sostengo che le vaste dimensioni dell'Atlantide e l'estrema antichità dell'aggressione contro la Grecia sono distorsioni ed esagerazioni introdotte dallo stesso Platone in una tradizione storica già deformata prima di giungere a lui e che egli non seppe identificare correttamente. Per ora mi limito a mettere in luce il nucleo della leggenda quale io lo vedo, vale a dire la tradizione di un grande impero insulare altamente civilizzato che un tempo aveva minacciato l'autonomia della Grecia, e in particolare di Atene, e che fu distrutto da una catastrofe naturale. Platone, secondo me, non inventò questa tradizione. Essa, come ci dice Platone stesso, gli pervenne dal suo antenato Solone, il quale l'aveva a sua volta derivata dai sacerdoti egiziani.

A questo punto lo scettico sarebbe autorizzato a citare le immortali parole di Pooh Bah: «Semplici particolari di contorno destinati a conferire verosimiglianza artistica a un racconto altrimenti scarno e poco convincente». Però lo scettico se la dovrà vedere con due fatti innegabili: 1. le cronache egiziane, che tuttora si conservano su pietra e su papiro risalgono molto addietro nell'Età del Bronzo e registrano avvenimenti dei quali gli antichi Greci non avevano alcuna concezione o idea; 2. Solone visitò veramente l'Egitto. È strano che Jowett lo metta in dubbio, dal momento che lo stesso Solone lo attesta nelle sue poesie [10].

Solone in Egitto

Abitualmente la visita di Solone in Egitto viene fatta risalire al 590 circa a.C. Egli aveva da poco portato a compimento una serie di riforme economiche e politiche ad Atene e aveva saggiamente deciso di ritirarsi per un po' dalla scena per lasciare che quei provvedimenti sortissero i loro effetti in sua assenza. In quei giorni i Greci erano accolti favorevolmente in Egitto dal faraone Amasis, rinomato per la sua politica filoellenica. Amasis aveva fatto importanti concessioni al porto commerciale greco di Naucrati che, a detta di Erodoto, era a quei tempi l'unico emporio greco in Egitto. Naucrati era stato fondato, forse nel 630 a.C., in conseguenza della penetrazione in Egitto dei Greci di Mileto, e noi disponiamo di abbondanti prove archeologiche che stanno a dimostrare come, al tempo della visita di Solone, vivessero colà Greci provenienti da parecchi stati [11]. Naucrati era una stazione fiorente e in espansione, posta sul ramo canopico del Nilo a circa 16 km da Sais e la nave di Solone avrà certamente calato l'ancora in quel porto. Da Naucrati Solone avrà potuto raggiungere facilmente Sais (e Platone dice che così fece), che era in quel tempo capitale amministrativa dell'Egitto. A quell'epoca gli studiosi egiziani di antichità si interessavano vivamente alla storia del loro paese e per un uomo dai vasti interessi, qual era Solone, doveva esser naturale cercare di entrare in contatto con costoro. Il problema delle comunicazioni non doveva essere grave, dato

[10] Diehl, *Anth. Lyr. Graec.* fr. 6. Il verso è citato da Plutarco, *Solone* 26, insieme con la notizia che Psenofis di Eliopoli e Sonchis di Sais furono le guide di Solone durante la permanenza in Egitto.

[11] Una sintesi dei dati in J. Boardman, *The Greek Overseas*, Harmondsworth, 1964, pp. 133-50.

che uno dei faraoni precedenti, Psammetico I, aveva, in conformità alla politica filoellenica della dinastia saitica, istituito una scuola di interpreti. È quindi perfettamente naturale immaginarci Solone a colloquio con antiquari e archivisti egiziani, probabilmente sacerdoti della dea Neith, secondo quanto ci dice Platone. Fu allora che un vecchio sacerdote pronunciò le memorabili parole: «Solone, Solone, voi Elleni siete sempre stati dei fanciulli, e tra voi non c'è un solo vecchio».

Quel sacerdote voleva dire che i Greci erano intellettualmente giovani a confronto con gli Egiziani, privi com'erano di scienze e tradizioni antiche. Egli spiegò che i documenti egiziani risalivano a un passato antichissimo, di cui i Greci avevano un'idea molto vaga, tranne che per il tramite dei miti poetici. In confronto con quella egiziana, la civiltà greca difettava di continuità. In passato aveva subito catastrofiche interruzioni a causa di siccità e diluvi. Nel generale decadimento della loro cultura i Greci avevano perduto l'arte della scrittura e per questo non disponevano di una documentazione ininterrotta della loro storia nei millenni trascorsi. Avevano miti, come quello del diluvio di Deucalione o del disastroso tentativo di Fetonte di condurre il carro del sole, però non erano consapevoli del fatto che i miti racchiudevano il ricordo di calamità naturali che avevano provocato gravi recessioni della civiltà greca. L'Egitto era rimasto relativamente immune da tali catastrofi, grazie alle regolari e controllabili inondazioni del Nilo, per cui i suoi documenti scritti erano assai più continui e antichi.

Dopo questo ragionevolissimo confronto fra le tradizioni egiziane e greche, il vecchio sacerdote proseguiva con il racconto di Atlantide che abbiamo riportato altrove. Solone ne aveva preso nota e aveva portato con sé ad Atene quegli appunti con l'intenzione di comporre un poema epico su quell'antichissima guerra. Ma gli impegni politici o l'età avanzata gli avevano impedito di realizzare il suo disegno, però aveva riferito il racconto a un antenato di Platone, così che la storia era stata ricordata e trasmessa nell'ambito della famiglia (forse insieme con un manoscritto di Solone), finché Platone non decise di renderla nota al mondo.

Atteggiamento di Platone nei confronti della leggenda di Atlantide

Che pensa di questa storia lo stesso Platone? Egli ne affida l'esordio a Crizia con queste parole: «Ascolta dunque, Socrate, un racconto che, per quanto straordinario, è sicuramente vero, essendo attribuito a Solone, il più saggio dei Sette Savi». Dopo che Crizia ha terminato, Socrate, senza dubbio con una punta di ironia, osserva che quella «storia gode del grandissimo vantaggio di essere realtà, non fantasia». Questo commento ha un tono considerevolmente diverso da quelli che fanno da cornice al mito di Teut-Tamo nel *Fedro* (274c-275b). Qui è Socrate ad aprire il racconto: «Vi posso narrare una storia degli uomini del tempo antico, ma solo questi sanno se è vera o no». E Fedro, dopo aver ascoltato la storia, commenta: «Socrate, per te non è difficile intessere storie sull'Egitto o su qualsiasi altro luogo che ti piaccia». È evidente che in questo caso l'autore fa sapere al lettore che il mito, sia pure con qualche spunto di origine egiziana, è in gran parte una sua invenzione. Invece non è per niente facile dire la stessa cosa del modo in cui Platone vuole che accogliamo la storia di Atlantide. Nel modo di delineare i personaggi vi è dell'ironia, ma fino a che punto? Chi giudica sia il racconto in generale, sia i particolari, come un'invenzione, dirà che Platone è apertamente ironico, come Luciano nella *vera historia*, e ci rammenterà che i compositori di romanzi storici dicono sempre che i loro racconti sono assolutamente veri.

Questa è una spiegazione che non manca di una certa plausibilità, tuttavia io non la trovo affatto convincente nel contesto della progettata trilogia *Timeo-Crizia-Ermocrate*. Si tratta di un importante progetto filosofico in cui la leggenda di Atlantide avrebbe chiaramente dovuto sostenere un ruolo di primo piano – non limitandosi a essere un semplice *divertissement*, come il mito di Teut-Tamo nel *Fedro*. Si noti la complessa genealogia dataci da Platone [12]. Il vecchio sacerdote (autorizzato ad accedere alla «casa dei libri», dipendenza comune a tutti i templi egiziani) aveva raccontato la storia a Solone che l'aveva ripetuta a Dropide, che l'aveva detta a Crizia il vecchio, che, arrivato all'età di quasi novanta anni, l'aveva detta a Crizia cugino di Platone. Solone era morto verso il 560 a.C., mentre Crizia il giovane era nato circa nel 460 ed era morto nel 403 a.C., quando Platone aveva ventiquattro anni. A colmare la lacuna fra Solone e Crizia il giovane abbiamo Dropide e il longevo Crizia il vecchio. Questa trasmissione orale non è impossibile, ma sarà una pura fantasia insieme con la storia stessa? Oppure è esistita una linea di trasmissione, tenue e improbabile, ma non impossibile, lungo la quale una tradizione egiziana è pervenuta sino a Platone?

L'autore insiste molto sul carattere orale della tradizione e, a proposito di Crizia, dice che questi si affidava al ricordo infantile di quanto gli era stato narrato da un vecchio. Ma poi troviamo

[12] *Timeo*, 20d-22b. V. Appendice, p. 161 ss.

l'accenno, che non manca di lasciarci perplessi, a un manoscritto in cui Solone avrebbe registrato, in forma greca, i principali nomi propri che ricorrono nella narrazione, essendosi accorto che gli Egiziani, nel trascriverli, li avevano tradotti nella propria lingua! Crizia il giovane dice che il manoscritto era appartenuto a suo nonno ed era ancora in suo possesso [13]. Le solite «carte di famiglia», dirà lo scettico. Ma questo manoscritto è mai esistito? E Platone l'ha mai visto?

Potrà sembrare assurdo che si facciano certe domande, ma queste ci ricordano, per lo meno, che Solone ha una parte di rilievo nella trasmissione della leggenda, così come ce l'ha tramandata Platone. E a questo punto la questione dell'atteggiamento di Platone nei confronti della leggenda viene a collegarsi con la questione del suo atteggiamento nei confronti di Solone nella sua qualità di testimone. Solone era un «uomo dalla lingua retta», per dirla con Pindaro, ben poco incline all'ironia, per quanto ne possiamo giudicare, e alle mistificazioni a freddo. E allora è ben possibile che Platone, essendo risalito lungo la tradizione fino a tanto uomo, si sia chiesto se Solone, il «fanciullo» greco, fosse stato vittima di un accorto favolista egiziano.

Secondo me, a questo punto Platone deve aver sospeso il suo giudizio sulla verità o falsità del racconto che gli era capitato fra le mani. Un eminente scienziato e filosofo ellenistico, Posidonio (circa 135-50 a.C.), afferma che Platone esclamasse: «Può darsi che questa storia *non* sia un'invenzione» [14]. Non abbiamo prove di fonte diversa che attestino che Platone abbia veramente pronunziato questa frase. Per di più l'aneddoto non proviene da un'opera di Posidonio tuttora esistente, bensì da una trattazione della questione di Atlantide dovuta a Strabone. Comunque, sia Strabone che Posidonio, sono testimoni abbastanza degni di fiducia che possono aver avuto agio di consultare materiali bibliografici su Platone, di cui noi non disponiamo.

Che abbia o meno fatto questo commento è, secondo me, un adeguato consuntivo dell'atteggiamento di Platone verso il materiale leggendario che ci presenta. La storia di Atlantide proveniva letteralmente da molto lontano, non discendeva per i consueti canali della mitologia greca; né vi era un sistema collaudato per verificarne l'autenticità; ma vi era un modo qualsiasi per screditarla senza impugnare la sincerità o il buon senso di Solone? Penso che Platone adottasse un atteggiamento di sospensione del giudizio, decidendo di utilizzare la leggenda di Atlantide non tanto perché la ritenesse vera quanto perché l'aveva giudicata

[13] *Crizia*, 113a-b. V. Appendice, p. 164 ss.
[14] Posidonio in Strabone II, 102.

confacente al suo scopo. Non vorrei, con queste parole, dare l'impressione di ritenere che egli non vi credesse, mentre penso, invece, che, come tanti altri dopo di lui, anche Platone avesse la sensazione che, dietro la leggenda, si nascondeva una remota e oscura realtà storica. A mio vedere il suo atteggiamento sta tutto nella frase, sia essa autentica o *ben trovata*: «Può darsi che questa storia *non* sia un'invenzione».

Mentre parlo di come Platone utilizza «questa storia», ho in mente quella che Aristotele definirebbe la «trama essenziale»: un grande e civilissimo impero insulare aspira al dominio universale, ma viene battuto dal coraggio degli antichissimi Greci e in particolare degli Ateniesi, e infine soccombe a un cataclisma naturale. Su questo canovaccio Platone ricama un gran numero di interessanti particolari.

Riassunto del più lungo resoconto su Atlantide dal Crizia *di Platone*

Il breve racconto su Atlantide nel *Timeo* è ampliato, con grande ricchezza di particolari interessanti, in un altro dialogo platonico, il *Crizia*. I passi in questione sono riportati per esteso in Appendice (p. 164). Qui mi limiterò a riassumere i punti essenziali della narrazione. Patrono dell'Atlantide era il dio Poseidone. La casa reale di Atlantide discendeva da cinque coppie di gemelli tutti di sesso maschile, nati dall'unione di Poseidone con una fanciulla mortale di nome Cleito. Il maggiore dei gemelli si chiamava Atlante e l'intera isola e l'oceano circostante presero il nome da lui. L'Atlantide fu suddivisa tra i dieci figli di Poseidone sotto la signoria di Atlante. I loro discendenti governarono in successione per molte generazioni e il loro dominio si estese su molte isole e su tratti della costa mediterranea fino all'Egitto e all'Italia. Essi divennero enormemente ricchi in parte grazie alle risorse dell'isola e in parte con il commercio. L'Atlantide era ricca di minerali, di metalli e di legname e possedeva una ricca fauna e flora, elefanti compresi. La collina, sulla quale era vissuta in principio la fanciulla Cleito, era stata circondata da Poseidone con due cerchi concentrici di terra e tre di acqua. Dopo che questa collina divenne la metropoli dell'impero atlantideo (fig. 2), gli abitanti vi costruirono un palazzo reale, gradualmente abbellito e ampliato dai re fino a trasformarsi in una meraviglia per la vastità e la bellezza. Strade e ponti collegavano la cittadella con i cerchi di terra circostanti e col resto dell'isola.

Al centro della cittadella interna sorgeva un tempio consacrato a Poseidone e Cleito, splendente di argento, oro, avorio e orical-

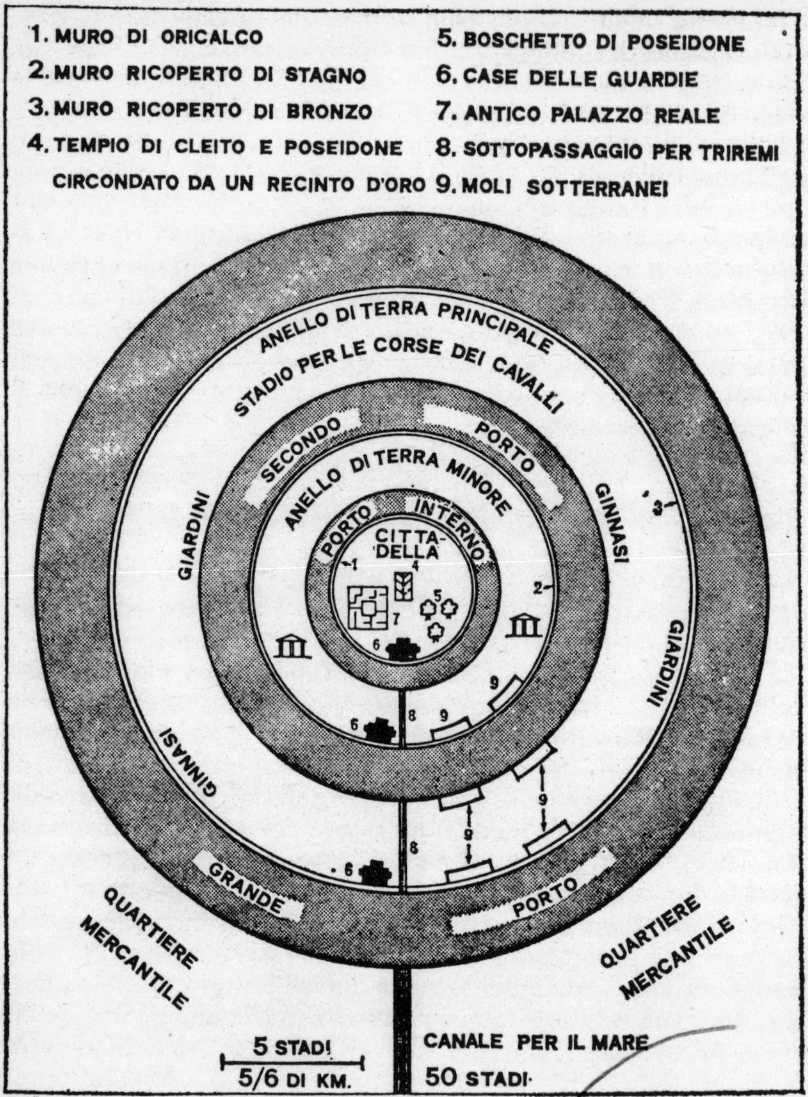

Fig. 2. La metropoli di Atlantide secondo Platone.

co. Vi si trovava una statua colossale del dio in atto di domare sei cavalli alati, attorniato da cento nereidi su delfini. Il luogo era abbondantemente fornito di sorgenti calde e fredde e su uno dei cerchi di terra si trovava un ippodromo. L'intera metropoli era cinta da una serie di mura e i suoi porti erano sempre gremiti di navi.

A ridosso della città si stendeva una piana oblunga di 3000 per

2000 *stadi* [15], suddivisa in 60.000 appezzamenti di dieci stadi quadrati ciascuno. Un complesso sistema di grandi dighe per l'irrigazione circondava e attraversava la pianura. Questa era aperta verso mezzogiorno ed era riparata a settentrione da molte grandi e belle montagne con fiumi, laghi praterie e grandi foreste. Le coste dell'isola erano per lo più ripide e scoscese.

Su un pilastro di bronzo nel tempio di Poseidone era inciso un codice di leggi e i re si riunivano colà allo scadere di periodi alternati di quattro e cinque anni, per tenervi l'assemblea generale e amministrare la giustizia. Prima di promulgare le leggi essi dovevano cacciare i tori che vagavano liberi nel recinto del tempio e catturarne uno per il sacrificio senza far uso di armi, ma soltanto di pertiche e lacci. Il toro era sacrificato in modo che il sangue scorresse sulla sacra iscrizione del pilastro. Dopo il sacrificio libavano agli dèi, bevevano e mangiavano e poi, coperti di vesti azzurre, tenevano il tribunale durante la notte. All'alba iscrivevano le sentenze su una tavoletta d'oro che dedicavano in ricordo insieme con le vesti.

Col passare del tempo il livello di giustizia dei re decadde ed essi divennero avidi di ricchezze e di potere, al che Zeus, per punirli, riunì gli dèi a concilio e parlò così...

E qui il frammentario *Crizia* ci lascia con la voglia di sapere nel bel mezzo della frase, né sappiamo perché Platone non l'abbia mai finito. Plutarco dice che egli l'aveva cominciato molto tardi e che non se la sentì di completare l'opera [16].

E con questo ho finito di esporre al lettore i vari aspetti della leggenda di Atlantide quale ce la riferisce Platone. Nel capitolo seguente prenderò in esame alcune interpretazioni correnti, e in special modo quella che in Atlantide ravvisa un ricordo della Creta Minoica.

[15] Uno stadio = 600 piedi greci, o 606 $^{3}/_{4}$ piedi inglesi; 9 stadi (appross.) = 1 miglio; 6 stadi (appross.) = 1 chilometro.

[16] Plutarco, *Solone* 32.

CAPITOLO SECONDO

Atlantide e la Creta minoica

La collocazione atlantica di Atlantide

La ricerca dell'Atlantide perduta ha ispirato un'immensa letteratura. Nel 1841 T. H. Martin passava in rassegna un gran numero di validi contributi alla questione [1] e da allora questo profluvio di libri è semmai aumentato. Si dice che il numero di opere trattanti la questione del continente perduto sia superiore a duemila. Effettivamente il tema di Atlantide equivale a una licenza di scrivere qualunque cosa in fatto di preistoria. I resti di questa civiltà perduta sono stati cercati in fondo all'Atlantico e nell'arte degli Incas. I devoti dell'occulto hanno ricevuto informazioni particolari sulla sua collocazione dalle voci degli spiriti dell'antico Egitto. Berlioux pensava di aver trovato l'Atlantide in Marocco; Frobenius preferiva la Nigeria; Spanuth ha affermato di aver visto le mura della cittadella su una scogliera sommersa presso Heligoland. La descrizione platonica di un complesso porto artificiale ha fatto nascere l'identificazione con l'antica Tartesso (questa stessa non ancora esattamente individuata). E via di questo passo [2].

Qui non possiamo neppure tentare una disamina di tutto questo fiume di letteratura atlantidea. Io mi sono proposto di rivedere il *racconto di Platone* alla luce delle recenti scoperte archeologiche. Tuttavia, poiché Platone ha posto l'Atlantide nell'Oceano Atlantico a occidente di Gibilterra, mi sento in dovere di dire qualcosa sulle opinioni dei moderni a proposito di questa particolare soluzione del problema.

Un libro, che ha avuto una notevole influenza sulla formazione delle opinioni moderne, è *Atlantis: the antediluvian world*, di Ignatius Donnelly, pubblicato per la prima volta a New York nel 1882, che aveva già avuto diciotto edizioni nel 1889, fu tradotto in tedesco nel 1894 e fu stimato degno di una ristampa nel 1949. Donnelly era un uomo poliedrico, filosofo idealista, romanziere, mem-

[1] *Bibl.* 2.

[2] E. T. Berlioux, *Les Atlantides*, Paris, 1885. L. Frobenius, *The Voice of Africa*, London, 1913, vol. I, pp. 319-49. J. Spanuth, *Atlantis-the mystery unrevealed*, London, 1956. Per la teoria di Tartesso vedi, p. es., A. Schulten, Atlantis, *Rheinische Museum* 88, pp. 326-46.

bro del Congresso e ricercatore assiduo, non semplicemente nel campo della preistoria ma anche negli studi scespiriani. Il suo *Atlantis* era un ambizioso tentativo di raccogliere tutto quello che si poteva sapere «su quella grande e originaria razza sommersa, dall'ampio sguardo». Egli cominciava con un raffinato arabesco, esponendo tredici proposizioni la cui risoluzione avrebbe «risolto molti dei problemi che attualmente imbarazzano l'umanità». La sua principale proposizione geografica, tratta da Platone, affermava la passata esistenza dei resti di un continente atlantico dinanzi all'entrata del Mediterraneo. Una grande isola era stata culla della civiltà, sede originaria del culto del sole, fonte della tecnologia del bronzo e del ferro, madre dell'alfabeto fenicio. Era anche «sede originaria» degli arii, dei semiti e «forse anche delle razze turaniche». La sua più antica «colonia» era probabilmente l'Egitto; ma la sua gente aveva anche popolato le rive del Golfo del Messico, la costa pacifica dell'America Meridionale, il Baltico, il Mar Nero e il Caspio. E ancora, essa era «il vero mondo antidiluviano; il giardino dell'Eden; il giardino delle Esperidi; i Campi Elisi; i Giardini di Alcinoo; il Mesonfalo; l'Olimpo; l'Asgard delle tradizioni delle nazioni antiche».

Si capisce che, impegnandosi in un tale programma, ben difficilmente Donnelly non sarebbe arrivato a provare qualche cosa. Effettivamente fu lui il primo ad avanzare l'importante ipotesi che la Feacia omerica fosse un ricordo dell'Atlantide. Però in linea generale, la sua «Atlantide» ci rammenta uno dei «primi princìpi non ipotetici» di Platone, da cui si può dedurre ogni altra cosa. Tuttavia Donnelly non vaglia le sue ipotesi preliminari con tutto il rigore che Platone avrebbe desiderato. Dopo aver accolto la narrazione di Platone come autentica in ogni particolare, egli procede a riversare sul suo ampio canovaccio molti fatti, di per sé innegabili, la cui connessione reciproca o con l'Atlantide è tenue o addirittura inesistente. Essendo egli stesso un ricercatore dotato di ben poco spirito critico, Donnelly attira i lettori in un ginepraio di infinita credulità. Un tempo vi fu un tratto di terra collegante l'Europa all'America, *ergo* questo era l'Atlantide. Popoli primitivi e civili di tutto il mondo conoscono leggende sul diluvio: *ergo* l'Atlantide. Le civiltà messicane e peruviane erano progredite quanto quelle del Vecchio Mondo: *ergo* l'Atlantide. Dopo aver accettato tutto questo, non si ha più la disposizione d'animo per mettere in dubbio affermazioni come: «Il *Genesi* contiene una storia dell'Atlantide», o «I Carii di Omero sono identici ai Caraibi delle Indie Occidentali».

Donnelly abbonda in informazioni, ma è debole nelle argomentazioni. A suo tempo il libro fu un'interessante compilazione, per quanto del tutto acritica. Oggidì va considerato completamente sorpassato in quanto la sua concezione sull'origine e sulla diffusione delle civiltà più elevate è in assoluto contrasto con lo schema generale comunemente accettato in conformità con l'archeologia del Medio Oriente. Le sequenze cronologiche e la collocazione di Atlantide, date da Donnelly, sono totalmente incompatibili con quanto sappiamo dei periodi mesolitico e neolitico e della formazione di grandi culture nelle valli fluviali del Nilo, del Tigri-Eufrate e dell'Indo. Si può fare una curiosa riflessione sulla facoltà dell'uomo di lasciarsi ingannare, pensando a come un'edizione riveduta dell'opera di Donnelly, con l'aggiunta di un cenno alla teoria di Hoerbiger, che vuole che la luna sia un pianeta «catturato», sia stata offerta al pubblico come un attendibile resoconto della nascita della civiltà.

Il più noto discepolo di Donnelly è probabilmente Lewis Spence che, negli anni Venti, pubblicò tre volumi sull'Atlantide [3]. Spence ha cercato di fondare le teorie di Donnelly su salde basi scientifiche sotto due aspetti fondamentali. Innanzitutto ha addotto alcune argomentazioni di ordine geologico a favore dell'esistenza di una grande massa continentale che nel tardo Terziario occupava la maggior parte dell'Atlantico Settentrionale. Secondo lui questo continente atlantico si suddivise inizialmente in due continenti-isole, l'Atlantide non molto discosto dalla Spagna a occidente e Antillia in prossimità delle attuali Indie Occidentali. Questi continenti-isole, associati ad altre isole minori, persistettero sino al tardo Pleistocene. L'Atlantide fu sommersa definitivamente intorno al 10.000 a.C., mentre Antillia esiste ancora in forma riconoscibile nell'arcipelago delle Indie Occidentali. Questa scala cronologica consente all'autore di collegare i suoi continenti-isole con le culture paleolitiche dell'Europa Occidentale, in particolar modo con il Cro-Magnon, Magdaleniano e Anziliano. Queste culture paleolitiche sono ben note grazie alle importanti pitture in caverna che produssero e Spence ritiene che abbiano contribuito alla nascita della civiltà nel bacino del Mediterraneo, soprattutto in Egitto. Ritiene altresì che quello che chiama «complesso culturale atlantideo» si sia diffuso, tramite Antillia, nel Nuovo Mondo influenzando lo sviluppo della civiltà Maya.

Le teorie di Spence sono più moderate e plausibili di quelle di Donnelly. Esiste senza dubbio una dorsale medioatlantica che va dall'Islanda all'Atlantico Meridionale. Questa grande dorsale si trova alla profondità media di un miglio, mentre i bacini oceanici

[3] L. Spence, *The Problem of Atlantis*, London 1924; *Atlantis in America*, London, 1925; *The History of Atlantis*, London, 1926.

a est e a ovest di essa si approfondano a circa tre miglia [4]. In taluni punti essa affiora in superficie, come nelle Azzorre, nell'Isola dell'Ascensione e Tristan da Cunha. Ma le moderne opinioni scientifiche sono aliene dal considerarla come un vestigio di un continente sommerso (vedi oltre a p. 35). Anzi, geologi e oceanografi pensano attualmente che la dorsale si sia sollevata dal fondo dell'oceano probabilmente in conseguenza di attività vulcaniche. E naturalmente questo è un punto cruciale per la teoria di Spence. Se la scienza dovesse respingere definitivamente la nozione di un «continente» atlantico sommerso, andrebbe distrutto il principale sostegno della teoria di Spence. In tutti i casi non è necessario supporre l'esistenza di un antico ponte terrestre sull'Atlantico per spiegare, per esempio, alcune affinità culturali tra la civiltà egiziana e quella dei Maya. Infatti si potranno tener presenti le prove di migrazioni fino all'America Settentrionale attraverso lo Stretto di Bering ovvero la possibilità che culture similari si evolvano del tutto indipendentemente le une dalle altre.

Ma torniamo all'Atlantide platonica: si può criticare quanto si vuole Donnelly e la sua scuola, ma chi crede all'Atlantide continuerà, ne sono certo, a cercarla nell'Oceano Atlantico. È qui che Platone l'ha posta ed è quanto suggerisce il nome. Ma il nome di «Atlantide» è la più ingannatrice delle guide. Atlantide *non* deriva da Atlantico. Sotto il profilo linguistico i due nomi appartengono a una stessa generazione, essendo, si può dire, come fratello e sorella, ed entrambi discendono da Atlante, il titano che sosteneva il cielo sulle spalle. In greco sono aggettivi di Atlante, significando rispettivamente «(isola) di Atlante» e «(mare) di Atlante». Differiscono nella forma perché i nomi cui si legano sono di genere diverso. Se, dunque, decidiamo di servirci del nome di Atlantide come di un indizio della sua collocazione, dobbiamo considerare quale fosse la collocazione originale del mitico Atlante. Un tempo Atlante deve essere stato collocato ben addentro il Mediterraneo prima che il graduale ampliamento delle conoscenze geografiche dei Greci lo respingessero a ovest fino a porlo sulla catena dell'Alto Atlante in Marocco [5]. Dobbiamo anche ipotizzare che sia stato Solone a inventare il nome di Atlante (vedi oltre a p. 43).

Presso la generazione precedente la nascita di Platone era in uso il nome di «mar d'Atlante» per designare almeno una parte di quello che noi chiamiamo Atlantico Settentrionale. Esso com-

[4] V. *National Geographical Magazine*, supplemento di carte, «Fondo oceanico dell'Atlantico», vol. 133, giugno 1968.

[5] Per la collocazione dell'Atlantide in Beozia vedi la tradizione locale riportata da Pausania, IX, 120, 3 e anche la nota (figlie di Atlante).

pare la prima volta in Erodoto sotto la forma di «cosiddetto mare di Atlante», ma sembra sia sorto indipendentemente dalla leggenda di Atlante. Erodoto sapeva bene che si può circumnavigare l'Africa e ritornare dal Mar Rosso, per cui doveva considerare assai vasto il «mare di Atlante». Egli sapeva inoltre dell'esistenza d'una tribù detta Atlante che viveva intorno a un'oasi nel deserto a occidente dell'Egitto [6]. Essa traeva il nome dai monti detti dell'Atlante considerati come i «pilastri del cielo». L'Atlante, come si conviene a un pilastro, era «sottile e assolutamente circolare, tanto che non se ne poteva vedere la cima». Da tutto il resoconto di Erodoto sul Nord Africa appare evidente che i Greci del quinto secolo a.C. cominciavano a formarsi un quadro abbastanza attendibile dell'andamento delle coste tra l'Egitto e il Marocco.

Platone, che scriveva non meno di sessant'anni dopo Erodoto, doveva conoscere tutti questi nomi e fatti, che probabilmente avranno influito, entro certi limiti, sulla sua collocazione dell'isola di Atlantide. Io però penso che la principale ragione, che lo spinse a porre l'Atlantide oltre lo stretto di Gibilterra, fosse *a priori*. Egli subiva l'influenza di un parallelo immaginario fra l'invasione persiana della Grecia da est e l'aggressione degli Atlantidi da ovest. Nell'interesse della simmetria occorreva che il vasto impero terrestre fosse controbilanciato da un vasto impero marino. Platone conosceva tutte le isole all'interno del Mediterraneo e le riteneva troppo piccole per aver organizzato un'invasione delle proporzioni richieste. Quindi l'Atlantide, isola capitale dell'impero marittimo, dovette essere ingrandita a un punto tale da non trovare più spazio all'interno dello Stretto, per cui fu necessario portarla fuori nell'oceano senza limiti che già portava il nome di Atlante.

Recentemente il professor Andrews ha avanzato un'ingegnosa ipotesi, secondo la quale Platone avrebbe interpretato erroneamente le note di Solone sulla posizione dell'Atlantide. Invece della lettura esatta («*a mezza via* fra la Libia e l'Asia»), avrebbe letto «*più vasto* della Libia e dell'Asia». In greco la differenza è di una lettera soltanto: la differenza fra *mezon* e *meson* [7]. Ma, a mio vedere, questa acuta supposizione non è necessaria. A causa dei suoi pregiudizi geografici, Platone avrebbe posto in tutti i casi l'Atlante fuori del Mediterraneo. Nel *Fedone* egli parla del Mediterraneo come di una «pozza» e della «vera terra» che è immensamente più estesa della zona abitata conosciuta dai suoi con-

[6] Erodoto I, 202; IV, 42; IV, 185. Cfr. Diodoro III, 54.
[7] P. B. S. Andrews, «Larger than Africa and Asia?», in *Greece and Rome* 14, pp. 76-9.

temporanei. Analogamente nel *Timeo* definisce il Mediterraneo «angusto porto» in contrasto col «vero mare» esterno e con il «continente autentico» che lo circonda [8]. Gli sguardi che rivolgeva a occidente erano condizionati da una sorta di prospettiva in espansione e l'Atlantide cresceva a mano a mano che si allontanava. Era questa la «vera» isola nel «vero» oceano.

Quindi l'Atlantide platonica era, fino a un certo punto, una costruzione ideale. La sua collocazione nell'Atlantico era in parte conseguenza dello spostamento a occidente dell'Atlantide, ma, in misura ancora maggiore, delle grandi dimensioni attribuitele da Platone. Fin da allora la collocazione di Platone è sembrata la più naturale; adesso, però, si dànno valide prove geofisiche contrarie alla possibilità di un continente sommerso nelle acque dell'Atlantico centrale. I dati scientifici più recenti sulla propagazione delle onde primarie dopo un terremoto tendono a dimostrare che il fondo degli oceani non può mai essere stato un continente, in quanto dotato di struttura totalmente diversa. Si è anche osservato che il fondo dell'oceano dà valori di gravità più elevati. Nel caso dell'Oceano Indiano i geologi dicono che i basalti del fondo hanno composizione del tutto differente dai basalti del subcontinente indiano. Attualmente molti scienziati ritengono che non vi è parte alcuna del fondo dell'Atlantico che possa mai essere stata una massa continentale sommersa in seguito a un sommovimento di vasta portata della crosta terrestre. Se le moderne opinioni scientifiche a questo proposito sono ben fondate – e si hanno buone ragioni per ritenerle tali – dobbiamo rinunciare all'idea di porre l'Atlantide, a guisa di «continente perduto», nel mezzo dell'Atlantico settentrionale. Sottolineo il fatto che una tale argomentazione si applica soltanto al vero e proprio fondo oceanico, distinto dalla piattaforma continentale, per cui non si può escludere la possibilità di estesi abbassamenti della piattaforma continentale o lungo i suoi bordi, e infatti essa si estende per lungo tratto a ovest dell'Irlanda, per esempio, e raggiunge Madera e le Canarie. Le Azzorre, invece, si trovano molto oltre il limite della piattaforma continentale.

I sostenitori dell'Atlantide atlantica insistono frequentemente sulla natura vulcanica di questo gruppo di isole, ma è proprio qui che si scontrano con una solida argomentazione storica. Anche a voler ammettere che nell'Atlantico si siano verificati sostanziali spostamenti di terre in epoca abbastanza recente – diciamo (ma è estremamente dubbio) nel tardo paleolitico –, ci troviamo sempre in un periodo troppo primordiale per potersi conformare al

[8] *Fedone*, 109a-b; *Timeo*, 25a citato p. 21. Il diagramma relativo è alla p. 22.

quadro che dà Platone. Egli descrive una civiltà di letterati, capace di usare i metalli, assai versata nell'arte di costruire navi, e via dicendo. Per quanto possiamo ammirare l'arte dell'uomo magdaleniano, non potremmo ipotizzare seriamente che fosse in grado di organizzare un'invasione navale contro l'Egitto predinastico. E allora ricadiamo nel vecchio dilemma: o la storia di Atlantide è un'invenzione dal principio alla fine, oppure dobbiamo andare a cercare questa elevata cultura insulare in un punto dello spazio e del tempo molto più vicino all'Egitto di quanto ci conceda Platone.

L'ipotesi minoica

La civiltà minoica è stata riscoperta solamente in questo secolo. Gli antichi Greci l'avevano dimenticata quasi completamente. Ricordavano che un tempo Minosse dominava i mari e potevano apprendere da Omero alcuni interessanti particolari sulla Creta dell'Età del Bronzo: le sue novanta città, la popolazione mista dell'isola, il porto di Amniso mal riparato, lo spiazzo per la danza nella vasta Cnosso (tavv. 4, 25). Ma si trattava di ricordi sporadici e, per di più, sfumati dall'incertezza del mito: Teseo e il Minotauro (tav. 3), Arianna e il Labirinto, Europa e il Toro, la nascita di Zeus nell'antro di Dite, l'arte di Dedalo (tav. 9). Oggi ci rendiamo conto che persino nei miti vi era un substrato storico, ma che per Platone e i suoi contemporanei avrebbero avuto un ben scarso significato. Per loro Creta era un quieto stagno dorico completamente escluso dal fiume della storia. Essi nulla ricordavano degli splendori dei palazzi o delle glorie dell'arte e della tecnica minoiche.

Nulla avrebbe potuto indurre Platone, o qualunque altro scrittore dell'antichità, a identificare l'Atlantide con la Creta minoica. Tale identificazione rimase impossibile sino alle scoperte di Sir Arthur Evans, iniziatesi a Cnosso nel 1900; e ora, a tanti anni di distanza, possiamo esaminare la complessa architettura dei grandi palazzi di Cnosso (tavv. 58-62), Festo, Mallia e Kato Zakro. Possiamo vagare per le stradine di Gournia (tav. 27) e per le ville di Tilisso. Nel museo di Herakleion possiamo esaminare le forme graziose e gli eleganti ghirigori delle decorazioni sulle ceramiche di Camares (tav. 73). L'arte degli affreschi e la raffinatezza dei sigilli escono in vantaggio dal paragone con le goffe e mal fatte puerilità di certa arte moderna (tavv. 9, 24). In poche parole, via via che andiamo formandoci un quadro generale della cultura minoica, dobbiamo riconoscere che la «prima civiltà in

Europa» è stata anche una delle civiltà più complete e ricche di inventiva che il mondo abbia mai conosciuto (tavv. 65-66).

Nella leggenda di Atlantide sopravvive il ricordo di questa civiltà? Io credo di sì. Ma, naturalmente, questa non è un'idea nuova. Da quanto mi risulta la priorità spetta a un tal K. T. Frost, che per qualche tempo fece parte del corpo insegnante della Queen University a Belfast e rimase ucciso in combattimento nella prima guerra mondiale. Frost pubblicò la sua teoria in un articolo anonimo dal titolo «Il continente perduto», apparso sul *Times* del 19 febbraio 1909. Più avanti trattò l'argomento con maggiori particolari in un articolo intitolato «Il *Crizia* e la Creta minoica» [9].

Gli argomenti fondamentali di Frost sono chiaramente delineati nell'articolo del 1909. Nello stralcio che segue ho messo in corsivo i punti fondamentali.

Recenti scavi a Creta impongono un riesame dell'intero schema della storia mediterranea precedente il periodo classico. Ancorché parecchi interrogativi rimangano ancora senza risposta, si è stabilito con certezza che, al tempo della dominazione della XVIII dinastia in Egitto, allorché Tebe era all'apice della gloria, Creta era il centro di un grande impero i cui commerci e la cui influenza si estendevano dall'Adriatico settentrionale a Tel el Amarna e dalla Sicilia alla Siria. Tutto il commercio marino fra l'Europa, l'Asia e l'Africa era in mani cretesi e le leggende di Teseo sembrano dimostrare che i Minoici dominavano le isole greche e le coste dell'Attica... La civiltà minoica era essenzialmente mediterranea e si distingue nettamente da quelle sorte in Egitto o in oriente. Per certi aspetti è anche sorprendentemente moderna. I palazzi a più piani, un certo genere di ceramiche, persino i vestiti delle signore sembrano appartenere più al mondo moderno che a quello antico (tavv. 16, 17, 52, 59). Inoltre il numero e la straordinaria opulenza degli insediamenti minoici superavano di molto le possibilità produttive di Creta e devono essere in parte attribuite a quella potenza marittima che le antiche leggende attribuivano a Minosse (tav. 6).

Dunque, quando la potenza minoica era all'apogeo, i suoi governanti dovevano sembrare potentissimi alle altre nazioni e il loro prestigio doveva essere accresciuto dal mistero dei territori che dominavano (*che a Siri ed Egizi dovevano sembrare posti in un remoto occidente*) e dal loro predominio sull'elemento che il mondo antico aveva sempre considerato con sacro terrore. Nel Medio Oriente dovevano circolare strani racconti su grandi palazzi meravigliosi, danze e divertimenti e, soprattutto, tauromachie. Per questo il regno minoico era una grande e antica potenza tenuta insieme da quel mare che divideva le altre nazioni, tanto da *parere un continente a sé stante con un suo proprio genio*.

Indi Frost descrive sinteticamente l'improvvisa eclisse della po-

[9] Nell'articolo più recente, *Journal of Hellenic Studies 33*, 189 ss., Frost riconosce di essere l'autore dell'articolo de *The Times* (pur datandolo erroneamente al 19 gennaio 1909). Secondo quanto mi dice il curatore degli archivi de *The Times* l'articolo fu presentato come a cura del professor P. Gardner.

tenza cretese (da lui attribuita a una scorreria su Cnosso) e continua:

Per questo Cnosso e le città alleate scomparvero come potere politico e commerciale proprio nel momento in cui apparivano più forti e sicure. *Fu come se l'intero regno si fosse inabissato nel mare e come se la leggenda di Atlantide fosse vera*. Non si tratta di un parallelismo casuale: se mettiamo il racconto di Atlantide a confronto con la storia di Creta e dei suoi rapporti con la Grecia e l'Egitto, risulta praticamente certo che ci troviamo di fronte a un ricordo dei minoici... L'intera descrizione dell'Atlantide, dataci nel *Timeo* e nel *Crizia*, possiede caratteristiche talmente minoiche sotto tutti i rispetti che neppure Platone sarebbe stato in grado di inventare tanti fatti al di sopra di ogni sospetto. Dice Platone di Atlantide: «L'isola era un passaggio per altre isole e da queste isole si sarebbe potuti arrivare al continente antipodo che circonda il vero oceano». È inoltre significativo il fatto che l'impero non è descritto come una singola potenza unitaria, simile alla *Repubblica* di Platone e ad altri stadi di fantasia: esso è invece un complesso di elementi diversi dominati da una sola città. «In quest'isola vi era un grande e meraviglioso impero che aveva il dominio su tutta l'isola e su parecchie altre e anche su parti del continente.» *Questa frase illustra la condizione politica di Cnosso così come la frase precedente descrive la posizione geografica di Creta*.

Gli estratti di cui sopra dell'articolo originale di Frost sono talmente concisi e convincenti nel sostenere la loro tesi, che ci si stupisce che il mondo della cultura non si occupasse più a fondo delle sue teorie. Stabilita una generica corrispondenza fra la potenza minoica e l'Atlantide, i diversi particolari si collocano da soli al loro giusto posto via via che Frost li viene esponendo.

Il grande porto, per esempio, con le navi e i mercanti che venivano da ogni parte, le raffinate stanze da bagno, lo stadio e il sacrificio solenne di un toro sono tutti tipicamente, anche se non esclusivamente, minoici; ma quando leggiamo che il toro «viene cacciato nel tempio di Poseidone senza armi, ma con lacci e pertiche», ci troviamo di fronte a un'inconfondibile descrizione del recinto dei tori a Cnosso, che più di ogni altra cosa impressionava gli stranieri e che fece nascere la leggenda del Minotauro. Le parole di Platone descrivono con esattezza le scene rappresentate sulle celebri coppe di Vafeio che raffigurano sicuramente la cattura dei tori selvaggi per la tauromachia minoica (tav. 68), la quale, come veniamo a sapere dal palazzo stesso, si distingueva da ogni altra tauromachia che mai il mondo abbia visto, proprio per una caratteristica su cui insiste Platone, vale a dire sul fatto che non si usavano armi.

Il lavoro di Frost traccia l'indispensabile falsariga per la critica delle fonti della leggenda di Atlantide. I più avveduti critici del secolo decimonono, come Martin e Grote, avevano preso sul serio l'origine egiziana della leggenda, però non erano stati in grado di consolidare le loro argomentazioni perché non potevano riferire gli elementi della leggenda stessa alla Creta minoica. Frost parte già spalleggiato dalle scoperte di Evans e mette ancora una volta in primo piano il ruolo dell'Egitto nella trasmissione della storia. Ben a ragione fa notare come la leggenda di Atlantide appaia sensata da un punto di vista storico *se i materiali che la compongono vengono esaminati sotto l'angolo visivo egiziano*. Quanto a me, ho già sostenuto che Solone aveva effettivamente ricavato i dati dai sacerdoti di Sais (vedi sopra, p. 23 ss.). Dunque mi pare che sia importante cercare di visualizzare quel che i sacerdoti stessi dovevano conoscere a proposito di quell'epoca, come dovevano presentare le loro conoscenze a un Ateniese intelligente dei primi anni del sesto secolo a.C., e in qual maniera quest'ultimo ne avrebbe fatto uso.

Le antiche iscrizioni egiziane sono colme di lodi agli dèi e al faraone, però, in rapporto alla loro estensione, contengono purtroppo scarsissimi materiali storici. In complesso gli Egiziani dell'Età del Bronzo sapevano pochissimo delle nazioni straniere e se ne interessavano pochissimo. Non erano grandi viaggiatori né navigatori e i loro orizzonti geografici erano quanto mai angusti. Il loro mondo era limitato dalla Nubia e Punt (Eritrea?) a sud, dall'Eufrate a est e dalle tribù libiche del deserto a ovest. Grazie a rapporti commerciali istituiti da lungo tempo possedevano qualche nozione su Cipro, sulla costa meridionale della Turchia e su Creta (tavv. 71-73). Verso la prima metà del quindicesimo secolo a.C. cominciavano a conoscere la Creta minoica. Tuttavia l'Egitto restava sempre il centro del loro limitato universo, per cui si interessavano agli stranieri solo come approvvigionatori di merci desiderabili o come invasori ostili.

La tarda Età del Bronzo in Egitto sopravviveva nel periodo saitico attraverso una documentazione praticamente identica a quella di cui disponiamo oggi, tanto che mi sembra legittimo suggerire che le notizie tuttora esistenti sul Nuovo Regno Egiziano ci permettono di ricostruire il tipo di informazioni che i sacerdoti dovettero trasmettere a Solone. Grazie al materiale ancora disponibile possiamo renderci conto di come dovette prender forma la leggenda di Atlantide, anche se è certo che i Saiti possedevano dati cronologici, conservati su papiro, che non sono giunti fino a noi.

E dunque che genere di documenti avranno presentato a Solone i sacerdoti di Sais, sapendo che egli si interessava agli esordi della storia greca e ai primi contatti fra l'Egitto e il mondo dell'Egeo? Tra questi documenti ve ne dovevano essere taluni del genere di quello, tuttora esistente, in cui si parla di «Keftiu» e delle «isole nel mezzo del Grande [Mare] Verde». Quasi certamente Keftiu è la Creta Minoica. Questa identificazione fu respinta, in un primo tempo, ma oggi è largamente accettata. Keftiu è identica alla Kap-ta-ra degli Accadi, terra «di là dal mare superiore» (cioè il

Mediterraneo Orientale), ed è identica alla Caftor biblica [10]. Keftiu è menzionata per la prima volta in un documento egiziano che si può far risalire al terzo millennio e scompare dai documenti degni di fiducia prima della fine del quindicesimo secolo a.C.[11] Le «isole del Grande Verde» sono, a quanto sembra, le isole dell'Egeo, o quanto meno la loro parte meridionale, e anche qualche tratto costiero della Grecia continentale [12]. Il «Grande Verde» è sicuramente il Mediterraneo. La designazione «isole del Grande Verde» compare per la prima volta nei documenti egiziani verso il 1470 a.C. e non si ritrova più oltre la metà del dodicesimo secolo. L'uso del termine coincide assai strettamente con il sorgere, l'apogeo e il declino della Grecia micenea. Vercoutter considera questo termine come una designazione escogitata dagli annalisti egiziani non appena si resero conto dell'esistenza della Grecia micenea quale potenza indipendente. Agli occhi degli Egiziani del quindicesimo secolo a.C. Minoici e Micenei dovevano apparire piuttosto uguali anziché differenti. In quell'epoca, per quanto ci è dato di sapere, l'arte e la religione micenee erano fortemente indebitate nei confronti dei Minoici. I trafficanti micenei dovevano usare navi dello stesso tipo e seguire le stesse rotte dei Minoici. La penetrazione minoica in Grecia nel sedicesimo secolo a.C. fu seguita da una penetrazione dei Micenei a Creta nel quindicesimo secolo. Abbiamo la prova del fatto che la corte egiziana nel decennio 1460-1450 era al corrente di un cambiamento della condizione politica di Cnosso (v. pp. 115-116). Dove gli atti della diplomazia li richiedevano, gli Egiziani erano in grado di distinguere fra Greci e Minoici, ma è probabile che nella pratica corrente tale distinzione non fosse molto precisa. E non è certamente probabile che gli studiosi egiziani di antichità al tempo della dinastia saitica sapessero distinguere con chiarezza tra i vari «popoli del mare» (tavv. 70, 92) che commerciavano o combattevano con i loro antenati della tarda Età del Bronzo. Ci è lecito supporre che coloro che dettero infor-

[10] La collocazione di Keftiu in Cilicia è stata suggerita per la prima volta da G. A. Wainwright, *Liverpool Annals of Archeology and Anthropology* 6, p. 24 ss. Una critica a Wainwright si trova in H. R. Hall, Keftiu, in *Essays in Aegean Archeology presented to Sir A. Evans* (a cura di S. Casson), Oxford, 1927, pp. 31-41. Schachermeyr sostiene energicamente l'identificazione di Keftiu con Creta, *Bibl.* 19, pp. 109-15 con note. A. H. Sayce, *Essays* (*op. cit.*), pp. 107-8, sostiene che l'identificazione di Keftiu con la biblica Caftor è resa sicura dal Sargon della tavoletta accadica che accenna a Kap-ta-ra, definendola sita «oltre il Mare Superiore». I passi della Bibbia che ricollegano i Filistei a Caftor sono: *Genesi* 10, 14 (che dovrebbe essere letto «e i Caftorim donde vennero i Filistei»); *Amos* 9, 7; *Geremia* 47, 4; per Kerethim (? Cretesi) v. *Ezechiele* 25, 16, *Sofonia* 2, 5.

[11] Keftiu figura in elenchi di paesi tributari sotto Amenofis III (1405-1367) e Ramsete II (1304-1237), ma J. A. Wilson sospetta che gli elenchi del secondo faraone «possiedano una forte coloritura fantastica» e ripetano semplicemente a scopo di propaganda le voci effettive degli elenchi di Tuthmosis III. V. *Bibl.* 12, p. 242.

[12] *Bibl.* 13, pp. 127-34.

mazioni a Solone gli presentassero un quadro composito delle relazioni egeo-egiziane, basato su documenti del genere di quelli che si conservano ancor oggi, ma anche arricchito di particolari tratti da cronache che noi non possediamo più.

Quale uso avrà fatto Solone di tutti questi documenti? Poniamo che i sacerdoti gli facessero esaminare un documento come la stele di Tuthmosis III a Karnak (tav. 8) con il magnifico inno alla vittoria le cui frasi sono state «prese in prestito» da tre dei suoi successori per i propri monumenti [13]. Nella premessa dell'inno egli avrebbe letto le seguenti affermazioni:

A. Io [ossia il Dio Amun-Re] ti ho dato valore e vittoria su tutte le nazioni straniere; la tua gloria e il timore di te io ho sparso in tutte le terre; il terrore di te finché i quattro sostegni [o pilastri] del cielo...
B. ... ti ho affidato la terra in tutta la sua lunghezza e larghezza, di modo che orientali e occidentali siano sotto la tua giurisdizione...
C. il mio diadema col serpente che è sul tuo capo li consuma; li rende facile preda tra i *piegati dalla natura* [?]; divora con la sua fiamma coloro che sono nelle loro isole [o paludi]...
D. vengono portando tributi sul dorso...

Quindi segue l'inno che, in undici strofe tutte iniziate da «sono venuto», sottopone sistematicamente tutti i paesi del mondo conosciuto all'Egitto e ne descrive la venerazione e il terrore dinanzi al faraone conquistatore. Le prime tre strofe trattano rispettivamente della costa fenicia, del paese collinoso della Palestina e della Siria e delle terre più lontane a oriente. La strofa 4 tratta di Creta e di Cipro nel seguente modo:

Sono venuto
Possa io farti calpestare la terra occidentale [ossia i paesi che si trovano all'estremità opposta rispetto a quelli della strofa precedente];
Keftiu e Isi sono dominati dalla riverenza per te, [ossia Creta e Cipro].
Faccio sì che vedano la tua maestà come un giovane toro, dal cuore saldo, dalle corna aguzze, che non può essere abbattuto.

In altre strofe il faraone viene paragonato a una stella cadente, a un coccodrillo, a un leone, ecc. Non occorre un grande sforzo per vedere quanto sia calzante il paragone col toro in rapporto a Creta. Anche la strofa 6 è molto interessante in quanto tratta delle isole e delle coste dell'Egeo oltre a Creta:

Sono venuto
A far sì che tu calpesti quelli che sono sulle isole;
Coloro che si trovano in mezzo al Grande Mare Verde sono sotto il tuo grido di guerra.
Farò veder loro la tua maestà come un vendicatore

[13] Traduzione integrale del testo in *Bibl.* 8, vol. 2, pp. 262-6 e *Bibl.* 12, pp. 373-5.

Che appare in gloria sul dorso del suo sacrificio [ossia Oro che sconfigge Set – appropriato accenno mitologico ai Minoici!]

Altre strofe parlano dei Mitanni (ossia Mesopotamia superiore e Siria settentrionale) (5), dei Libici (8), dell'«estremo termine delle terre... che circonda l'Oceano» (9), della «terra di fronte» (vale a dire gli abitatori del deserto prossimi all'Egitto) (10) e della Nubia (11).

La trattazione, comprensiva e sistematica, è chiara. L'autore desidera dare l'impressione che Tuthmosis III è il supremo reggitore del mondo intero.

Parecchie frasi di questo elegante panegirico sono state riutilizzate da faraoni più tardi, Amenofis III, Sethos I e Ramsete III. Al tempo di Ramsete III l'Egitto si trovava in una posizione piuttosto difensiva nei confronti di invasori libici a occidente del delta e anche di una grande coalizione di «popoli del mare» (compresi gli Achei) (tav. 69) che fecero irruzione attraverso la Palestina e furono respinti solo dopo una lotta disperata.

Amenofis III e Ramsete III pongono Keftiu nell'elenco dei tributari, ma si ritiene che queste liste siano semplici ripetizioni a scopo di propaganda (v. nota 10 a p. 40). Non esiste alcuna documentazione degna di fede che attesti l'esistenza di contatti egizia-no-minoici dopo il terzo quarto del secolo quindicesimo.

I dati di cui sopra ci bastano per assegnare a Keftiu e alle altre isole il ruolo di grande potenza ostile all'Egitto. Se Solone avesse chiesto maggiori particolari su Keftiu, si sarebbe sentito rispondere che si trattava di un'isola lontana in occidente. Il papiro Ipuwer usa l'espressione «lontano quanto Keftiu» [14]. I sacerdoti si sarebbero dilungati sul ricco «tributo» di vasi preziosi che Keftiu poteva mandare (tavv. 74, 92) e forse avrebbero saputo dirgli qualcosa della sua influenza sulle altre isole dell'Egeo. Avrebbero persino potuto mostrargli qualche documento relativo alla dominazione di Keftiu in Attica (tav. 7), che sarebbe stato particolarmente interessante per Solone. La possibilità di una così approfondita conoscenza è implicita nel legame religioso fra la dea Neith di Sais e la Atena degli Ateniesi [15]. Se Solone avesse insistito per conoscere l'ultimo destino di Keftiu, i sacerdoti gli avrebbero certamente riferito che questo era scomparso dai documenti verso la metà della XVIII dinastia. Se avessero notizie sulla catastrofe di Thera è una mera ipotesi. La frase iniziale

[14] Per uno studio esauriente del papiro Ipuwer, v. A. H. Gardiner, *The Admonitions of an Egyptian Sage*, Leipzig, 1909. J. van Seters, *Journal of Egyptian Archeology* 50, p. 13 ss. preferisce una datazione corrispondente alla tarda XIII dinastia. Cfr. C. Aldred, *The Egyptians*, London, 1961, p. 102.

[15] V. A. J. Evans, *Early Nilotic, Libyan and Egyptian Relations with Minoan Crete*, London, 1925, p. 22.

della Stele della Vittoria (estratto C) contiene l'enigmatico accenno ai «piegati dalla natura», che però non può essere interpretato in questo senso dal momento che la traduzione è incerta.

Possiamo renderci conto, in linea generale, come questo materiale, e altro similare, avulso dal punto di vista egiziano e senza alcuna strutturazione cronologica e geografica, potesse essere trasformato da Solone in qualcosa di simile alla leggenda di Atlantide quale ci è stata data da Platone.

Sappiamo che gli scolari egiziani della XVIII dinastia, verso il 1500 a.C., si impegnavano nell'esercizio di scrivere nomi egiziani e cretesi su colonne parallele. Vi è una tavoletta da scrivere, ora al British Museum, risalente a questo periodo, intitolata: «Come scrivere i nomi di Keftiu» [16]. Ne possiamo dedurre con certezza che gli archivi egiziani contenevano nomi di luoghi e di persone di Micene insieme con quelli che, secondo gli Egiziani, erano i loro equivalenti fonetici o di significato. Platone dice che Solone rese greci i nomi traducendo quello che, a suo parere, era il senso dei nomi che gli erano stati dati. Se è vero, non faceva altro che ripetere quanto avevano fatto gli scolari egiziani di 900 anni prima.

Alla luce di quanto sopra possiamo porre una domanda di notevole importanza per lo studio delle origini della storia di Atlantide. Vi è qualche correlazione semantica fra il nome di Atlantides e il nome di Keftiu? «Keftiu» significa «isola di Keft» o «popolo di Keft», a seconda del determinante che si giustappone al geroglifico. La radice «keft» è stata messa in relazione con *caput* e *capitul* e si è fatto rilevare come nell'Antico Testamento «Caftor» venga usato per indicare il capitello di una colonna [17]. È probabile che gli antichi Egiziani considerassero la remota e montagnosa Creta come uno dei quattro «pilastri del cielo» che sostenevano la volta celeste ai quattro angoli del mondo da loro conosciuto. Tale deve essere il significato dell'espressione di cui alla terza linea dell'inno citato in precedenza. È persino possibile che i sacerdoti egiziani disponessero di qualche materiale documentario riguardante l'adorazione dei sacri pilastri, tanto diffusa nella Creta minoica (tav. 9) [18]. Si immagini la reazione di Solone messo di fronte a questo genere di notizia sull'antica Keftiu. Non avrà mancato di connetterla con il mito di Atlante che, secondo Omero, aveva una figlia in una lontana isola occidentale e sosteneva «i

[16] T. E. Peet, «The Egyptian Writing Board BM 5647 bearing Keftiu names», in *Essays in Aegean Archeology presented to Sir A. Evans* (a cura di S. Casson), Oxford, 1927, pp. 90-99.

[17] H. R. Hall, in *Essays* (*op. cit.*), p. 32.

[18] Per uno studio particolareggiato, con molte illustrazioni, sul significato dei pilastri nella religione minoica, v. A. J. Evans, «Mycenean tree and pillar cult», in *Journal of Hellenic Studies 21*, pp. 99-204.

pilastri che reggono il cielo tutto intorno»[19]. Io avanzo l'ipotesi che Solone abbia tradotto Keftiu con Atlantide, isola di Atlante, e abbia chiamato discendenti di Atlante i suoi abitanti, dato che portavano lo stesso nome. Questa gli sarà parsa un'equivalenza quanto mai ragionevole. Il nome sarebbe risonato bene nel poema epico che andava progettando e l'«isola di Atlante» avrebbe posseduto un giusto sentore di mistero e di occidentalità quale era richiesto dalla trama del poema stesso.

Frost non si è avvalso di tutti i fatti particolari e di tutte le argomentazioni di cui ai paragrafi precedenti, tuttavia questi sono tutti esposti secondo la linea di pensiero che egli per primo suggerì come idonea a un'indagine critica sulle fonti della leggenda atlantidea. E io ritengo estremamente ragionevole questa sua affermazione fondamentale: «Solone dovette effettivamente ascoltare a Sais un racconto che lo colmò di stupore e che era una documentazione egiziana, autentica ma misconosciuta, sui Minoici».

Le opinioni di Frost ebbero scarsissima presa sull'opinione degli studiosi; la sua teoria era caduta nel dimenticatoio a un punto tale che, nel 1951, uno studioso tedesco portò a termine la stesura definitiva di un suo lavoro esponendo conclusioni del tutto analoghe, prima di venire a sapere che Frost aveva la priorità in questo ambito[20].

La distruzione vulcanica della Creta minoica

Vi è un solo aspetto primario sotto il quale la teoria di Frost ha ricevuto nuovo vigore, tuttavia le nuove prove sono talmente importanti e impressionanti, che bisogna considerarle col massimo interesse. Il merito di averle addotte spetta esclusivamente al professor Marinatos, attuale direttore generale del Servizio Archeologico Greco. Il suo articolo « La distruzione vulcanica di Creta», pubblicato su *Antiquity* nel 1939, ha fatto compiere un notevole passo in avanti al problema di Atlantide. Frost aveva rilevato l'improvvisa caduta dell'impero minoico, però era stato troppo vago e succinto circa le cause del collasso. Marinatos ha conferito nuova forza all'intera ipotesi proprio su questo punto essenziale. La sua teoria aveva cominciato a prender forma nella

[19] *Odissea* I, 48-54.

[20] *Bibl.* 3. Bramwell, *Bibl.* I, pp. 75-90, si oppone alla teoria di Frost. Pendlebury, *Bibl.* 18, p. 286, le concede poche parole di approvazione. Essa non è stata mai ripresa sul serio se non al principio degli anni Cinquanta, p. es. da C. Seltman in *History Today*, 1952, pp. 332-43, e da S. Marinatos, Sul mito di Atlante (in greco), *Kretika Chronika 2*, 1950, pp. 195-213.

sua mente già nel 1932, mentre scavava ad Amnisos [21]. Quivi egli aveva trovato una voragine piena di pietra pomice e aveva notato alcuni grandi ortostati inclinati rispetto alla loro posizione originaria, quasi fossero stati sottoposti a una poderosa forza di aspirazione a opera di una massa di acqua. Allora, mentre rifletteva sull'improvvisa e simultanea distruzione e sull'abbandono di tante località e tante ville minoiche, nella sua mente si era formata la convinzione che la caduta di Creta non era dovuta a invasori stranieri, ma a una grande catastrofe naturale di inuguagliata violenza e potenza distruttiva. Secondo lui l'origine e l'epicentro del cataclisma dovevano essere cercati nell'isola vulcanica di Thera che si trova a soli 120 km a nord di Cnosso.

Gli editori di *Antiquity* pubblicarono l'articolo di Marinatos con una nota in cui si diceva che, a loro avviso, era il caso di cercare nuove prove a sostegno di detta teoria e si esprimeva la speranza che venissero intrapresi nuovi scavi allo scopo di risolvere il problema. Ma poi scoppiò la seconda guerra mondiale e per qualche anno non si poté compiere alcun progresso. Però, dopo la guerra, ulteriori lavori di notevole rilievo e interesse sono stati condotti dal professor A. Galanopoulos dell'Istituto di Sismologia di Atene, da D. Ninkovich e B. C. Heezen del Lamont Geological Observatory della Columbia University, dal dottor N. Platon nel nuovo palazzo a Kato Zakro (Creta orientale) e da Marinatos stesso in una località della costa sudoccidentale di Thera. Nei due capitoli seguenti ci occuperemo di esporre i nuovi dati di fatto. Qui mi limiterò a rilevare come la lunga costa settentrionale di Creta (fig. 14) sia ampiamente esposta a qualsiasi eruzione violenta a Thera. Se questa eruzione dell'Età del Bronzo è stata così grande, come si pensa oggi, sarà difficile esagerare l'importanza dell'improvvisa distruzione e perdita di ogni forma di vita verificatesi a Creta. È stata questa eruzione il Toro del Mare mandato a castigare Minosse? Troviamo qui la cupa realtà storica che si nasconde dietro le parole di Platone: «Ma dopo vennero violenti terremoti e inondazioni e in un solo giorno e in una notte di sventura l'isola di Atlantide scomparve nelle profondità marine?».

[21] S. Marinatos, «Amnisos, die Hafenstadt des Minos», *Forschungen und Fortschritte 10*, pp. 341-43.

CAPITOLO TERZO

Thera e il suo vulcano

Thera

Thera (Santorino) è l'isola più meridionale dell'arcipelago delle Cicladi. Un tempo aveva un diametro di circa dieci miglia ed era coperta di picchi coniformi i cui fianchi erano segnati da ripidi pendii. Al centro si ergeva una vetta alta forse 1600 metri. Le profonde vallate che solcavano le alture dovevano essere coperte di vigne piantate in un fertile suolo vulcanico. Prima di prendere il nome di Thera l'isola era conosciuta anche col nome di Kallistê, la bellissima. Talvolta era anche chiamata Strongulê, l'isola circolare. Questi nomi possono conservare un ricordo di come appariva un tempo, ma non sono più idonei a descriverla. L'occhio non può più vederla come un cerchio completo (tav. 10). Non è neppure un'unica isola. Infatti Thera è rappresentata da tre frammenti di quella che un tempo fu una sola isola: Thera propriamente detta, la parte più estesa, a forma di mezzaluna, con quattro colline fra i 300 e i 600 metri e una popolazione di circa 5000 anime; Therasia, frammento assai più piccolo situato a nord-ovest, con due villaggi; Aspronisi, l'«isola bianca», a sud-ovest, piccolo frammento disabitato, a forma di bastone, con rupi di colore oscuro coronate da spessi strati di cenere bianca e pomice, che sono una delle caratteristiche più impressionanti del paesaggio di Thera. Il profilo circolare delle isole di Thera è chiarissimo (fig. 3). È facilissimo visualizzare il margine esterno dell'isola unica di un tempo e anche il margine interno che attualmente circonda una vasta distesa centrale di mare la cui superficie supera gli 80 chilometri quadrati. Tutto intorno al bordo interno si vedono le rupi spoglie (tavv. 11, 79), mute testimoni della violenza vulcanica subita dall'isola. E al centro della vasta baia l'oscura cupola vulcanica (tavv. 20, 21, 83) estende i contorni corrosi come tentacoli di un calamaro gigante emergente dalle sottostanti profondità. Thera, infatti, è un vulcano – l'unico attivo nell'Egeo. La grande baia, col suo circolo interrotto di rocce brune, è conosciuta dalla scienza col nome di *caldera* [1],

[1] Il significato del termine è ampiamente discusso da H. Williams, *Bibl.* 32, p. 239 ss.

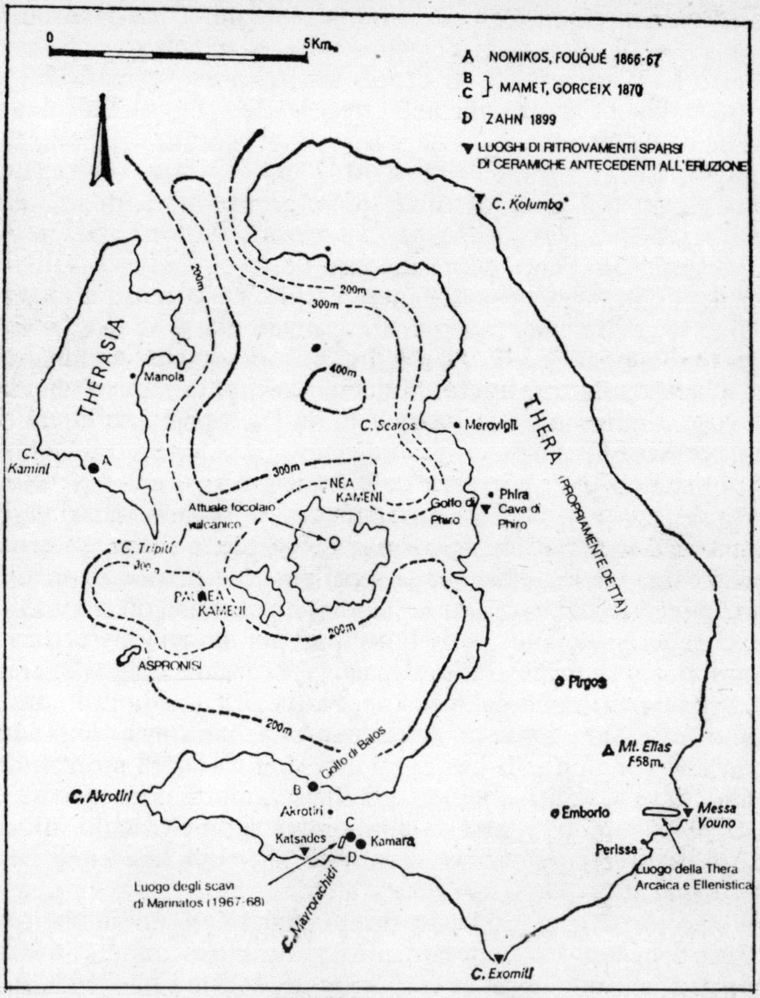

Fig. 3. Il gruppo delle isole di Thera con l'indicazione dei punti di scavo e i luoghi ove sono state trovate ceramiche antecedenti all'eruzione.

«Caldera», in spagnolo, significa «marmitta», «caldaia». Una caldera non deve essere confusa con un cratere, che è sempre una bocca eruttiva tipica del periodo di crescita attiva di un vulcano. La presenza di una caldera è un segno del fatto che il vulcano ha completato un intero ciclo della sua vita. La caldera è un vasto bacino dai fianchi scoscesi formato dallo sprofondamento e dalla sommersione dopo un'eruzione o una serie di eruzioni. Dopo l'emissione di grandi quantità di pomice, la copertura al di sopra della camera del magma sprofonda e si forma una caldera. Sia Thera che il Krakatoa sono classificate da Williams come caldere *esplosive*, essendo state formate da forze endogene; egli, però, fa rilevare come, nella loro formazione, operino altri fattori oltre che una semplice esplosione che decapita un cono. Le caldere formate esclusivamente da un'esplosione non hanno mai un diametro superiore ai $2^1/_2$-3 km.

che, grosso modo può essere definita come una zona di sprofondamento al di sopra di una cavità svuotatasi del magma che conteneva. Essa, quanto a struttura, formazione e dimensioni, è molto simile a Crater Lake nell'Oregon (USA) (fig. 4). La caldera di Thera si è formata in conseguenza di una grande eruzione che squassò l'isola fra il 1550 circa e il 1470 a.C. È stato come se una mina gigantesca fosse detonata nelle profondità sottostanti al centro dell'isola. Grandi trincee si aprirono sul fondo del mare, soprattutto fra Thera propriamente detta e Therasia. Furono eiettate enormi quantità di cenere sottile. La potenza esplosiva all'interno della camera magmatica lanciò masse di detriti sino al perimetro esterno dell'isola. Infine una grossa porzione del centro dell'isola sprofondò, lasciando le rupi denudate che ancor oggi sembrano essere state solo da poco percosse da un ciclopico martello.

Attualmente dalla terrazza dell'Hotel Loukas, nella cittadina di Phira (tav. 11), si può discendere con lo sguardo quasi verticalmente fino al porticciuolo, quasi 250 m più in basso, e sotto la placida superficie dell'acqua la scogliera continua ad approfondarsi per altri 200 m o più. Le navi non possono gettar l'ancora neppure in prossimità della banchina, ma devono attraccare a grandi boe assicurate al fondo marino per mezzo di lunghe catene. All'interno della caldera l'acqua ha una profondità che si aggira fra i 200 e i 400 m. A occidente di Aspronisi, lungo una linea che congiunge le propaggini occidentali di Therasia e di Thera, la profondità è appena di 20 m. Una carta particolareggiata della zona permette di rilevare con tutta chiarezza la ripidità delle pareti del bacino scavato nel letto dell'Egeo dall'azione vulcanica.

Al cessare della grande eruzione la caldera era un'ininterrotta distesa di acqua. Ma sul fondo del mare erano ancora attivi alcuni orifizi vulcanici e un'attività intermittente ha prodotto, fino all'epoca classica, gli scuri cumuli di scorie laviche che ora si adergono minacciosamente al centro della laguna (tav. 21). In effetti attualmente vi sono due distinte masse insulari che costituiscono la parte del cerchio vulcanico emergente dalla superficie del mare. Nel loro insieme sono conosciute col nome di Kamenis, «isole bruciate». L'isola occidentale, Palaea Kameni, è sorta dalla superficie delle acque nel 196-7 a.C. L'estremo nord-occidentale di Nea Kameni, posta a oriente, si è formato tra il 1707 e il 1711 d.C. (fig. 4). Durante l'eruzione del 1866-7 Nea Kameni ha triplicato la propria estensione, ampliandosi verso sud. Durante l'eruzione del 1925-26 (tav. 20) è venuta ad aggiungersi un'altra vasta zona che ha incorporato l'isoletta di Mikra Kameni, precedentemente separata.

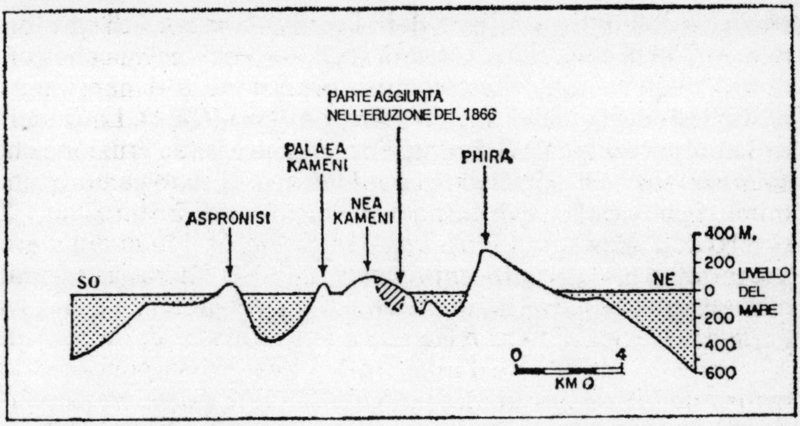

Fig. 4. Sezione della caldera di Thera secondo l'asse SO-NE (Galanopoulos). Si notino i bassifondi lungo il perimetro esterno in contrasto con la zona ad ovest di Palaea Kameni, in cui il mare ha una profondità di 400 m.

A Thera la vita non è facile. Un tempo esisteva un ricco commercio di vino con la Russia, ma la rivoluzione russa vi ha posto fine. Tuttavia l'isola produce tuttora vini rinomati e il pomodoro cresce bene nella grigia terra vulcanica. Le colture incontrano difficoltà dato che l'isola è assolutamente priva d'acqua. Le piogge invernali vengono immagazzinate in profonde cisterne. D'estate i rifornimenti di acqua dolce arrivano ogni settimana in un enorme contenitore galleggiante di plastica, trascinato a rimorchio fino da Paro. Ci vuole un'intera giornata per pomparne il contenuto fino ai serbatoi di Phira in alto sulla scogliera.

Non si vedono né olivi né cipressi e pochissimi sono gli alberi o i cespugli di qualsiasi altra specie. Viti e pomodori crescono nei grigi campi polverosi fittamente cosparsi di cumuli di lava e pomice. I campi sono disposti a terrazze, sostenute da ben connessi muri di pietra a secco, taluni dei quali raggiungono e superano i 6 m di altezza. Questi muri evitano che il terreno incoerente sia asportato o eroso dalle piogge invernali. Elevandosi un ripiano dopo l'altro, rendono difficoltosissimo l'attraversamento a piedi, tanto che si è praticamente costretti a seguire il corso dei torrenti invernali, anch'essi ben incassati fra muri, simili a stradette, che impediscono alla corrente di scavare un solco troppo largo negli alti banchi di cenere e pomice.

Questi immensi depositi di pomice e di cenere vulcanica, o *tefra* [2], sono la caratteristica più interessante e straordinaria del

[2] La parola «tefra» («ceneri» in greco) è stata recentemente diffusa in ambito scientifico dal dottor Thorarinsson (v. nota 24) come termine generico indicante i materiali più

paesaggio. Subito a sud di Phira (tav. 80) si trova una grande cava dove la cenere viene caricata sugli autocarri che la vanno a gettare lungo la faccia della scogliera per riempirne le navi più in basso. Il prodotto viene trasportato ad Atene quale componente per la preparazione del cemento. In pratica si tratta dello stesso materiale che, col nome di «pozzolana», si ricava nei pressi di Napoli, ricco di silice e di calcio e che dà un cemento assai impenetrabile all'acqua.

Le seguenti notizie sullo strato di cenere e sul suo sfruttamento sono prese da una recente relazione sugli scavi del professor Marinatos: [3]

Nello strato inferiore del *tefra* sono state scavate molte gallerie orizzontali e parallele, piuttosto lunghe (tav. 13). All'interno dello strato queste gallerie si intersecano ad angolo retto con altri scavi in modo da formare un reticolato che indebolisce molto le fondamenta dello strato di *tefra*. I lavoratori proseguono nella loro opera lentamente per settimane e settimane, finché il loro esperto caposquadra, più che vedere, percepisce un tremore leggero, quasi impercettibile, nella massa bianca. Cominciano ad apparire minime crepe, sottili quasi come un capello. Gli operai smettono di lavorare ed escono dalle gallerie per essere impiegati in altre mansioni, dato che bisogna attendere un giorno o una settimana o anche di più prima che la massa cominci a cedere: a questo punto viene scaricata direttamente sulle navi in attesa ai piedi dei precipizi del cratere.

Come è stato e quando è avvenuto che questi grandi banchi di tefra hanno ricoperto l'isola con il loro opprimente gravame? (tav. 82). Non soltanto nelle cave, ma quasi ovunque nell'isola si vedono queste grandi rupi scintillanti di ceneri bianche. Col trascorrere dei secoli molta parte di esse è stata erosa, ne rimangono tuttavia milioni di tonnellate. Camminando lungo i precipizi e guardando in alto verso le rupi stranamente corrose, si rimane vieppiù oppressi da questa sensazione di una forza terribile che ha strappato tutta questa materia dalle profondità sotterranee depositandola in modo così violento alla superficie dell'isola un tempo fertile e ben coperta di boschi. E subito ci si rende conto che la «scogliera» su cui è posata Phira in realtà non è affatto una scogliera nel vero senso della parola. Non si tratta di roccia compatta, bensì di strati su strati di detriti vulcanici, di ceneri e scorie intersecate da filoni di lava – una grande e variopinta sezione geologica che ci costringe ad accettare il fatto che il vulcano di Thera è rimasto attivo e distruttivo per migliaia di anni.

leggeri eiettati durante un'eruzione. Questi comprendono polvere, ceneri, pomice e scorie, e sono caratteristici della prima fase di un'eruzione, che spesso è esplosiva e precede l'efflusso di lava. Questi *ejecta* più leggeri sono diverse forme di lava la cui struttura è stata alterata dalla liberazione esplosiva di vapore. La pomice è in realtà lava «aerata».

[3] *Bibl.* 24; metodi di estrazione, 7; datazione con carbonio-14, 56.

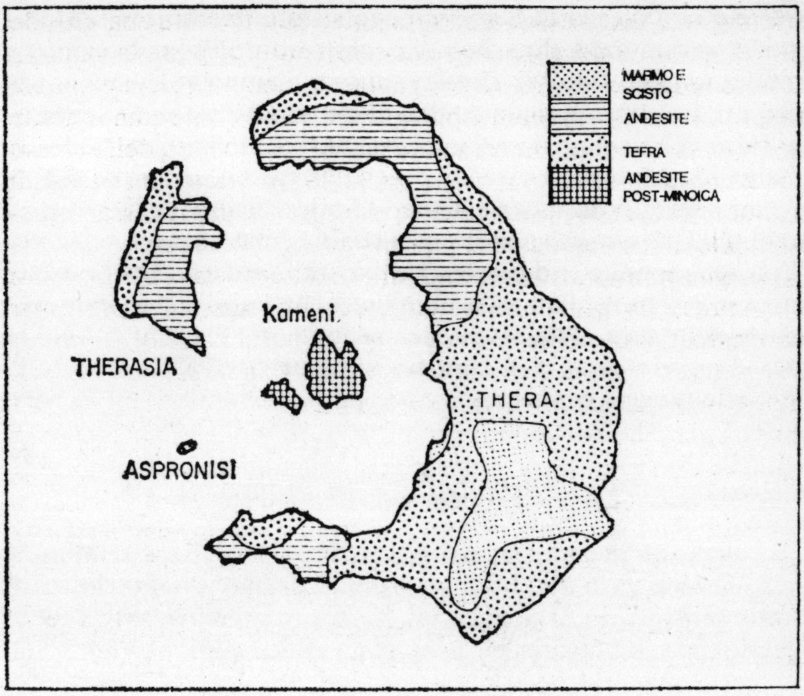

Fig. 5. Carta geologica del gruppo delle isole di Thera (Ninkovich e Heezen).

Per quel che riguarda la questione dell'Atlantide, il nostro interesse è limitato alla grande eruzione che ebbe luogo intorno al 1500 a.C., causando la formazione della caldera e del deposito dei monticelli di tefra bianca che stiamo descrivendo. Alla base della superficie di scavo delle cave di Phira (tavv. 81, 82) lo strato «minoico» appare qua e là assai evidente. Lo strato di pomice poggia direttamente sullo scuro terreno marnoso che rappresentava la superficie dell'isola tremilacinquecento anni or sono. È una terra che si può raccogliere a piene mani per farsela poi scorrere fra le dita. Qua e là si scorgono tracce di muri e frammenti di ceramiche ancora perfettamente stratificati *in situ* (tav. 90). Qui vi doveva essere un insediamento sul fondo leggermente in salita della valle lungo un ruscello. Scavare è fuori questione, dato che sopra di noi incombono migliaia di tonnellate di tefra pronte a franare anche a smuovere una sola pietra. C'è un certo pericolo persino a intrattenersi ai piedi della rupe con le ruspe lassù che spingono in basso carichi e carichi di sottile cenere bianca. I meccanismi delle macchine fotografiche corrono seri rischi con tutte le particelle finissime che volteggiano nelle raffiche di brezza. È tuttavia difficile distaccarsi da qui. Siamo a tre miglia e mezzo dall'albergo, ma siamo arretrati nella storia per tremilacinquecento anni. Ci sentiamo un po' come si deve essere sentito il dottor Leakey quando dissotterrò i suoi crani dagli strati inferiori della gola di Olduvai. Qui si tocca veramente l'Età del Bronzo, se ne può prendere qualche frammento in mano. Da un altro punto della cava emerge un operaio e ci porge un pezzetto di materia scura. «Antico albero», dice, e ce lo consegna sorridendo perché si è accorto del nostro interesse per il passato sepolto. Ed è proprio così: un frammento carbonizzato di legno proveniente da un albero che vegetava quando Minosse dominava i mari e che si è inaridito ed è rimasto sepolto in posizione verticale, così com'era allorché cominciò a cadere la terribile pioggia di pomice.

Cronologia dell'eruzione dell'Età del Bronzo

Il 9 luglio 1956 un forte terremoto perturbava gli strati inferiori nella grande cava di tefra in prossimità di Phira, tanto che, al di sotto dello strato di pomice più basso, fu possibile intravedere quelle che sembravano le rovine di un antico edificio. Vicino alle rovine venivano trovati denti e ossa umane e legno carbonizzato, per i quali il professor Galanopoulos disponeva la datazione con il carbonio-14. I risultati non erano troppo concludenti, essendosi ottenuti, infatti, due dati del tutto diversi: 1090 ± 150 anni a.C. e 1410 ± 100 anni a.C. Il primo di questi due dati può essere respinto, dato che si pensa che il campione sia stato contaminato da acido umico. Il secondo dato è stato ottenuto dopo l'allontanamento dell'acido, per cui è da considerarsi più attendibile.

Attualmente è stata resa di pubblica ragione una datazione più precisa, condotta su materiale similare [4]. Nel 1967 è stato trovato, nello strato inferiore di pomice della cava di Phira, il tronco carbonizzato, ma ancora in piedi, di un alberello. La posizione verticale dell'albero è un dato importante in quanto dimostra che l'albero era ancora vivo all'inizio dell'eruzione. Nel caso di legname proveniente da un edificio si dà sempre la possibilità che la data indicata dal radio-carbonio sia molto anteriore alla data in cui l'edificio è andato distrutto, dal momento che il radio-carbonio segnala la data in cui il materiale è «morto», cessando quindi di assumere carbonio dalla riserva di carbonio della natura. Ma questa è un'evenienza che non occorre considerare nel caso dell'albero sepolto così come si trovava, verticale. La

[4] A. G. Galanopoulos, «Zur Bestimmung des Alters der Santorin-Kaldera», in *Neues Jb. f. Geol. und Paläeont.* 9, pp. 419-20.

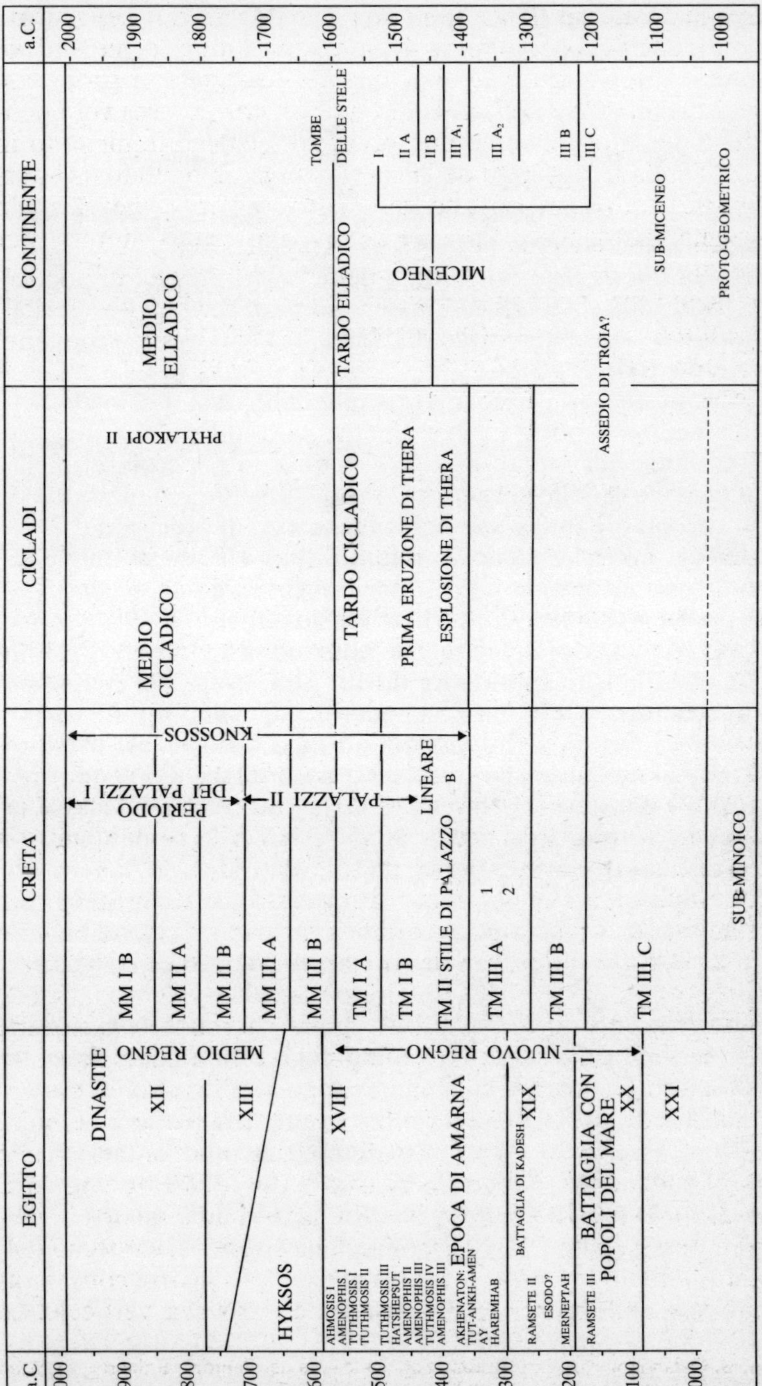

Fig. 6. Tavola cronologica (MM = Medio Minoico, TM = Tardo Minoico).

determinazione del 1967 è stata eseguita al Dipartimento di Fisica dell'Università della Pennsylvania, e ha dato i seguenti risultati:

Semiperiodo 5568	*Semiperiodo 5730*
1456 a.C. ± 43 anni	1559 a.C. ± 44 anni

Il campione è stato diviso in due parti e ciascuna parte è stata sottoposta al conteggio per sei volte complessive.

Secondo questi risultati, la data della prima pioggia di pomice cade fra il 1603 e il 1413 a.C. Attenendosi ai risultati «preferibili» (basati su un semiperiodo di 5730 anni) i limiti si restringono al periodo 1603-1516 a.C.

I risultati sono un indice interessante della data dell'inizio dell'eruzione, ma si potrà probabilmente raggiungere una maggiore precisione per mezzo di altri sistemi e in particolare quello della datazione delle ceramiche. Probabilmente nel metodo del radio-carbonio è insita una certa mancanza di precisione.

Il dottor Baker ha elencato taluni fattori che inevitabilmente introducono incertezze nelle datazioni col radio-carbonio [5].

Tra queste abbiamo: «l'effetto di frazionamento degli isotopi», nel caso di campioni di legno, che possono provocare errori fino a ± 80 anni; errori sistematici dovuti alla scelta del materiale di riferimento; effetti da combustione di combustibili fossili; esperimenti nucleari; fluttuazioni a lungo termine dei livelli di carbonio-14 nell'atmosfera nel corso degli ultimi 1300 anni. L'esistenza di quest'ultimo fattore è stata recentemente messa in luce grazie a studi sugli anelli di accrescimento degli alberi. Si pensa che questo fattore possa, da solo, introdurre errori di datazione fino al $\pm 1^1/_2$ per cento. Il dottor Baker conclude con queste parole: «Dobbiamo accettare il fatto che il metodo è inadatto a risolvere differenze di età inferiori a molte centinaia di anni».

Fortunatamente le prove fornite dalla ceramica consentono una datazione più esatta. Nel corso degli ultimi cento anni, in diversi punti di Thera e di Therasia sono stati trovati, in parecchie occasioni, notevoli quantitativi di importantissime ceramiche (tavv. 18, 33-35). Tra i ritrovamenti vi sono frammenti di affresco e una lama di pugnale intarsiata (tav. 31). I diversi scavi sono descritti particolareggiatamente nel Capitolo quarto. Quasi tutto il vasellame è stato trovato chiuso nelle stanze di edifici situati direttamente sotto lo strato inferiore di pomice (tav. 91). Nel complesso questo è notevolmente omogeneo per stile e decorazione e deve rispondere al tipo di ceramica in uso nell'isola

[5] H. Baker, in *The Scientist and Archeology*, E. Pyddoke, London, 1963, pp. 123-35.

al momento della prima eruzione. Una parte di esso è di fabbricazione locale, mentre in parte è importato; tutto, però, rivela l'influenza di quello stile minoico che va sotto il nome di Tardo Minoico IA (tav. 42). Renaudin è stato il primo a sottoporlo a uno studio sistematico in relazione alle scoperte cretesi e l'ha classificato tra il termine di Medio Minoico I e il principio di Tardo Minoico I [6]. Åberg riteneva che la gran massa del materiale fosse collocabile verso il periodo dei depositi dei templi di Cnosso, vale a dire Medio Minoico III, tuttavia ammetteva che alcuni vasi risalissero al Tardo Minoico I, ossia dopo il 1550 [7]. Marinatos, prima delle sue più recenti scoperte ad Akrotiri, aveva proposto, per l'eruzione di Thera, la data del 1520, ma attualmente è disposto, in base alle prove tratte dal vasellame, a discendere fino al 1500 [8].

Naturalmente è decisiva per la questione la datazione del vaso più recente, che, secondo Scholes, è la brocca trovata da Zahn [9]. Questi mette a confronto la decorazione a foglie di edera di detta brocca con un vaso miceneo di Lachish (tavv. 18,19), che da Stubbings è assegnato allo stile miceneo II, stile che, grosso modo, si situa fra il 1500 e il 1425 [10].

Da questi elementi possiamo dedurre che la prima grande caduta di pomice su Thera ebbe luogo intorno al 1500 a.C. o forse anche un po' più tardi.

Importante è ricordare che questa data, 1500 circa, è la data dell'inizio dell'eruzione, non della diffusa distruzione di Creta. È la data in cui il vulcano di Thera tornò a essere attivo dopo un lungo periodo di quiescenza ed eiettò la pomice più grossolana che costituisce lo strato inferiore dei depositi di tefra. Si tratta di uno strato nella cava di Phira, dello spessore di quattro metri circa (fig. 7). Gli effetti di questa fase probabilmente furono limitati alla sola Thera. Non ne conseguì la formazione della caldera, ma quasi certamente distrusse tutti gli insediamenti dell'isola e tutti gli abitanti ne furono scacciati o rimasero uccisi. Gli scheletri e gli oggetti di valore ritrovati fino a ora sono talmente pochi che si direbbe che gli abitanti abbiano avuto un preavviso sufficiente per racimolare parte dei loro averi e darsi alla fuga.

In seguito il vulcano entrò in una fase di relativa quiescenza di durata ignota. L'esistenza di detta fase è stata dedotta da Reck dall'erosione dello strato di pomice prodotto dalla prima eruzio-

[6] *Bibl.* 25.
[7] *Bibl.* 20.
[8] *Bibl.* 24, p. 55.
[9] *Bibl.* 26, p. 35.
[10] F. H. Stubbings, *Mycenaean Pottery from the Levant*, Cambridge, 1951, p. 56 e tav. XIV, I. La coppa fu trovata in prossimità dell'altare nel santuario del tempio Fosse a Lachish.

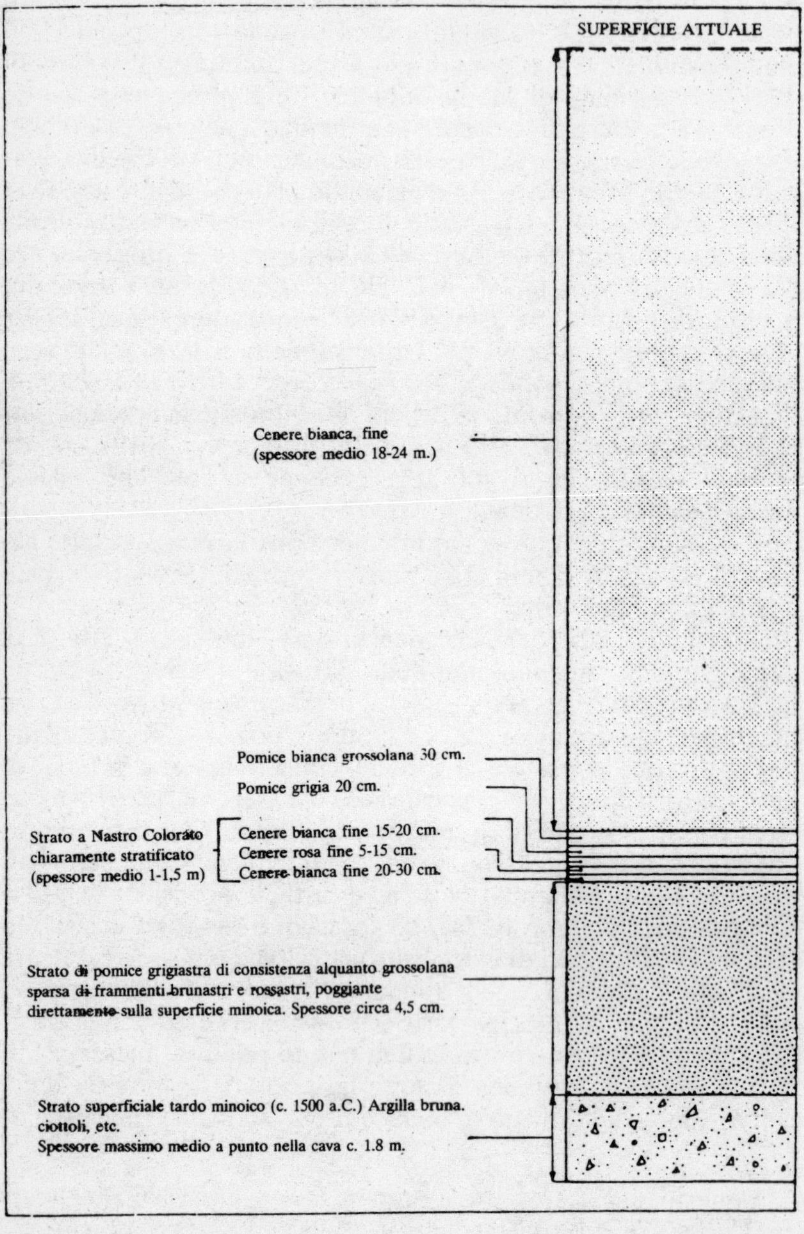

Fig. 7. Sezione schematica delle stratificazioni nella cava di Phira.

ne [11]. Un esempio di tale erosione è visibile nelle erosioni a forma di V, presenti qua e là nelle stratificazioni (tav. 12). Seguirono alcune eruzioni relativamente modeste evidenziate dai cinque strati di tinte contrastanti – bianco, grigio e rosa –, anch'essi chiaramente visibili nella cava di Phira, che scorrono come un nastro colorato fra la pomice più grossolana e la sottile cenere bianca (tav. 82; fig. 7). Poi l'eruzione riprese con rinnovato vigore. Enormi macigni furono scagliati fuori dalla forza delle esplosioni nella bocca o nelle bocche centrali, formando profonde fosse sul terreno dove ricadevano, fosse chiaramente visibili nello strato a essi immediatamente sottostante (tav. 88). Il luogo particolare, presentato nella tavola 89, si trova a circa 3 km dall'attuale focolaio centrale di attività vulcanica e Reck pensa che il cratere principale dell'Età del Bronzo si trovasse ancora più spostato a nord. Grossissime «bombe» sono state trovate negli strati superiori della tefra. In alcune parti dell'isola si è misurato uno spessore di sottile tefra bianca fino a 66 m. In essa si trovano certe linee orizzontali di demarcazione, che Fouqué, però, non ha giudicato abbastanza delineate da consentirci di dedurre che tra le varie fasi dell'eruzione si interponessero intervalli di notevole durata. Secondo lui la tenue colorazione giallo pallido in corrispondenza delle linee di separazione non può indicare altro che una breve esposizione alle intemperie. Non vi è differenza nelle dimensioni dei granelli al di sopra e al di sotto delle linee. Egli conclude:

È quindi probabile che i depositi [di fine cenere bianca] corrispondano semplicemente a fasi successive della stessa eruzione che, al pari di altre eruzioni conosciute, può essere durata per qualche anno con alternanze di relativa calma e di attività più violenta [12].

Abbiamo dunque l'immagine di un vulcano che, entrato in attività verso il 1500 a.C. o poco più tardi, raggiunge gradualmente un grande parossismo eruttivo. Sfortunatamente non sembra che vi sia un modo per stabilire la data del parossismo in base a dati rilevabili a Thera. Gli esperti di vulcanologia sono d'accordo sul fatto che sia intercorso un *certo* intervallo tra la prima eruzione e il parossismo finale che produsse la caldera; non sanno, tuttavia, stabilire con precisione quanto sia durato questo intervallo. A questo punto, ci dobbiamo rivolgere a Creta per trovare altri dati di fatto.

In questo siamo aiutati dai nuovi dati stratigrafici provenienti da Cnosso. Nel 1961 gli scavatori della British School, sotto la

[11] *Bibl.* 30, vol. I, pp. 122-3.
[12] *Bibl.* 27, pp. 292-4.

direzione di Sinclair Hood [13], hanno scoperto un importante deposito di vasi del Tardo Minoico IB. La scoperta è stata giudicata tale da poter provocare una «controrivoluzione» in una vasta sezione degli studi minoici. Evans aveva sempre insistito sul fatto che la ceramica del Tardo Minoico IB (tavv. 14-16) risale approssimativamente agli anni 1500-1450 a.C. e contraddistingue un periodo distinto fra Tardo Minoico IA (tavv. 44-47 sedicesimo secolo a.C.) e lo «stile di palazzo» del Tardo Minoico II (1450-1400). La sua teoria incontrava una sola difficoltà nel fatto che i vasi Tardo Minoico IB, pur così comuni altrove, non si trovavano a Cnosso. Evans dava una spiegazione della cosa ipotizzando che i re guerrieri, che avevano la loro base a Cnosso, distruggessero gli altri palazzi verso il 1450, ponendo in tal modo fine al periodo della ceramica del Tardo Minoico IB che, in seguito, cadde in disuso a Cnosso tanto da non esser neppure conservata. Queste opinioni di Evans erano diventate oggetto di critiche sempre più serrate e molti esperti preferivano pensare che gli stili del Tardo Minoico IB e Tardo Minoico II fossero contemporanei e quindi non distinguibili cronologicamente e che i grandi insediamenti fossero stati distrutti insieme verso il 1400 a.C.

I nuovi dati di fatto forniscono tre elementi: confermano che Evans era nel giusto quando giudicava i tre stili consecutivi e non contemporanei; dimostrano che la sua ingegnosa teoria di un'aggressione da Cnosso non è necessaria, in quanto non abbiamo vasi del Tardo Minoico IB provenienti dalla stessa Cnosso, e infine, e questa è la cosa più interessante per il nostro studio, dimostra che nella stessa Cnosso si è avuta la distruzione violenta di almeno un edificio in un periodo in cui in quel luogo era in uso la ceramica del Tardo Minoico IB.

In un ambiente interrato di un edificio, posto nella parte settentrionale della «strada reale» (tav. 4) che conduce al palazzo, sono stati scoperti dei vasi del Tardo Minoico IB. L'edificio, la cui costruzione originale risale al 1650 circa, era stato notevolmente rimaneggiato in epoche successive e nell'ambiente interrato si potevano scorgere le tracce di quattro pavimentazioni a diversi livelli, che risalivano fino al Medio Minoico III. Sul pavimento 3 si trovavano frammenti di ceramiche classiche del Tardo Minoico IA. Subito sopra a esso si trovava il pavimento 4 con i suoi interessantissimi depositi di vasi del Tardo Minoico IB. I depositi erano concentrati entro a uno strato di cenere alto da 20 a 30 cm ed erano ricoperti da una spessa stratificazione di argilla da mattoni, dissolta, presumibilmente colata dai piani superiori del fabbrica-

[13] *Archaeological Reports* 1961/2, pp. 25-7 e *Illustrated London News*, Archeological Section n. 2080, 17 feb. 1962.

to. Dispersi dentro questo strato si trovavano parecchi frammenti di grandi lastre pavimentali di calcare recanti tracce dello stucco rosso che un tempo riempiva le giunzioni fra le pietre. Gli scavatori ritengono che queste lastre, insieme con i vasi, siano precipitate da uno dei piani superiori.

La relazione degli scavi racconta una storia molto chiara. Un importante edificio vecchio di 200 anni andò distrutto non oltre la fine del Tardo Minoico IB che attualmente taluni esperti collocano verso il 1470 a.C., anche se la data di Evans è il 1450. I piani superiori cedettero lasciando cadere parte del loro contenuto nei locali interrati che rimasero sepolti sotto uno strato di cenere dello spessore di un piede. La cenere potrebbe essere formata da residui delle pareti bruciate o da travi della copertura. L'edificio non venne ricostruito come è dimostrato dal fatto che i mattoni dei piani superiori si dissolsero con il tempo andando a richiudere ancora più ermeticamente il prezioso deposito.

Alcuni vasi del Tardo Minoico IB di «stile marino» sono tra i più delicati fra quanti se ne siano mai trovati. Tra gli altri oggetti provenienti dal deposito vi sono sigilli di pietra, due dei quali di eccezionale fattura, i resti di un pettine d'avorio, il braccio in avorio di una statuetta e frammenti di un grande rhyton di steatite in forma di testa di leone. Un'ultima osservazione: gli scavatori erano perentori nell'affermare che lo strato del Tardo Minoico IB non conteneva traccia di oggetti aventi le caratteristiche dello «stile di palazzo» del Tardo Minoico II.

Abbiamo dunque due nuovi fatti importanti da inserire nella cronologia del palazzo di Cnosso e dei suoi immediati dintorni. 1. È stato trovato un piano interrato contenente un deposito di vasi del Tardo Minoico IA. 2. Un grande edificio è stato completamente distrutto senza essere ricostruito; in esso si trova un deposito di vasi del Tardo Minoico IB. Evans aveva sempre sostenuto che il palazzo e la tomba del tempio erano stati gravemente danneggiati da un terremoto sullo scorcio del sedicesimo secolo a.C. Parti del palazzo furono restaurate verso il 1500, venendo decorate nello stile prevalente in quell'epoca, il Tardo Minoico IB. Attualmente è stato dimostrato che tutte le grandi eruzioni del vulcano di Thera in tempi storici sono state precedute e seguite da forti terremoti [14]. Se nella tarda Età del Bronzo l'andamento fosse stato identico, allora il terremoto di Cnosso forse fu il preludio della prima eruzione di Thera che, come si è visto, possiamo collocare, con cognizione di causa, intorno al 1500 o anche un po'

[14] N. A. Critikos, «Sur des phénomènes sismiques produits avant et depuis l'éruption du volcan de Santorin», in *Annls. Obs. nat. Athènes 8*, p. 56, p. 58; «Sur la sismité des Cyclades et de la Crête», *ibid. 9*, pp. 77-109.

più tardi. Il terremoto potrebbe sicuramente rendere conto del fatto 1. di cui sopra.

Che cosa, dunque, si può dedurre dal fatto 2.? A Cnosso, prima che almeno un grande edificio cittadino andasse distrutto, si sviluppò un nuovo stile di ceramica a sé stante che raggiunse veri livelli di eccellenza. Questo stile, Tardo Minoico IB, con i suoi tipici motivi marini (tavv. 14-16), si diffuse largamente in tutto il mondo minoico. È ragionevole assegnare almeno venticinque anni allo sviluppo e all'espansione dello stile stesso, pur ammettendo il fatto che i motivi marini non sono interamente nuovi nell'arte minoica, potendo essere rintracciati fino al Medio Minoico. Però non sarà irragionevole voler ricercare, in qualsiasi momento posteriore, diciamo, al 1475 a.C., una causa capace di ridurre un massiccio edificio nelle condizioni di carbonizzazione e distruzione in cui è stato trovato nel 1961 dagli scavatori inglesi.

Io suggerirei di rivolgerci, nella ricerca di queste cause, a Thera, questa volta non come epicentro di un'intensificata attività sismica, ma come luogo di un'eruzione esplosiva la cui violenza devastatrice non ha precedenti. Non si tratta soltanto di spiegare la distruzione di un solo fabbricato a Cnosso che potrebbe essere stata provocata, per esempio, da una scorreria piratesca. La distruzione, verso la fine del Tardo Minoico IB, non si è limitata alla zona di Cnosso. Nella maggior parte della zona centrale e orientale di Creta si ebbe un'ampia devastazione con incendi. In questo periodo andarono distrutti i grandi palazzi di Festo e Mallia, la villa di Hagia Triada (tav. 26) insieme con buona parte delle città vicine. Analoga sorte subì il palazzo di Kato Zakro (tav. 28), scoperto di recente. Ma i palazzi non sono gli unici edifici a essere stati danneggiati. Sono andate distrutte anche grandi ville a Tilisso, Nirou Khani, Sklavokambos, Amnisos e Apodoulu. Possiamo dire la stessa cosa degli insediamenti di Gurnia (tav. 27), Palaikastro, Pseira e Mochlos. Cedette la volta della sacra caverna di Arkalokhori. Una recente ricognizione sul terreno ha fornito nuovi dati di fatto sulla distruzione del periodo Tardo Minoico IB a Palaikastro, sulla costa non lontano da Rethymnon verso oriente e a Pirgos sulla costa meridionale.

I palazzi distrutti non vennero ricostruiti e molti insediamenti distrutti non furono rioccupati. Soltanto il palazzo di Cnosso seguitò a funzionare come centro amministrativo e quivi, dallo stile Tardo Minoico IB (tavv. 44-46), si sviluppò lo «stile di palazzo» del Tardo Minoico II. In una tomba nei pressi di Katsamba, una delle città portuali di Cnosso, sono stati trovati vasi del Tardo Minoico II, associati a un'anfora egizia in alabastro (tav. 78) recante il nome di Tuthmosis III (1490-1436 a.C.) [15]. Matz conclude da questo che lo «stile di palazzo» ha avuto probabilmente inizio nel secondo quarto del quindicesimo secolo.

Pendlebury e altri hanno supposto che lo stile Tardo Minoico IB sia persistito in tutti i centri diversi da Cnosso, evolvendosi insieme allo stile cnossico Tardo Minoico II sino a una grande distruzione da lui situata intorno al 1400. Secondo lui in quell'anno tutti i palazzi andarono insieme incontro alla loro fine. Io preferisco l'opinione che *separa* la distruzione del palazzo di Cnosso da una più antica distruzione alla fine del Tardo Minoico IB. La data della fine di Cnosso è in sé assai discussa, dato che taluni la collocano verso il 1400 a.C. e altri assai più tardi ma, a mio vedere, questa distruzione non è legata all'eruzione di per sé. Invece non si può dire la stessa cosa della vasta distruzione di tutti gli altri palazzi e di molte località verso la fine del Tardo Minoico IB. Io concordo col professor Marinatos nell'attribuire *questa* distruzione al vulcano di Thera e la colloco alla fine del Tardo Minoico IB. Schachermeyr situa la fine del Tardo Minoico IB intorno al 1470, data che accoglierei come la più probabile per il parossismo culminante dell'eruzione di Thera.

I lettori si possono legittimamente domandare se è materialmente possibile che un solo vulcano possa provocare una devastazione talmente ampia. Pompei ed Ercolano sono state completamente seppellite, però si trovavano entro un raggio di dieci miglia dal Vesuvio. Come hanno potuto abitati tanto distanti fra di loro, come Tilisso e Zakro, essere raggiunti simultaneamente da un vulcano lontano non meno di 175 km? Io penso che i paragrafi seguenti forniscano prove che dimostrano come tale diffuso cataclisma rientri nei limiti della possibilità fisica.

Natura e intensità dell'eruzione di Thera: i dati di fatto del Krakatoa

L'evidenza della grande eruzione del Krakatoa del 1883 d.C. è fondamentale per qualunque tentativo di ricostruzione di quel che accadde a Thera nella tarda Età del Bronzo. I vulcanologi concordano nell'affermare che il Krakatoa è un vulcano dello stesso tipo di quello di Thera. Fino a quando si riesce a ricostruire l'attività dei due vulcani, si scopre che essi si sono comportati in modo sensibilmente analogo. La violenta esplosione del Krakatoa nel 1883 è ben documentata da molte testimonianze ocu-

[15] A. Alexiou, «Nuovi materiali per la cronologia e storia tardoegea» (in greco), in *Kretika Chronika* 6, 9-41. Per un sommario dell'articolo di R. W. Hutchinson v. *Antiquity*, 1954, p. 183 ss. V. anche *Bibl.* 11, p. 29.

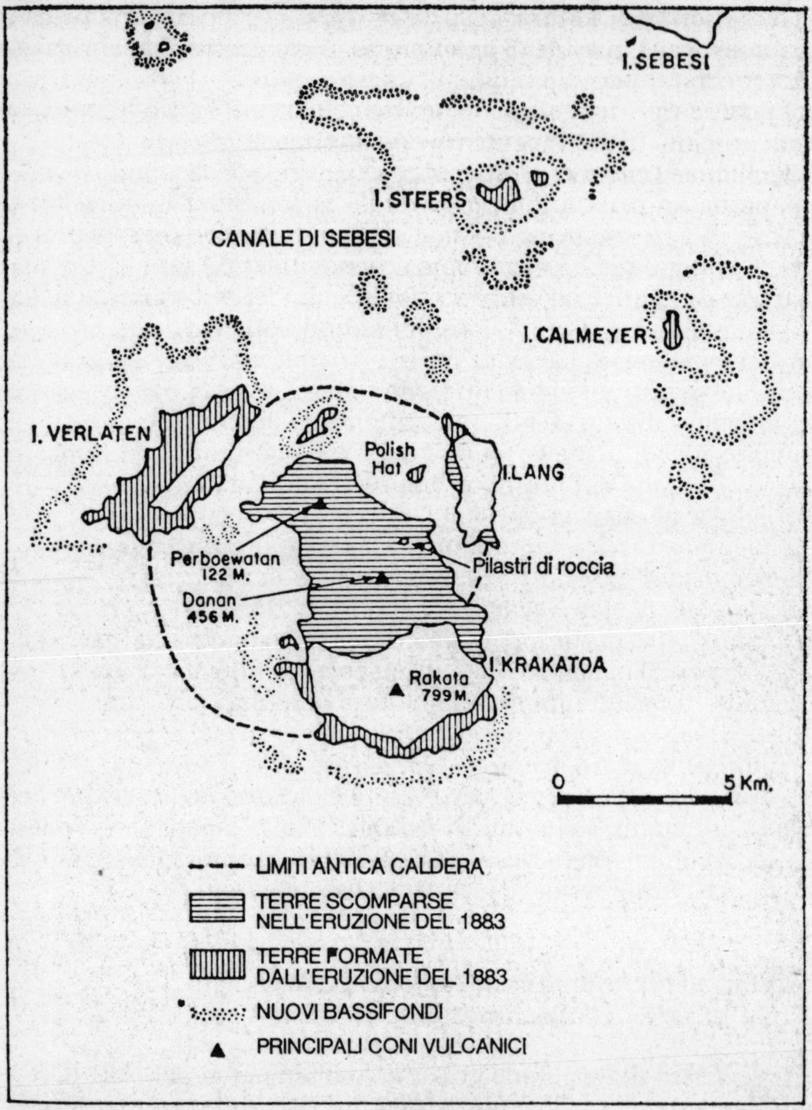

Fig. 8. Krakatoa e le isole circostanti secondo una carta disegnata subito dopo l'eruzione (Symons).

lari e studi scientifici. Gli effetti postumi sono stati valutati e registrati da strumenti scientifici in tutto il mondo. Sappiamo quale devastazione ha causato e quante vite sono andate perdute. Uno degli scopi principali del presente studio è quelle di conferire credibilità alla potenza distruttiva attribuita al vulcano di

Thera nell'Età del Bronzo. I più recenti resoconti sulla distruzione vulcanica di Creta hanno puntato sull'analogia col Krakatoa, ma, secondo me, non hanno esaurito tutto l'insegnamento che se ne può trarre per cui non chiedo scusa se mi intratterrò sull'eruzione del Krakatoa con dovizia di particolari.

Krakatoa (tav. 8), come Thera, è un piccolo gruppo di isole disposte, grosso modo, in cerchio: Krakatoa propriamente detta, l'isola di Lang e l'isola Verlaten. Il gruppo si trova nello stretto della Sonda fra Giava e Sumatra, in prossimità di una delle rotte principali che congiungono il Mar della Cina con l'Oceano Indiano. Prima del 1883 Krakatoa propriamente detta era un'isola considerevolmente più grande delle altre due, ma l'eruzione la ridusse a circa un terzo delle dimensioni precedenti, mentre l'isola di Verlaten aumentò in ugual misura.

A grandi linee le storie vulcaniche di Krakatoa e di Thera hanno molto in comune. Entrambe si trovano nel punto di giunzione di importanti linee di frattura. Nel quaternario molto antico entrambe erano grandi coni vulcanici dal tipico profilo «vesuviano». Poi entrambe andarono incontro a violenti parossismi eruttivi che portarono al collasso del cono centrale, con massicce emissioni di tefra. Campioni del fondo marino del Mediterraneo Orientale, descritti particolareggiatamente più oltre (p. 73 ss.) dimostrano come, verso il 23.000 a.C., un'eruzione spargesse la tefra di Thera su una vasta zona estesa dalla Sicilia alle coste dell'Asia Minore. Si spera di disporre fra breve di analoghi dati relativi alla zona circostante a Krakatoa [16]. Non si sa con certezza se allora a Thera si venisse a costituire una caldera, mentre i contorni di un'antica caldera sono riconoscibili a Krakatoa.

Dopo questi antichi cataclismi la caldera di Krakatoa (fig. 9) si venne a poco a poco riempiendo di materiali emessi da nuovi coni vulcanici. Questo processo nel 1883 era estremamente avanzato. Allora il cono più grande, Rakata, era alto 790 m. A Thera, dopo il 23.000 a.C. almeno quattro nuovi coni entrarono in attività ed eressero una complessa massa di alture che dovevano coprire almeno in parte, se non del tutto, la zona che attualmente è rappresentata dal mare al centro dell'isola. Indi Thera entrò in un lungo periodo di quiescenza ed è probabile che gli abitatori dell'Età del Bronzo non si rendessero conto di vivere su un vulcano dormiente. Nella rinnovata, violenta attività del 1500-1470 circa, la Thera centrale fu completamente sventrata e si formò una grande caldera. In seguito il processo di riempimento della caldera è proseguito sino a un punto attual-

[16] Per l'eruzione di Krakatoa in tutti i particolari v. *Bibl.* 31. Anche, R. D. M. Verbeek, *Krakatau*, Batavia 1886.

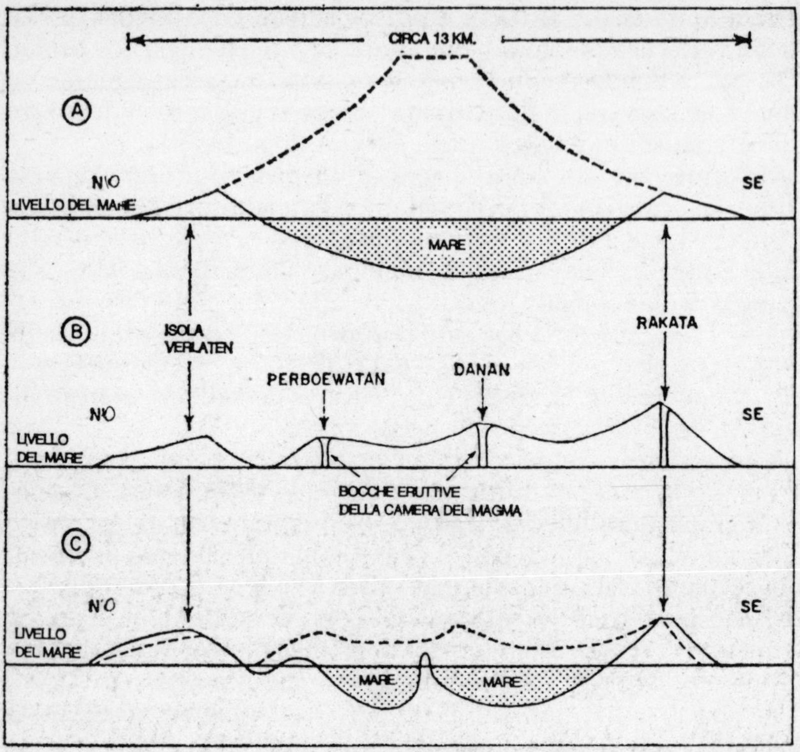

Fig. 9. Tre fasi della storia del vulcano di Krakatoa (Symons e Williams). La sezione A rappresenta il profilo probabile dell'antica caldera; la linea tratteggiata rappresenta l'ipotetico cono vulcanico pre-caldera. La sezione B rappresenta il profilo del gruppo di Krakatoa prima dell'eruzione del 1883. L'antica caldera è stata in gran parte colmata, Rakata si è ampliata, si sono formati due nuovi coni. La sezione C rappresenta il profilo dopo l'eruzione del 1883. La linea tratteggiata sta a indicare i materiali perduti nell'eruzione od aggiunti ai fianchi delle isole Rakata e Verlaten.

mente visibile nel gruppo di Kameni (fig. 4) con i suoi vari conetti. Lo stesso processo si è iniziato a Krakatoa, dove, nel dicembre del 1927, è emersa Anak Krakatoa.

Prima dell'eruzione del 1883 il gruppo di Krakatoa era riccamente rivestito di boschi, però disabitato e scarsamente conosciuto. Non era stata compiuta una ricognizione geologica completa e le carte delle acque circostanti non davano informazioni esaurienti e attendibili. Fra il maggio del 1680 e il novembre del 1681 vi era stata un'eruzione, probabilmente del cono più piccolo, Perboewatan (122 m), ma l'isola era tornata allo stato di quiescenza per quasi duecento anni. L'esplosione del 1883 fu preceduta da sei o sette anni di terremoti sempre più forti, alcuni dei quali furono percepiti fino in Australia. Indi, il 20 maggio 1883, ebbe inizio un'eruzione di moderata intensità, con boati udibili fino a cento miglia di distanza. Il 22 maggio, dalle parti più basse dell'isola si vide distintamente salire al cielo una grande colonna di polvere e di vapore, che raggiunse un'altezza valutata in sette miglia. Venne emessa una grande quantità di pomice e le piogge di polvere furono rilevate fino a una distanza di 480 km.

Una settimana dopo, un gruppo di escursionisti, giunto da Batavia col vapore, sbarcò sull'isola. Essi trovarono Krakatoa e tutte le isole vicine coperte di sottile polvere bianca simile a neve [17]; gli alberi erano stati spogliati delle foglie e dei rami dalla caduta di pomice. Però in nessun punto i detriti eruttivi superavano lo spessore di un metro. Con molto coraggio il gruppo sbarcò e andò a ispezionare il gruppo di Perboewatan, dove trovò un grande cratere del diametro di circa 900 m. Al centro del cratere vi era una bocca eruttiva larga circa 45 m, dalla quale usciva, con terribile fragore, ritmato di quando in quando da violente esplosioni, una grande colonna di vapore.

Dopo questo parossismo il vulcano si placò anche se non completamente. L'11 agosto un visitatore trovò tre crateri in attività e notò almeno altri undici focolai da cui fuoriuscivano vapori e polvere. A questa data tutta la foresta era stata completamente distrutta e solo qualche tronco d'albero emergeva ancora da uno strato di pomice e polvere spesso 65 cm. Durante la quindicina seguente, l'attività andò costantemente accrescendosi e le navi che transitavano nello stretto riferivano molte sonore esplosioni e una continua greve pioggia di polvere e pomice.

Il 26 e 27 agosto sopraggiunse il grande parossismo. Disponiamo di vividi resoconti, non soltanto di sopravvissuti sulle vicine coste di Giava e Sumatra, ma anche dai libri di bordo di navi che, in quel momento, si trovavano nello stretto e di altre navi fino a una distanza di 1840 km.

Alle 2 pomeridiane, una nave a 120 km a est-nord-est di Krakatoa vide una nera nube sollevarsi a ondate successive fino a una quota stimata in 25 km. Alle 3 le esplosioni erano udibili fino a 240 km di distanza e alle 5 si sentivano per tutta Giava. A quest'ora la *Charles Bal* si trovava a soli 16 km a sud del vulcano e il comandante, capitano Watson, riferì che fra le 5 e le 6 del pomeriggio sulla nave si era abbattuta una pioggia di grossi pezzi di pomice calda. Osservata da una nave distante 64 km a nord-est, la nube, alle 7 di sera, era simile a un immenso pino col tronco e i rami formati da lampi vulcanici! [18]

In nottata la *Charles Bal* continuò a perlustrare a oriente del

[17] Plinio, *Epistole*, VI 20, 18, si avvale della stessa similitudine per descrivere la scena dopo l'eruzione del Vesuvio nel 79 d.C.: *omnia alto cinere tanquam nive obducta*.
[18] Cfr. Plinio, *Epistole* VI 16, 5.

Krakatoa da una distanza di soltanto 20 km circa. L'equipaggio vedeva «sfere di fuoco bianco» (certamente frammenti di lava a calor bianco) rotolanti lungo il pendio sudoccidentale dell'isola e l'aria era «calda e soffocante, sulfurea, odorante di ceneri bruciate». Il cielo «un momento era di un nero assoluto e un momento dopo aveva uno splendore di fiamma». Ormai il Krakatoa era entrato in una fase parossistica dell'eruzione presentando fenomeni esattamente identici a quelli osservati in tutti i casi del genere. A partire dalle 5 e 30 del pomeriggio di domenica 26 agosto, si cominciarono a osservare piccole ondate di maremoto. Per l'intera notte il rumore incessante privò del sonno tutti gli abitanti della parte occidentale di Giava. All'alba l'eruzione si era leggermente attenuata, ma fra le 5 e 30 e le 10 e 52 della mattina del giorno dopo vi furono quattro tremende esplosioni di intensità di gran lunga maggiore delle precedenti. La terza, alle 10, fu udita a Rodriguez, a 4800 km di distanza (fig. 10). Una nube di polvere si levò fino a 80 km di altezza. Quando si poterono riprendere le osservazioni di Krakatoa, si scoprì che tutta la parte settentrionale e più bassa dell'isola di Krakatoa era scomparsa, lasciando Rakata (tav. 22, 23) spaccata a metà. Si calcolò che dal vulcano fossero fuoriusciti almeno 18 km cubici di materiale, due terzi del quale caduti entro un raggio di 15 km. Buona parte di questo materiale si accumulò sul versante esterno dell'isola attorno alla caldera e anche sul fondo marino circostante (fig. 8). Sulla parte meridionale di Rakata si formarono depositi di tefrite spessi fino a 60 m. A nord, il canale di Sebesi rimase completamente bloccato da banchi di materie vulcaniche e intorno al nucleo costituito da scogli preesistenti si formarono due isole nuove che, però, furono ben presto ridotte, dall'azione dei flutti, dapprima a banchi di sabbia e poi a secche. Il resto del materiale eruttato fu lanciato a grande altezza e su una vastissima zona si rilevarono piogge di cenere e pomice.

Una coltre di oscurità si estese rapidamente all'esterno a mano a mano che la colonna di polvere e di vapore si abbassava. Alle 10 e 30 antimeridiane, nella baia di Lampong si era fatto buio, tanto che la *Gouverneur Général Loudon* fu costretta a gettare l'ancora. Un'ora dopo un'oscurità totale aveva raggiunto Batavia, lontana 160 km, e fino alle 3 del pomeriggio cadde una greve pioggia di polvere. Infine le tenebre si spinsero fino a Bandong a quasi 240 km a oriente di Krakatoa.

Il rombo dell'esplosione fu udito su un'area immensa (fig. 10). L'onda d'urto infranse finestre e incrinò muri fino a 160 km di distanza, facendo addirittura saltare un gasometro fuori della sua sede. Le vibrazioni atmosferiche, prodotte dall'esplosione delle 10 del mattino, furono percepite in tutto il mondo.

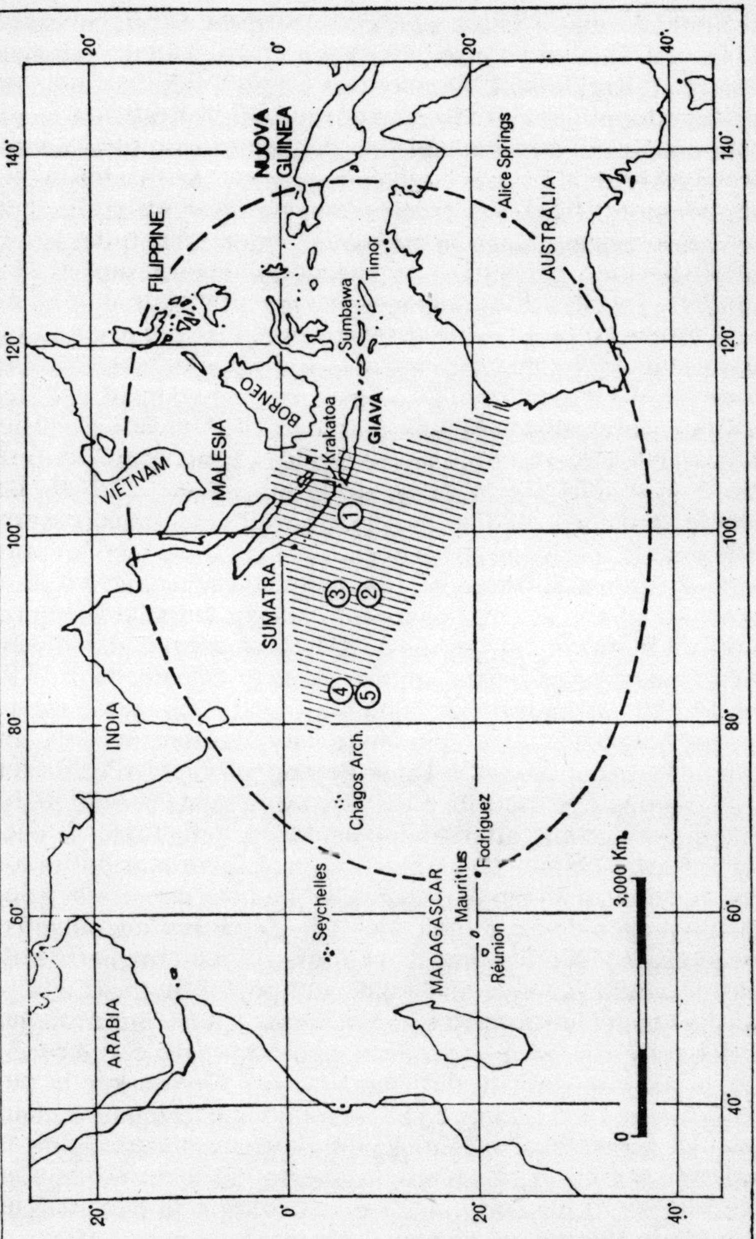

Fig. 10. Effetti dell'eruzione del Krakatoa nel 1883 (Symons). La zona tratteggiata comprende i punti in cui, a quanto si è appreso dalle relazioni, cadde una pioggia di ceneri dopo l'eruzione; la linea tratteggiata indica la zona in cui furono udite le esplosioni (Alice Springs si trova a circa 3500 km dal Krakatoa); i numeri si riferiscono ai punti in cui ebbero luogo gli avvistamenti di pomice galleggiante descritti alle pp. 70-73.

Il Papandayang a Giava (1772), lo Skaptar Jökull in Islanda (1783) e il Tambora a Sumbawa hanno tutti eruttato più materiale che il Krakatoa. Il Tambora ha esteso l'oscurità fino a una distanza doppia, ma, fra le eruzioni recenti, il Krakatoa non ha rivali quanto all'estrema violenza del parossismo culminante e alle catastrofiche ondate atmosferiche e marine prodotte.

Il maremoto (fig. 11) fu tremendamente distruttivo. Quasi 300 fra città e villaggi lungo lo stretto di Sonda furono devastati e 36.380 persone perdettero la vita. Un'immensa superficie fu inondata. La città di Tyringen, a 48 km dal Krakatoa, fu la prima a essere colpita. Molte case in prossimità del mare furono distrutte da un'ondata sopraggiunta fra le 6 e le 7 della sera del 26 agosto. La stessa danneggiò Telok Betong a Sumatra, distante 72 km dal vulcano. All'una di notte del 27 agosto il villaggio di Sirik fu sommerso. Alle 6 e 30 Anjer fu quasi completamente devastata e nello stesso momento la parte bassa di Telok Betong fu sommersa. Molto si è discusso sul meccanismo causale delle ondate. Si ritiene che fattori principali siano stati la formazione di fratture sottomarine in seguito all'esplosione e il franamento di materiale da pendii sottomarini o dalla terraferma dentro il mare. In ogni modo quello che è certo è che l'ondata più grande era associata all'esplosione più forte. Non molto dopo le 10 del mattino un'immensa ondata sommerse tutte le spiagge lungo lo stretto, spazzando via quel che rimaneva delle città di Tyringen, Merak e Telok Betong, oltre a parecchi villaggi. A cagione dell'oscurità e del terrore fu quasi impossibile ottenere osservazioni attendibili dell'altezza delle onde. Si pensa che a tratti abbiano raggiunto i 36 m. I guardiani del faro di Vlakke Hoek, a 88 km di distanza, le giudicarono alte 15 m. Altra stima assai degna di fede viene da Telok Betong, dove l'acqua giunse a 2 m dalla cima di un'altura di 23 m. In questo luogo la cannoniera *Berouw*, alla fonda nel porto, fu trascinata per quasi 3 km nell'entroterra e abbandonata a nove metri sul livello del mare. In linea generale si può affermare con sicurezza che, a distanze dal vulcano comprese fra 50 e 80 km, le onde erano alte in media 15 m, e che, in fondo alle insenature, tendevano ad accavallarsi raggiungendo altezze molto maggiori. Le onde si diffusero a occidente attraverso l'Oceano Indiano e la loro altezza fu misurata in 2,5 m a Ceylon e in circa 65 cm a Mauritius. Furono osservate al Capo Horn e può darsi che un'ultima, debole ondulazione sia arrivata addirittura nella Manica dove i mareometri in Inghilterra e in Francia registrarono contemporaneamente un leggero innalzamento.

Sullo stretto la caduta di cenere e pomice non fu mai disastrosa, però fu osservata a distanze enormi. Per molti mesi grandi

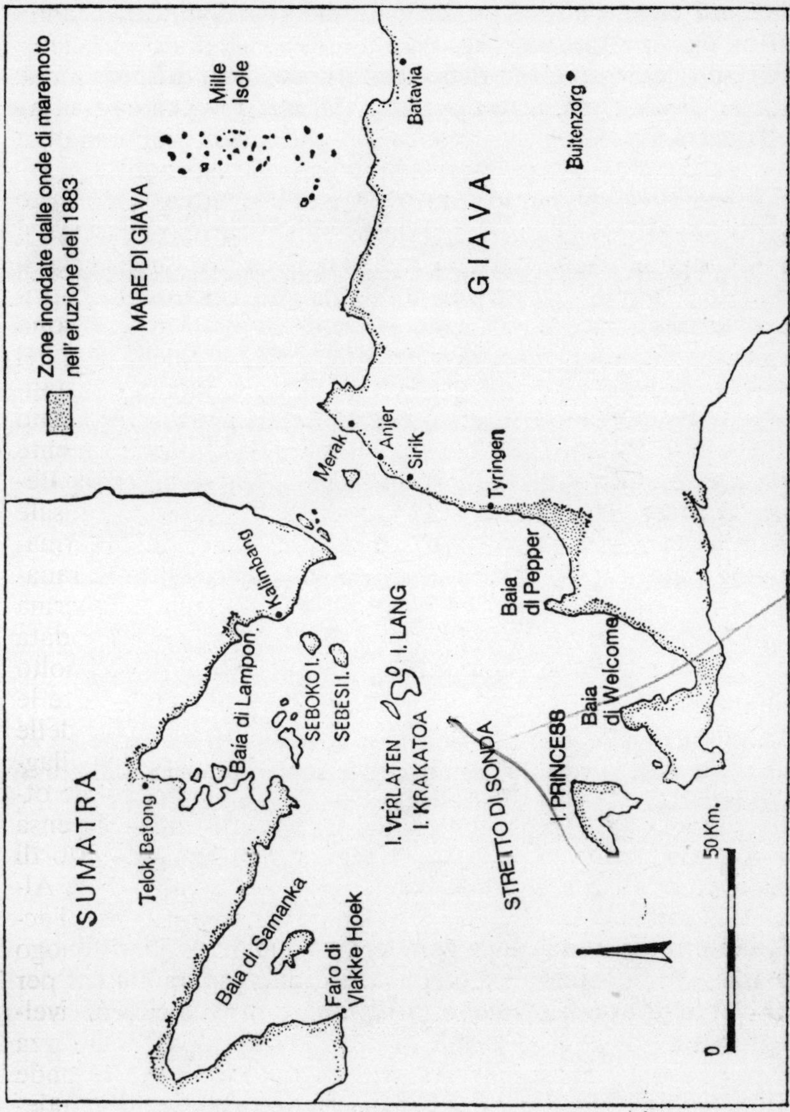

Fig. 11. Lo Stretto di Sonda e parte di Giava e Sumatra (Symons). Le zone punteggiate furono sommerse dalle onde del maremoto provocate dall'eruzione del 1883. Si notino le vaste zone inondate sul fondo delle quattro insenature principali site di fronte a Krakatoa, l'assenza di inondazioni sulle spiagge, situate sottovento, di alcune isole e la sporadica incidenza di inondazioni sulla costa meridionale di Giava.

ammassi galleggianti di pomice furono osservati dalle navi in tutto l'Oceano Indiano (fig. 10).

Riporto qualche caratteristico estratto dai diari di bordo; la posizione di ciascuna nave è segnata dal numero corrispondente sulla carta a p. 67.

1. Brigantino *Actaea*	ore 2 pomeridiane del 20 maggio-ore 9 antimeridiane del 21 maggio, caduta continua di polvere finissima.
2. Brig. *County of Flint*	28 agosto, mezzogiorno: caduta di grandi quantità di polvere, ritenuta polvere di corallo.
3. Brig. *Brani*	28 agosto: da mezzanotte alle 11 una gran quantità di sabbia molto chiara e molto fine ha coperto ogni parte accessibile. 29 agosto: cade in continuazione una pioggia di sabbia finissima che arriva a oscurare l'atmosfera.

Le osservazioni della *Brani* furono fatte in un punto a 1600 km a ovest di Krakatoa.

4. Brig. *Gipsy*	9 settembre: gran banco fluttuante di pietra pomice per tutta la giornata.
5. Brig. *Ta Lee*	2 dicembre: superato banco di pomice estendentesi per circa 25 miglia. Alcuni pezzi hanno una superficie di circa due piedi quadrati.

La pomice galleggiante continuava a suscitare interesse ed eccitazione nell'aprile dell'anno dopo, come si vede dall'ultimo estratto:

6. Brig. *Flora*	Il capitano cade in mare mentre pesca delle pietre-pomici.

Gli effetti a distanza della grande eruzione del 1883 si dissolsero alla fine in tramonti e crepuscoli di incomparabile bellezza che vennero notati ovunque in Europa e in America nei mesi invernali.

Ho descritto l'eruzione del Krakatoa con ricchezza di particolari in quanto ci fornisce una delle principali pietre di paragone per valutare le probabili conseguenze dell'eruzione di Thera nell'Età del Bronzo. Le massime autorità convengono sul fatto che le caldere di questi due vulcani consimili si sono formate nello stesso modo in seguito a uno sprofondamento conseguente a esplosioni di estrema violenza. La loro storia, nel corso, diciamo, degli ultimi 30.000 anni, sembra seguire lo stesso schema: uno schema ricorrente, consistente nella formazione di uno o più coni, terminante con un'eruzione parossistica, al culmine della quale si forma una vasta caldera. Per Thera siamo privi della voce di testimoni oculari, tuttavia disponiamo della testimonianza silenziosa delle rupi impervie che circondano la caldera e degli enormi banchi di tefra che, in qualche punto, si innalzano ancora fino a 66 m, nonostante che siano trascorsi tremilacinquecento anni. L'estremo candore e la sottigliezza di questa tefra sono una valida testimonianza in favore del fatto che essa è stata prodotta da un parossismo eruttivo dopo un lungo periodo di quiescenza. La stratificazione dei depositi di pomice è straordinariamente simile a Thera e a Krakatoa. In entrambe le isole l'orizzontalità degli strati è più evidente nelle parti inferiori (tav. 82, fig. 7). In entrambe vi è un sottilissimo strato di pomice rosea. Nell'isola di Lang questo strato, spesso circa 10 cm, si trova a 7 m circa più in alto della base dei depositi del 1883. Anche nella cava di Phira vi è uno strato di colore roseo (fig. 7), dello spessore di circa 10 cm e posto a circa 4 m al di sopra della base dei depositi del 1500 a.C. circa. Si è pensato che questo colore sia il risultato del contatto con l'acqua di mare e rappresenti il prodotto della prima eruzione sottomarina. La relazione di Williams sulla pomice del Krakatoa menziona anche «una serie di strati, in rapida alternanza, di pomice sottile e di lapilli» [19]. I depositi di pomice rosea a Thera si accompagnano a una stratificazione alternante esattamente identica. Tanto a Thera quanto a Krakatoa i depositi superiori di tefra, enormemente spessi, sono molto meno ben stratificati. Essi sembrano rappresentare un'enorme massa di lava schiumosa eruttata dalla camera del magma in un tempo brevissimo nel momento culminante dell'eruzione. In questi massicci depositi la percentuale di materiali rocciosi più antichi è insignificante: il 5 per cento a Krakatoa e l'1 soltanto a Thera. Ne consegue che le caldere non si sono formate per «decapitazione esplosiva» degli antichi coni, bensì in seguito ad abbassamento e sprofondamento della crosta superiore dell'isola. Le esplosioni sotterranee svuotarono la camera del magma posta al di sotto e il «tetto» andò giù.

Sappiamo che questo accadde a Krakatoa nello spazio di ventiquattr'ore e abbiamo tutte le ragioni per credere che l'eruzione di Thera si sia conclusa nello stesso modo. Uno studio delle trincee (*graben*) nelle due caldere rivela uno schema molto simile con profonde fissurazioni, disposte ad angolo retto, che seguono le grandi linee di sprofondamento. Entrambe le caldere sono suddivise in due bacini da una cresta e i contorni subacquei non sono dissimili, però Thera raggiunge una profondità massima maggiore (400 contro 279 m). Inoltre la superficie racchiusa tra

[19] *Bibl.* 32, p. 257.

le pareti della caldera è a Thera quattro volte maggiore della superficie della parte perduta di Krakatoa (83 kmq contro 22,8 kmq). Da questo non consegue, come talvolta è stato suggerito, che l'esplosione di Thera sia stata quattro volte più poderosa. Tuttavia la morfologia della caldera e l'estensione dei depositi di pomice indicano che l'esplosione è stata almeno altrettanto potente e che potrebbe essere stata anche più forte, a giudicare dalla maggiore profondità delle *graben*. Sappiamo con certezza che la sottile tefra di Thera si è sparsa su una superficie di 300.000 kmq, soprattutto verso sud-est. Nella vicina Anaphi si rinvengono alcuni indizi di un'ondata di maremoto alta più di 200 m. Pur essendo necessario un supplemento di indagini, alla luce di quanto già si conosce è ragionevole prendere in considerazione i probabili effetti dell'eruzione sulle isole circonvicine e in particolare su Creta. Personalmente non dubito che siano stati estremamente distruttivi. Se le vibrazioni atmosferiche hanno potuto incrinare i muri fino a una distanza di 160 km da Krakatoa, è chiaro che i piani superiori, costruiti con mattoni di fango, degli alti palazzi e delle ville cretesi debbono aver sofferto molto per la stessa causa. Nessuno dei principali centri di Creta dista più di 160 km da Thera. Se ondate alte da 15 a 30 m hanno flagellato le coste dello Stretto di Sonda, come saranno state le onde abbattutesi sulla costa settentrionale di Creta quando a Thera sprofondò in mare una zona grande all'incirca quattro volte quella corrispondente alla parte perduta di Krakatoa? In ventiquattr'ore a Giava e Sumatra perirono più di 36.000 persone e 290 città e villaggi furono distrutti. Non sappiamo che cosa accadde a Creta e alle isole e coste dell'Egeo tuttavia penso di non sbagliare se affermo che le perdite di vite e i danni alle cose non furono minori. E possono benissimo essere stati di parecchio superiori. Possiamo dire con sufficiente certezza che Creta aveva cessato di essere una grande potenza marittima verso la metà del quindicesimo secolo a.C. Non è ragionevole supporre che l'eruzione di Thera fu uno dei fattori principali della sua caduta?

Insieme agli effetti dell'esplosione e del maremoto, si debbono prendere in considerazione gli effetti della grave caduta di cenere. Ne parleremo in particolare, più oltre (p. 77 ss.). Qui mi limito ad asserire che possiamo supporre, con cognizione di causa, che le colline e le valli della Creta orientale furono ricoperte da un notevole spessore di ceneri. È stato rilevato che un deposito di 10 cm rende i campi inutilizzabili per dieci anni. Un deposito di circa un metro può uccidere gli alberi e distruggere gli edifici. Possiamo immaginare che i Minoici delle parti centrali e orientali di Creta, sfuggiti alle ondate, ritrovarono in gran par-

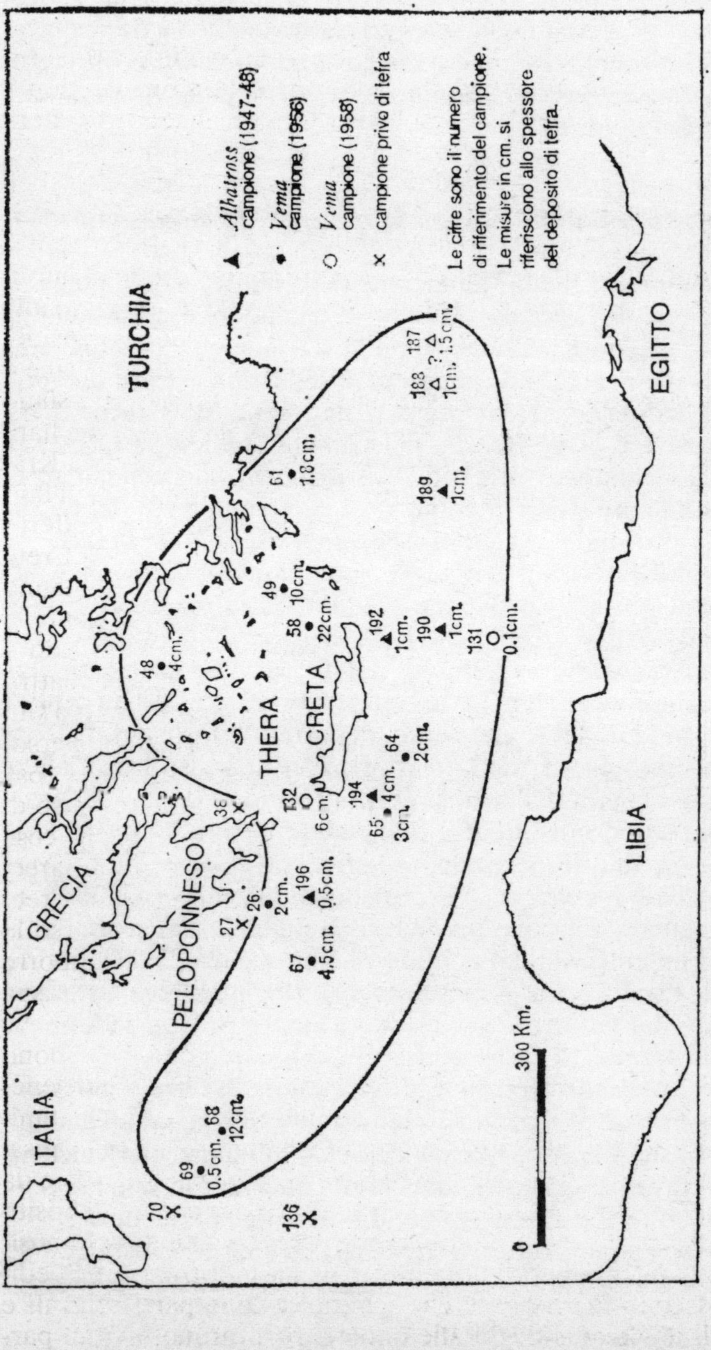

Fig. 12. Distribuzione dello strato inferiore di tefra derivante da una forte eruzione di Thera avvenuta intorno al 23.000 a.C. (Ninkovich e Heezen).

te incoltivabile la loro terra, i frutteti distrutti o spogliati del fogliame e le case rase al suolo. Il fattore ricaduta di materiali potrebbe contenere in sé la spiegazione della diffusa devastazione di località molto lontane dalla costa settentrionale oltre che della migrazione verso occidente documentata dai ritrovamenti archeologici (v. p. 134).

Dati di fatto forniti da campioni minerali del fondo marino

Fortunatamente, nella valutazione della natura e dell'intensità dell'eruzione di Thera non dobbiamo dipendere esclusivamente dall'analogia con Krakatoa. Dopo la seconda guerra mondiale, ci si è avvalsi di analisi di campioni di sedimenti estratti dal fondo del Mediterraneo orientale. I dati sono stati raccolti da D. Ninkovich e B. C. Heezen del Lamont Geological Observatory della Columbia University [20]. Ninkovich e Heezen ci narrano l'affascinante storia di come in 21 campioni, tratti dal fondo marino a profondità in molti casi superiore a 2000 braccia, si siano identificati depositi di tefra. Sette di questi campioni sono stati prelevati dalla spedizione svedese d'alto mare del 1947-8 sulla nave *Albatross*. Nel corso delle crociere 10 e 14 della nave *Vema* dell'osservatorio Lamont, nel 1956 e '58, furono trovati altri 14 campioni contenenti la cenere rivelatrice. Questa cenere consiste, per più del 95 per cento, di particelle finissime di vetro vulcanico incolore. L'identificazione con lo stesso materiale a Thera è assicurata dall'analisi del contenuto minerale dei campioni. Si possono distinguere due cadute distinte di tefra. Ninkovich e Heezen le denominano tefra «superiore» e tefra «inferiore». Esse hanno indici di rifrazione differenti (n. 1509 e n. 1521). L'analisi dei campioni indica che la tefra «inferiore» proviene da un'eruzione del periodo di Würm circa 25.000 anni fa (figg. 12, 13). La tefra «superiore» appartiene all'eruzione della tarda Età del Bronzo e fra le due è interposto un sedimento postpleistocenico di carbonato.

Le carte della distribuzione della caduta di tefra sono state tracciate in base alla collocazione dei diversi coni ed all'assottigliamento del deposito via via che ci si allontana dal vulcano. Sembra certo che la cenere, data la sua finezza, sia stata trasportata dai venti delle grandi altezze. La tefra dell'eruzione dell'Età del Bronzo copre un'area di circa 300.000 kmq ed è distinguibile fino a 700 km da Thera – chiaro indizio della potenza dell'esplo-

[20] *Bibl.* 29. V. anche *Nature 213*, 11 feb. 1967, pp. 582-4, degli stessi autori.

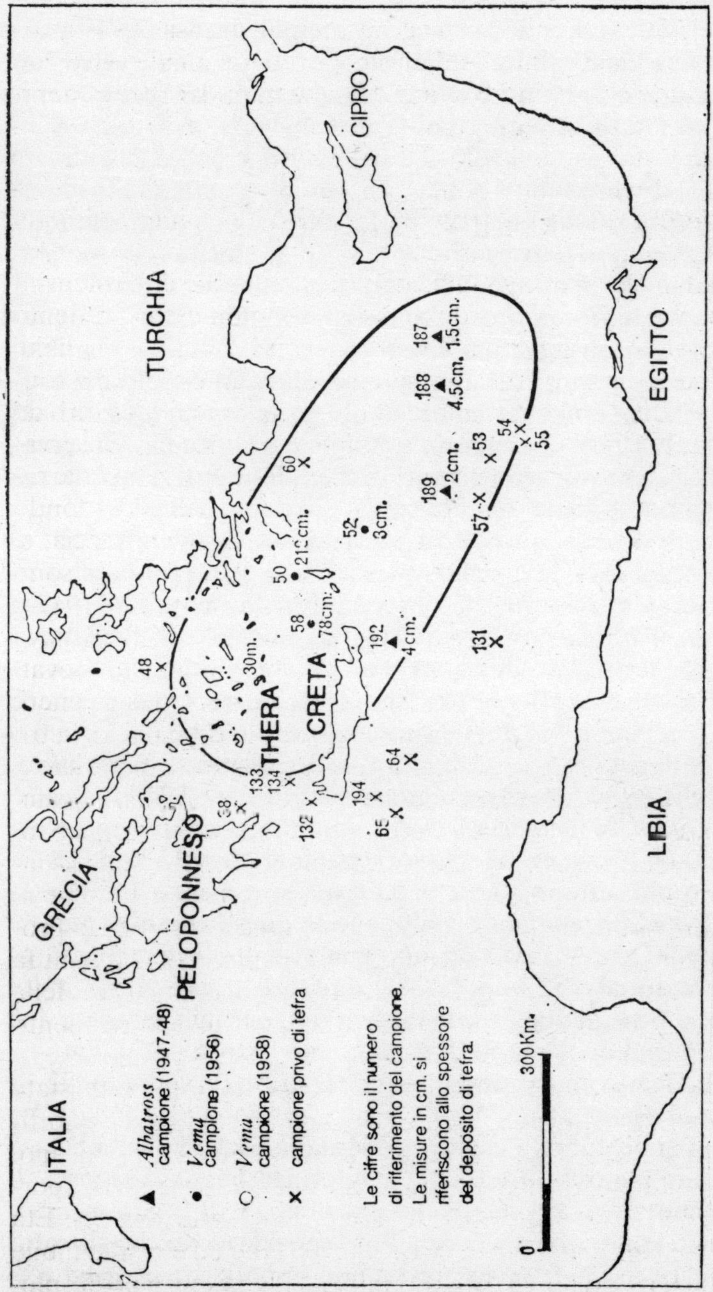

Fig. 13. Distribuzione dello strato superiore di tefra, conseguente all'eruzione di Thera nella tarda Età del Bronzo (Ninkovich e Heezen).

sione che la lanciò nell'alta atmosfera. Si è pensato che il diverso andamento della ricaduta di ceneri dipenda dal fatto che l'eruzione del Würm accadde d'inverno mentre quella dell'Età del Bronzo accadde d'estate. Nel primo caso la tefra fu trasportata verso occidente dai venti d'alta quota invernali; nel secondo soffiavano gli Etesii estivi per cui la distribuzione avvenne essenzialmente a sud-est di Thera. La collocazione estiva (da giugno ad agosto) è confermata ponendo in un diagramma la distanza contro la dimensione dei granelli. Le cifre che ne risultano indicano che la cenere fu trasportata da venti a velocità relativamente bassa, ciò che si attaglia alle caratteristiche degli Etesii.

La tefra «superiore» proveniente dai campioni 50 e 58 appartiene agli strati di tefra più spessi che si siano finora registrati nei sedimenti marini (rispettivamente 212 e 78 cm). Il campione 50 è particolarmente interessante in quanto presenta una struttura alternata di cenere a grani grossi e minuti che dimostrano l'esistenza di tre depositi distinti con netti contrasti fra l'uno e l'altro. Ninkovich e Heezen ne deducono che i tre depositi a grana diversa sono collegati a tre successive eruzioni di Thera. Se essi sono nel giusto, questa è una prova probabilmente valida dell'estensione dei processi eruttivi su un lungo arco temporale. Tuttavia non sembra si possa essere certi che il deposito non sia il risultato di un accumulo secondario dovuto a correnti turbolente. Si può inoltre rilevare come questo dato non si accordi con l'opinione dei vulcanologi, secondo i quali l'eruzione di Thera si sviluppò per gradi fino a un grande parossismo, dopo di che cessò completamente. Nel campione 50 il segmento *inferiore*, ossia il più antico, è anche di gran lunga il più spesso. Il campione 50 proviene dal piano abissale a circa 12 km a ovest del punto più settentrionale di Karpathos e a circa 145 km da Thera. È quanto mai auspicabile che le questioni sollevate dal campione 50 (fig. 13) siano risolte grazie al prelievo, nella zona, di altro materiale. Se si potrà stabilire che, a tale distanza dal vulcano, si è avuta una caduta di materiali per uno spessore di 2 m, disporremo di elementi di somma importanza per quanto riguarda la distruzione di insediamenti a Creta (v. sopra, p. 72-73 e più avanti, p. 81 ss.).

Una più approfondita esplorazione delle Cicladi potrebbe anche rivelare depositi di tefra che confermerebbero lo schema di distribuzione indicato dai campioni minerali di fondo marino. Nel 1924-5 Sonder riferiva che a Paro ceneri vulcaniche ricoprono il calcare recente, ma in pratica non sembra che in quest'ambito sia stata mai tentata una ricerca sistematica che potrebbe essere di importanza fondamentale.

Thera e il maremoto (tsunami)

I campioni minerali di mare profondo contenenti la tefra «superiore» costituiscono una prova assai valida del fatto che nella tarda Età del Bronzo a Thera si verificò un parossismo eruttivo di estrema violenza. Fu questo accompagnato da un maremoto capace di provocare distruzioni? Le analogie col Krakatoa sono molto favorevoli a una risposta positiva (v. sopra, p. 68 ss.), eppure siamo costretti ad ammettere che, allo stato attuale, la prova scientifica di questo maremoto, se non del tutto mancante, è, per lo meno, assai poco consistente. Marinos e Melidonis hanno cercato di rimediare a questa deficienza con un'ipotesi quanto mai interessante [21]. All'estremità superiore di una valle dell'isola di Anaphi – a 24 km a est di Thera – essi hanno trovato uno strato di pomice dello spessore di 5 m, posto a una quota di 250 m. Secondo loro è stato abbandonato a quest'altezza da una grande onda di maremoto dopo l'eruzione di Thera. Anche il professor Platon riferisce di aver rinvenuto ammassi di pomice in alcuni punti della costa presso Kato Zakro nella zona orientale di Creta. Naturalmente occorreranno ulteriori indagini in questo senso.

Marinatos, inoltre, ritenne di aver individuato gli effetti del maremoto quando, nel 1932, stava conducendo scavi ad Amnisos. In un edificio prossimo alla riva (tav. 24) egli osservò che i livelli inferiori erano profondamente sepolti sotto ammassi di pietra pomice e di sabbia. Una fossa di forma quadrata all'interno dell'edificio era colma di ciottoli di pomice del tipo che si può raccogliere ancor oggi su molte spiagge greche. Allora gli parve chiaro che l'edificio era stato livellato quasi fino alle fondamenta da ondate di maremoto, mentre poi la normale attività dei flutti aveva apportato delle pomici galleggianti abbandonandole nelle cavità della struttura in rovina.

Nella Villa degli Affreschi (tav. 25), che si trova nell'entroterra a un'altezza un po' maggiore, Marinatos notò come le pareti e gli angoli delle stanze fossero crollati in un modo non comune. La caduta delle mura verso l'esterno e il fatto che i massicci ortostati, alti fino a 2 m e larghi uno, erano stati spostati o mancavano del tutto, lo indusse a pensare a un processo di risucchio provocato da un'enorme massa di acqua che si ritira. Inoltre la villa mostrava i segni di un vasto incendio; ma questo elemento sembra a prima vista contrastare con la teoria del maremoto.

[21] G. Marinos e N. Melidonis, «Sull'ampiezza della tsunami originata nell'eruzione preistorica di Santorino», (in greco), in *Greek Geological Society, 4*, (1959-61), pp. 210-18.

Tuttavia, come lo stesso Marinatos ha messo in evidenza, dopo l'eruzione del Krakatoa si è potuto osservare un fatto del tutto analogo. A questo proposito Marinatos cita una relazione di Verbeek in cui si dice che a Tyringen alcune case furono in un primo momento abbattute dai flutti e poi si incendiarono per via delle lampade accese dagli abitanti per rischiarare le tenebre prodotte dall'eruzione [22].

Si potrebbe obiettare che un ragionamento del genere, applicato a una località come Amnisos, più che un dato di fatto è una congettura. Sarebbe invero assai difficile trovare una dimostrazione obiettiva delle spiegazioni date da Marinatos a questo proposito. Eppure sono convinto che non le si debba respingere su due piedi. Spesse volte uno scavatore sa, del luogo che sta esplorando, più cose di quante possa dire con le parole o giustificare con ragionamenti, per cui si dovrebbe dare un certo peso anche a quelle che sembrano essere sue «intuizioni».

A quanto mi risulta, queste osservazioni di Marinos, Melidonis e Marinatos sono quanto esiste di più prossimo a una prova diretta della distruttiva *tsunami*, associata all'eruzione di Thera del quindicesimo secolo a.C. Il caso dev'essere risolto tramite prove indirette e analogie. Tuttavia penso che questo sia un caso importante [23].

Nel 365 d.C. Cnosso, Gortyna e altre otto località di Creta furono distrutte da un terremoto, e la forte *tsunami*, legata al terremoto, da Creta fu osservata addirittura fino ad Alessandria. In questa città alcune navi furono scagliate sopra gli edifici e abbandonate nelle strade.

Nel 1672 le Cicladi, e Thera in particolare, furono scosse da un terremoto. Si dice che l'isola di Kos rimanesse «inghiottita», presumibilmente da un maremoto concomitante allo scotimento della terra. Tale concomitanza è pressocché costante nei terremoti sottomarini.

Il 29 settembre 1650 a Thera vi fu un forte terremoto seguìto da un'esplosione sottomarina proveniente dal Kolumbo, vulcano il cui cratere si trova sotto il mare al largo della costa nordorientale dell'isola. Vi fu anche una tremenda *tsunami* preceduta da una notevole ritirata del mare, soprattutto sulla costa orientale. A Ios furono osservate onde alte fino a 16 m. Nel porto di Herakleion, a Creta, alcune barche a remi andarono a fondo.

Sarebbe scusato chi si dichiarasse alquanto scettico nei confronti di questi fatti e di queste cifre. Però i particolari, relativi al terremoto del 1956, con epicentro sulla costiera sud-est di

[22] *Bibl.* 6, p. 434.
[23] Le prove a favore sono state raccolte da Galanopoulos, *Bibl.* 28.

Amorgos, sono ben documentati. L'impatto fu molto forte (grado 7-8) e fu seguìto da tre grandi *tsunami* che causarono gravi danni nella stessa Amorgos e nelle seguenti isole (situate tutte a oriente, a eccezione di Ios): Ios, Astypalaea, Kalymnos, Leros, Nisyros, Kos e Karpathos. Danni di minore entità furono riscontrati a Patmos, Creta, Tinos, Milo e Seriphos. Più di ottanta fra navicelle e barche a remi furono affondate o perdute. È molto strano che si sappia dell'annegamento di una sola persona. L'altezza delle ondate era molto variabile: sulle coste di Amorgos e di Astypalaea di fronte all'epicentro esse raggiunsero un'altezza da 20 a 40 m; sulle coste dall'altra parte della stessa isola erano alte soltanto fra 2 e 4 m.

Dato che questa attività sismica, con epicentro a Thera o nelle sue vicinanze, si è accompagnata a gravi maremoti, e dato che lo stesso accadde durante l'eruzione del Krakatoa, analoga a quelle di Thera, direi che è giusto pensare che un maremoto si associasse anche alla grande eruzione dell'Età del Bronzo, specialmente nello stadio finale di formazione della caldera.

Qual è stata la potenza distruttiva delle *tsunami*? L'effetto di queste ondate di maremoto dipende dalla loro altezza e velocità e anche dalla configurazione delle coste circostanti. Sono *possibili* onde alte più di 200 m, che in effetti sono state osservate. Nel caso dell'ipotetico maremoto di Thera, l'altezza delle onde non è conosciuta, se non si vuole accettare il dato indicativo riferito sopra (p. 77). Sappiamo, però, che la *velocità* delle onde è una funzione della profondità del mare in cui si propagano. Quanto più il mare è profondo, tanto più veloce è l'onda. Le acque intorno a Krakatoa sono assai basse (fra 50 e 150 m), ma, anche così, la velocità delle onde di maremoto associate all'eruzione fu valutata in 41 m al secondo. Fra Thera e Creta il mare è profondo, in media, 1000 metri; a questa profondità le onde si dovrebbero propagare con una velocità enormemente alta. Persino in prossimità della costa cretese la profondità è ancora di 500 m. Più oltre il fondale risale rapidamente e questa condizione dovrebbe esercitare una notevole azione frenante sulle onde, obbligandole però anche a retrocedere con grandi creste avvolte a spira. Dobbiamo quindi supporre che queste onde, se arrivarono, dovettero percuotere la costa a una velocità quanto mai distruttiva. Uno sguardo alla cartina a p. 82 (fig. 14) rivela quanto l'intera costiera settentrionale di Creta sia esposta alle ondate provenienti da Thera. Grandi maremoti potrebbero aver sparso la devastazione su tutte le pianure costiere, sulle isole situate al largo e sul fondo di insenature quali il Golfo di Mirabello e quello di Siteia. Il grande palazzo di Mallia si trovava a soli 600 m circa dalla riva e, insieme con la città che lo circondava, era posto appena al di sopra del livello del mare. Città portuali, come Amnisos, Katsamba e Nirou Khani, potrebbero essere state completamente distrutte come Tyringen e Anjer sulla costa di Giava. Gurnia era a piccola distanza dal mare, insieme con la vallata di Siteia e Piskokephalo. Sulla costa orientale, una grande ondata che vi si fosse abbattuta, avrebbe inondato Iatnos, Palaikastro e Kato Zakro (tav. 28), che si trovano tutte a basso livello in prossimità del mare. Il palazzo, recentemente scoperto, di Kato Zakro, si trova a 100 m soltanto dalla battigia attuale e il mare, nell'antichità, poteva essere ancora più vicino.

Tra tutti i palazzi e insediamenti delle coste settentrionali e orientali, la sola Cnosso avrebbe avuto qualche possibilità di sfuggire all'annientamento. Essa si trova a 5-6 km nell'entroterra ed è riparata dal mare da una bassa catena di colline. Inoltre la lunga scogliera dell'isola di Dia si stende come uno schermo protettivo al largo, posto esattamente fra Cnosso e Thera. Grandissime onde avrebbero potuto inondare la terra intorno a Cnosso, ma questa si sarebbe sottratta alla distruzione.

Non è affatto chiara la sorte di Festo e di Hagia Triada. Esse subirono indubbiamente forti danni contemporaneamente alle altre località, però si trovano sulla costa meridionale, protette a nord da montagne che nessuna onda potrebbe superare. Hagia Triada (tav. 26) è vicinissima al mare, ma Festo è spostata nell'interno almeno quanto Cnosso e si trova a 70 m sul livello del mare. Almeno nel caso di Festo non è possibile attribuire i danni alle ondate. Altre possibilità sono: terremoti precedenti o successivi all'eruzione; onda d'urto atmosferica provocata dall'esplosione, che potrebbe aver danneggiato i piani superiori in combinazione con il cedimento di tetti e di piani superiori sotto il peso della caduta di cenere; saccheggi a opera di sopravvissuti al disastro, in preda alla fame.

La zona centrale e orientale di Creta era, agli inizi del quindicesimo secolo a.C., coperta da una fitta rete di abitati, di ville e di strade (fig. 14). A giudicare dalle rovine era densamente popolata, specialmente sulle fasce costiere. Una vasta popolazione era in pericolo e le perdite devono essere state rilevanti, se il disastro ha preso la forma da me descritta. È facile immaginare che perissero molte più persone che le 36.380 scomparse durante l'eruzione del Krakatoa. In linea di massima, un grande maremoto, che si abbatta su un tratto di costa, deve probabilmente provocare perdite di vite e di beni in misura maggiore di qualsiasi altra calamità, a esclusione dei terremoti più eccezionali. Le cifre relative a diciotto terremoti giapponesi veramente forti, tra il 1703 e il 1927, rivelano come uno solo di essi abbia provocato un numero di morti maggiore del maremoto di Krakatoa e che un altro soltanto si sia avvicinato a tale cifra. Per trovare un elenco di morti più lungo di quello del Krakatoa bisogna riandare a terremoti veramente grandi, come quello di Lisbona, 1755 (50.000 morti) e di Messina, 1908 (100.000 morti).

Effetti della ricaduta di ceneri

Dopo l'eruzione, Creta, particolarmente nella metà orientale, dovette rimanere coperta di uno strato di ceneri vulcaniche. Ninkovich e Heezen sono stati i primi a rilevare questo fatto e a discutere alcune delle sue implicazioni. Se, come sembra probabile, l'eruzione ebbe luogo nel periodo giugno-agosto, tutta la vegetazione della zona centrale e orientale di Creta dovette subire gravi danni. I raccolti, ancora sui campi, saranno andati completamente distrutti; olivi e viti saranno stati del tutto privati di foglie e così via.

Da eruzioni più recenti ricaviamo dati interessanti relativi a questo punto. L'eruzione del Tambora (1815) nelle Indie Orientali ebbe luogo d'estate e 80.000 persone morirono di malattia e di fame a causa dell'effetto distruttivo esercitato sull'agricoltura dalla caduta di cenere.

Gli effetti di queste ricadute sono stati studiati a fondo anche in Islanda, ove, grazie alla stretta collaborazione fra archeologi e geologi, l'indagine sugli strati di tefra è stata posta su basi scientifiche, nel corso degli ultimi venticinque anni. Una nuova parola, tefrocronologia, è stata creata dal dottor S. Thorarinsson, uno dei massimi esperti in questo campo [24]. La tefrocronologia è la scienza che identifica i vari strati di cenere vulcanica che costituiscono una caratteristica propria dei terreni islandesi e assegna loro datazioni assolute, mettendoli in relazione con le date tratte dagli annali oppure ricorrendo al metodo del carbonio-14. Gli strati di cenere bianca sono particolarmente importanti per questo studio per moltissime ragioni: sono più agevolmente identificabili, sono più spessi degli altri e, inoltre, si ritiene provengano da eruzioni esplosive che hanno luogo dopo un lungo periodo di quiescenza. Infine sono più acidi (riolitici) della tefra più scura.

L'Islanda ha un gran numero di vulcani e, dall'arrivo dei primi abitanti 1100 anni fa, sono state registrate più di 120 eruzioni. Interessanti risultati sono stati ottenuti dagli scavi di primordiali insediamenti agricoli del Medioevo, sepolti sotto depositi di te-

[24] K. Eldjarn, «Two Medieval Farm Sites in Iceland and some remarks on tephrochronology», in *The Fourth Viking Congress*, A Small, ed., 1965.

fra da alcune di queste eruzioni. Per esempio, la fattoria di Stöng, nella valle di Pjórárdalur – Islanda meridionale –, fu seppellita sotto uno spesso strato di pomice bianca dall'eruzione dell'Hekla nell'anno 1104 d.C. Questa eruzione ebbe luogo dopo parecchie centinaia di anni di quiescenza. La pomice riempì la casa e conservò pressoché intatte le mura in tutta la loro altezza. Un'altra fattoria è stata scavata nel 1955-57 a Gröf, nel sud-est; era rimasta sepolta nella disastrosa eruzione dell'Öraefajökull, il più grande vulcano islandese (2119 m), nel 1362. I frammenti di pomice trovati fra le rovine comprendevano pezzi di «bombe» di notevole grandezza, lunghi fino a 63 cm. L'eruzione fu puramente esplosiva: non produsse lava, bensì soltanto quella che la relazione definisce «enorme quantità di tefra riolitica», depositata in uno strato di 70 cm ai piedi della montagna.

Questa si direbbe una ben piccola quantità di tefra, se confrontata con i depositi di Thera che, dopo 3500 anni, hanno ancora uno spessore fino a 66 m, eppure bastò a spazzar via un'intera comunità e si estese a formare un notevole strato su buona parte dell'isola, soprattutto in direzione orientale. Per una decina d'anni dopo l'eruzione tutta la zona circostante rimase deserta. In base a elementi di questo genere il dottor Thorarinsson è giunto alla conclusione che una caduta di 10 cm o più porta all'abbandono degli insediamenti rurali finché la cenere non sia stata asportata dal vento o dall'acqua.

L'effetto distruttivo della cenere dipende dal suo spessore e anche dalla sua composizione chimica. È stato rilevato che il vulcano di Thera produce più solfato e cloruro della maggior parte degli altri vulcani. Questi composti, se presenti nella pioggia di cenere, sarebbero stati dannosissimi per il terreno e per la vegetazione. Ninkovich e Heezen stimano che lo strato di cenere sulla parte centrale e orientale di Creta abbia avuto uno spessore «superiore a 10 cm». Analogamente a quanto è accaduto in Islanda, questo deve aver comportato l'abbandono, per un considerevole periodo, di gran parte delle terre coltivabili. In media, le precipitazioni su un'isola mediterranea non sono tali da dilavare il suolo molto rapidamente. La mano d'opera per il lavoro di ripulitura dovette probabilmente scarseggiare a causa delle perdite umane dovute al maremoto. Appare assai probabile che l'intera economia di Creta sia stata gravemente compromessa e danneggiata nel decennio successivo all'eruzione finale di Thera. Buona parte del terreno produttivo deve essere stato messo fuori uso per anni e anni. Lo stesso ragionamento si applica anche ad altre isole, entro l'area della caduta di ceneri, molte delle quali erano colonie minoiche.

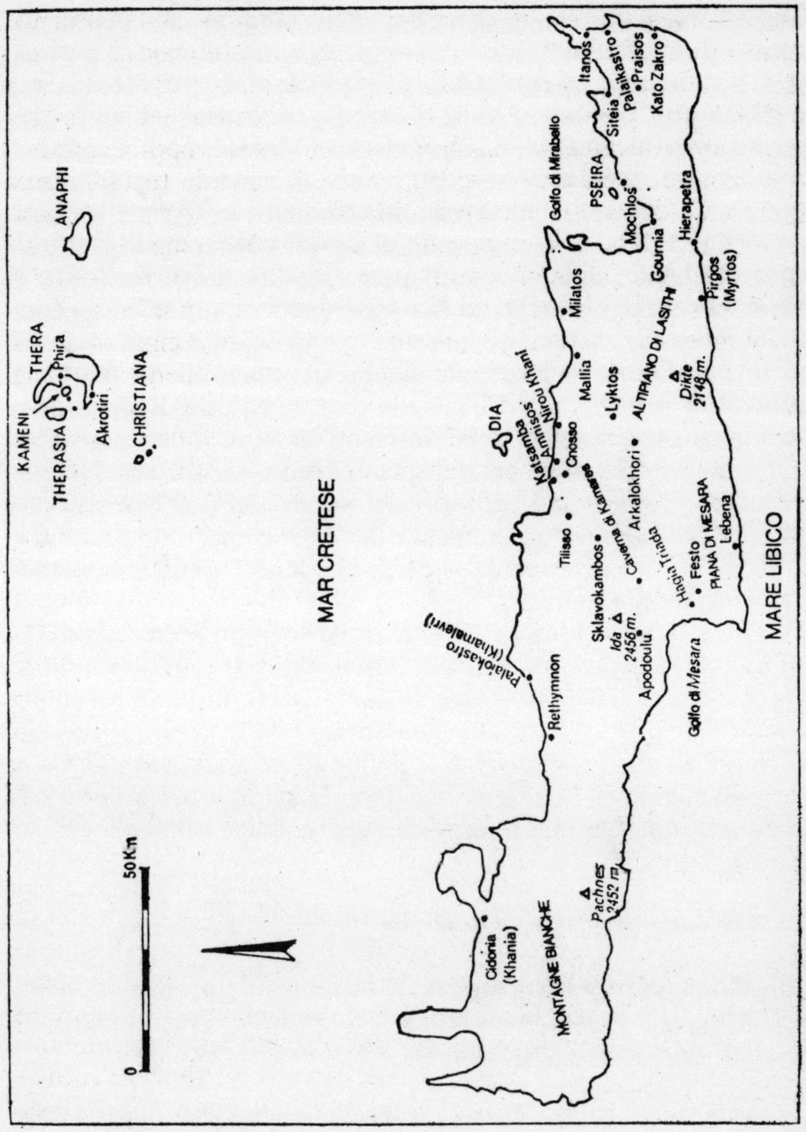

Fig. 14. Località importanti di Creta e Thera citate nel testo.

Lo strato di cenere deve essere stato considerevolmente più spesso di quel minimo di 10 cm postulato da Ninkovich e Heezen. Il campione 58, prelevato in un punto a 110 km dal vulcano e 40 km direttamente a nord di Itanos, conteneva un unico deposito di tefra, spesso 78 cm. Cnosso e Mallia, che si trovano a soli 120 km da Thera, potrebbero essere rimaste sepolte sotto uno strato di cenere, spesso da mezzo metro a 75 cm. Persino a Kato Zakro (165 km) la pioggia di ceneri poté raggiungere uno spessore medio di 30-40 cm. Platon suppone che Kato Zakro [25] sia stata raggiunta anche da materiali pietrosi, ma tale asserzione non è stata ancora provata dall'analisi scientifica in loco dei materiali. Pomici e particelle litiche del diametro di 0,5-1 cm sono state reperite a circa 115 km da Crater Lake e altri due o tre vulcani, ma si tratta delle massime distanze finora registrate nel mondo [26]. In mancanza di prove contrarie Kato Zakro dev'essere considerata al di fuori del raggio del bombardamento diretto di «bombe» provenienti da Thera, ma, naturalmente, non per questo immune dalle piogge di ceneri sottili trasportate dai venti di alta quota.

Le conseguenze storiche dell'eruzione sono prese in considerazione con maggior ampiezza di particolari nel Capitolo quinto. Qui mi limito a rilevare come vi siano dati di fatto archeologici comprovanti un importante spostamento delle popolazioni dall'oriente all'occidente di Creta nel quindicesimo secolo a.C. Questo movimento in direzione occidentale sarebbe stato la conseguenza di una pesante pioggia di cenere, come presupposto.

Alcune conseguenze dell'eruzione di Thera

Strabone registra l'improvvisa formazione di un'isola vulcanica a Thera quale notevole esempio di violento mutamento naturale. A proposito dell'eruzione del 197-196 a.C., egli dice [27]:

> A mezza via fra Thera e Therasia eruppero fiamme dal mare per quattro giorni, facendo ribollire e sfolgorare le acque. A poco a poco venne a emergere ed a formarsi un'isola, quasi fosse stata fucinata mettendo insieme pezzi di una massa scaldata a calor rosso; quest'isola raggiunse una circonferenza di 12 *stadi* [2 km].

[25] *Bibl.* 14, p. 167.
[26] Il dottor G. Walker del Geological Department, Imperial College, London, mi ha molto cortesemente permesso di esaminare un grafico non pubblicato da lui compilato a conferma di questo punto.
[27] Strabone, I, 57.

Quest'isola esiste tuttora come Palaea Kameni.

La costante interdipendenza tra i fenomeni naturali a Creta e a Thera è comprovata da un passo di Filostrato che descrive un viaggio di Apollonio a Creta [28]. Costui era in visita al tempio di Asclepio a Lebena, vicino a Festo, quando un terremoto squassò Creta. Un rombo di tuono si levò dalla terra e il mare si ritrasse a un miglio dalla riva. Molti tra la folla ebbero timore che l'acqua ritornasse e li trascinasse via, ma Apollonio gridò: «Non temete: il mare ha generato la terra». Essi non compresero quel che Apollonio voleva dire, ma, dopo qualche giorno, giunse la notizia che, nel giorno in cui si era verificato quel portento, un'isola era emersa nello stretto fra Thera e Creta.

Scrivendo sull'eruzione del 726 d.C., lo storico bizantino Teofane ricorda che la pomice raggiunse le coste dell'Asia Minore e della Macedonia. L'esplosione dell'eruzione del 1650 d.C. fu udita nei Dardanelli a 500 km di distanza. Quest'eruzione si concluse con l'emersione di un'isola a nord-est di Thera, che, in seguito, doveva sprofondare e attualmente forma una scogliera sotto il livello del mare. Nel 1707 Nea Kameni salì in superficie, nell'eruzione del 1866 si estese verso sud diventando tre volte più grande. Durante questa eruzione la pomice coprì tutte le spiagge di Thera e fu trasportata dalle onde fino a Creta.

La storia delle eruzioni di Thera continua fino a questo secolo. Ricorrono sempre gli stessi fenomeni. Tutte le eruzioni si sono accompagnate a *tsumani* che spesso hanno provocato gravi danni sulle coste vicine. Talora la situazione si è fatta quanto mai spiacevole per gli abitanti di Thera e delle isole vicine. Dalle bocche del vulcano «bombe» e macigni sono stati scagliati su di esse. I vapori gassosi hanno provocato svenimenti, cefalee, vomiti, persino soffocazioni. A contatto con i vapori i muri bianchi delle case sono diventati verdi o color ruggine. Le esalazioni sottomarine hanno avvelenato grandi quantità di pesce. La vegetazione è stata duramente colpita; la polvere carica di acidi ha provocato congiuntiviti e i vapori di idrogeno solforato sono stati causa di angine e di bronchiti. Soffiando determinati venti, questi disturbi sono stati riscontrati persino a Ios, Anaphi e Sikinos.

Mi si consenta di concludere questo capitolo di disastri con una nota meno cupa, riferendo le impressioni personali del proprietario dell'Hotel Loukas a Phira. Questi mi ha riferito alcuni fatti interessanti su di un segno premonitore che fa presagire l'imminenza di un'eruzione. Due o tre giorni prima, l'acqua del golfo

[28] Filostrato, *Vita Apollonii* sez. 175 = Bk. IV, 34.

attorno alle Kamenis si scolora a tratti in strane chiazze di un giallo solferino, o cremisi, o nere e bianche (tav. 21). Quando l'eruzione è in svolgimento, queste chiazze colorate diventano brillantissime, ruotano e variano di aspetto come in un caleidoscopio. Questa descrizione concorda molto bene con il resoconto di un testimone oculare del secolo passato, P. Dekigalla, il quale dice che, la sera del 20 gennaio 1866, il mare intorno alle Kameni era di un bianco latteo. Il giorno dopo era diventato verde e viola [29].

A quanto dice chi mi ha fornito questi dati, l'eruzione, iniziatasi il 28 ottobre 1938, è durata fino al 10 agosto 1941. In questo periodo il vulcano emetteva ogni giorno dei boati e il mare esalava ininterrottamente dei vapori come se vi cadessero macigni infocati. Il 18 settembre 1940 accadde un episodio divertente. Nelle prime ore del giorno un aereo italiano sorvolò l'isola e si abbassò in picchiata per bombardare una nave in vicinanza delle isole Kamenis. Era, questa, una nave adibita al trasporto ad Atene del prodotto delle cave di Phira. L'aereo sganciò tutte le bombe senza riuscire a metterne a segno neppur una. Però le detonazioni parvero stimolare il vulcano a una più intensa attività. Esso emise una densa nube di fumo che ben presto avvolse la nave permettendole di sfuggire al pericolo. L'equipaggio del bombardiere fu felice nel vedere il fumo, sicuro com'era che venisse dalla nave in fiamme, e comunicò alla base che la missione era compiuta. In serata il «successo» fu debitamente riferito da radio Roma, con grande divertimento dei locali che avevano visto la nave allontanarsi incolume.

Raramente il vulcano è così ben disposto alla collaborazione con gli isolani. In molte case il tetto a volte rinforzato da costoloni rammenta che l'isola è estremamente soggetta ai terremoti. Il 9 luglio 1956 un forte terremoto uccise 53 persone e distrusse 2400 case. Moltissimi sono stati gli abitanti emigrati dopo il disastro, ma quelli rimasti sono riusciti a ricostruire tenacemente chiese e case diroccate. E oggi, ancora una volta, una lunga linea bianca di case, tra Capo Scaros e il Golfo di Phira, sfida arditamente la nera massa diffusa di lava che traspare dalle acque azzurre della grande insenatura della caldera (tavv. 11, 83).

[29] P. Dekigalla (de Cigala), *Diario dell'eruzione vulcanica del 1866 nell'isola di Kameni* (in greco), Syra, 1881.

CAPITOLO QUARTO

Scavi a Thera

I vecchi scavi

La prima prova certa dell'esistenza a Thera di insediamenti dell'Età del Bronzo venne alla luce dopo il 1860 in seguito a prelievi di materiali necessari alla costruzione del canale di Suez. A Porto Said si richiedevano nuove installazioni portuali e si era scoperto che la polvere di pomice mista a calce nelle proporzioni di 3 a 1 costituiva un cemento assai durevole e anche molto resistente all'acqua marina. Thera provvedeva a un inesauribile rifornimento di pomici e grandi quantità ne venivano prelevate dalla Compagnia del Canale di Suez in località situate nell'entroterra del golfo a nord di Akrotiri, nelle vicinanze del capo Tinos (zona nord-est di Therasia) e in quasi tutta la distesa di rupi nella parte meridionale di Therasia. In alcuni punti di quest'ultima zona il limite inferiore della pomice era segnato da immani blocchi di pietra che ostacolavano le operazioni di scavo. Si trattava, in effetti, del margine superiore di antiche mura, cosa che gli addetti ai lavori sapevano benissimo. La violenta eruzione, cominciata nel gennaio del 1866, attirò su Thera gli sguardi del mondo scientifico. M. Christomanos, professore di chimica all'università di Atene, era membro della spedizione scientifica inviata dal governo greco per studiare l'eruzione. Egli fu il primo a richiamare l'attenzione sulle mura di Therasia e ad affermare che queste erano anteriori alla formazione dello strato di pomice, nonostante che molti le ritenessero tombe di epoca posteriore. Questo, forse, è il primo caso, che si ricordi nella storia dell'archeologia, in cui gli interessi di un'impresa commerciale entrano nettamente in conflitto con le esigenze di un'accurata esplorazione scientifica di un luogo. È certo che molto materiale pregiato andò distrutto col proseguire dell'estrazione della pozzolana. Ciononostante il proprietario del luogo, Alafousos, e un medico di Thera, Nomicos, riuscirono a intraprendere uno scavo, scoprendo una casa a più stanze associata a ceramiche.

Fortunatamente si trovava nell'isola, insieme con una missione francese che studiava l'eruzione, il *savant* francese, M. Fouqué.

Pur essendo essenzialmente un vulcanologo, egli intuì l'importanza storica di quanto si andava scoprendo. Fouqué proseguì negli scavi, chiamando altri a prestargli aiuto, e registrò e descrisse buona parte del materiale reperito [1]. Egli descrive una cripta, munita di pilastri, dei quali quello posto in centro consiste di due grandi blocchi squadrati di lava aventi ognuno l'altezza di un metro e la larghezza di 50 cm. Cita anche il ritrovamento dello scheletro di un vecchio di statura media. Questo scavo di Fouqué si svolse nel 1867.

Fouqué condusse anche una ricerca sulle antichità di Akrotiri e un contadino lo condusse a una frana là nei pressi. Ebbe, in quel momento, luogo quella che certamente è la prima indagine, di cui si abbia memoria scritta, di un insediamento minoico. In base alla descrizione di Fouqué risulta che il posto è quasi sicuramente quello in cui il professor Marinatos sta attualmente conducendo le sue ricerche. Gli furono mostrati i resti di mura emergenti dalla pomice ed egli riconobbe che erano simili a quelle esistenti a Therasia. Era ansioso di scoprirle, ma un «malinteso» col proprietario del luogo gli impedì di farlo. Tuttavia proseguì con le indagini nelle vicinanze e, più tardi, nello stesso punto, sotto un banco di ciottoli dello spessore di 3-4 m, intravide uno strato dello spessore di una trentina di cm, «formato pressoché interamente da frammenti di vasi». Dopo aver scavato per qualche ora egli rinvenì un notevole numero di frammenti, dai quali, in seguito, ricostruì vasi più o meno completi. In un'altra maceria, più lontano verso oriente, scoprì due piccole tombe a volta che erano state saccheggiate. Là nei pressi trovò altri cocci e delle lame di ossidiana e la sua guida gli consegnò due anelli d'oro che erano stati trovati nello stesso strato.

Queste scoperte di Fouqué furono l'incentivo a scavi più regolari condotti da Mamet e Gorceix della Scuola Francese di Archeologia in Atene (aprile-maggio 1870). Mamet pubblicò i suoi ritrovamenti in un'elegante tesi in latino, *De insula Thera* (1874), e anche Fouqué ci dà una descrizione completa, con piante, degli edifici trovati. Se si eccettua Akrotiri, Mamet non registra neppure un nome di località o di proprietario di località; tuttavia, dalla sua mappa, disegnata con precisione e provvista di curve di livello, si può vedere come i più interessanti ritrovamenti siano stati fatti sul lato orientale dell'ammasso di macerie, là dove sta ora lavorando Marinatos. Questo è confermato da alcune indicazioni topografiche di Fouqué.

[1] Fouqué, *Premier rapport sur une mission scientifique à l'île de Santorin*, Paris, 1867 e *Bibl.* 27, pp. 104-31.

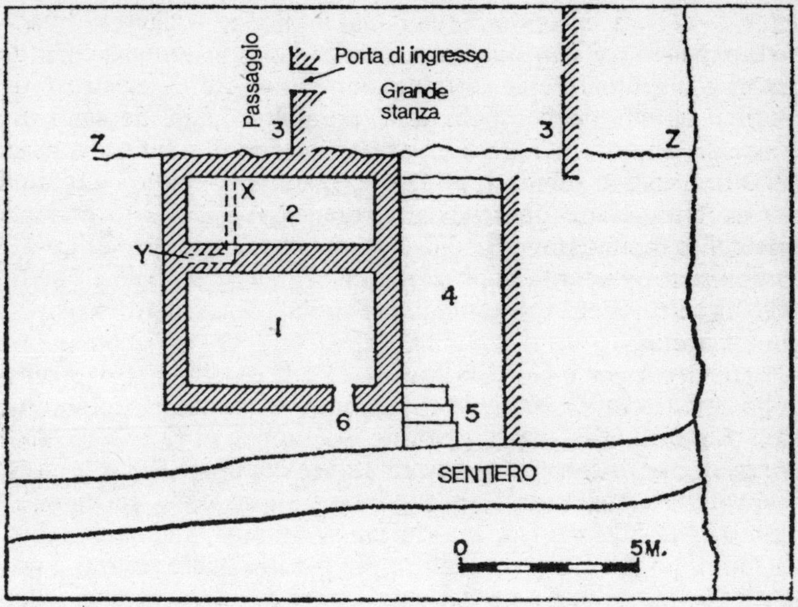

Fig. 15. Pianta della «Casa degli Affreschi» scavata da Mamet e Gorceix nei pressi di Akrotiri nel 1870 (Fouqué). 1. Cisterna di acqua piovana (?); 2. Stanza delle brocche; 3. Pareti affrescate; 4. Cantina con tetto a lastroni; 5. Scala; 6. Punto in cui mancano i blocchi di pietra; XY Condotta per l'acqua; ZZ Linea di discesa ripida del deposito lungo il fianco orientale del burrone.

La pianta di uno degli edifici scoperti è rappresentata nella fig. 15. Gli scavatori ritennero che l'ambiente 1 fosse una cisterna e che le rovine comprese fra X e Y fossero una condotta, probabilmente per il drenaggio di acqua proveniente dai tetti situati a livelli più elevati. Nell'ambiente 2 furono trovati molti recipienti, ma la parte più interessante degli scavi fu trovata quando gli operai, dopo aver sfondato il muro sul fondo dell'ambiente 2, trovarono un passaggio aperto, dalla volta di pietra pomice. Questa apertura passava attraverso e al di sotto di uno strato in discesa, alto da tre a quattro metri, sopra il quale si trovava una vigna. Più in alto, in situazione precaria, si trovava un banco di ghiaia (cfr. tav. 35), ma gli scavatori vi si avventurarono e, primi fra tutti i moderni, si imbatterono in un affresco minoico. La superficie del muro nel passaggio, come pure quella di un muro della grande stanza che si trovava più oltre, era rivestita di fine intonaco bianco. L'intonaco era dipinto con affreschi dai colori brillanti: rosso sangue, giallo chiaro, marrone scuro e un azzurro splendente che, a contatto con l'aria, svanì quasi subito. La parte bassa del muro era colorata da strisce alternate dei quattro colori. Più su vi erano fiori «con gli stami più lunghi delle corolle», dipinti in rosso su fondo bianco. Dai numerosi frammenti colorati sparsi sul terreno si dedusse che le stanze avevano il soffitto dipinto. Il gruppo degli scavatori non ebbe il coraggio di continuare a sgombrare l'edificio per il pericolo che gli ammassi sovrastanti di pomice e ghiaia potessero cedere e infatti questo disastro accadde subito dopo la sospensione dei lavori. Comunque essi avevano recuperato un centinaio di vasi, alcuni dei quali finemente dipinti (tavv. 32-34). Attualmente una parte di questi campioni rappresenta la porzione principale della collezione di ceramiche di Thera esistente nella Scuola Francese di Archeologia ad Atene.

Più tardi Mamet e Gorceix scavarono una casetta a 60 m a valle della frana e una casa sulle rupi a nord di Akrotiri vicino alla baia di Belos. Quivi essi trovarono due stanze di circa 4 mq con pareti di pietre calcari squadrate e altre ceramiche. Parte delle mura della casa erano state tagliate di netto dallo sprofondamento della caldera. Due enormi *pithoi* contenevano resti carbonizzati di paglia e d'orzo. Anfore più piccole contenevano orzo, lenticchie e piselli. Una aveva «un cappio di rozza corda passante attraverso il coperchio». La corda sembrava «intrecciata con scorza d'albero», ma, come Mamet la toccò, si dissolse in polvere. In un cortile si trovarono una sega di rame e il piede di un grosso ulivo.

Il lettore è ora in grado di intuire taluni dei problemi e delle possibilità relative a ulteriori scavi in località del genere di Akrotiri. In ambienti ermeticamente chiusi sotto lo strato di pomice si possono benissimo trovare oggetti delicati e preziosi come tessuti, pareti affrescate e mobili di legno. Il professor Emily Vermeule trovò, nel 1967, frammenti di intonaco dipinto. Il professor Marinatos si rende perfettamente conto che un'esplorazione completa del posto richiederà molto tempo. Occorrerà penetrare nei vari ambienti, meglio se con la tecnica dello scavo di gallerie, con la massima cautela e pazienza. Ovviamente sarà auspicabile la disponibilità delle migliori attrezzature scientifiche per registrare e, possibilmente, per preservare qualsiasi oggetto delicato e deperibile che vi si possa trovare.

Fouqué e Mamet conclusero che gli abitanti di quei luoghi erano civili e dotati di senso artistico, però non fecero grandi progressi per quanto riguardava la questione della loro collocazione temporale, origine e nazionalità.

Dopo gli scavi del 1870, a Thera non furono eseguiti altri scavi fino al 1899, anno in cui R. Zahn scavò a Kamara, nella valle di Potamos, a una certa distanza a est dell'attuale luogo di Akrotiri. Se si eccettua una breve relazione, contenuta nel monumen-

Fig. 16. Questo pithos, trovato a Thera (1866) deve essere uno dei più antichi vasi di tipo minoico descritti in letteratura. Naturalmente non fu riconosciuto per tale prima della riscoperta della civiltà minoica, nel 1900, dovuta agli scavi di Sir Arthur Evans a Cnosso, sebbene ci si rendesse conto che si trattava di un vaso preclassico.

tale *Thera* [2] di Hiller von Gaertringen, Zahn non rese mai di pubblico dominio i risultati dei suoi scavi. Åberg ci ha dato alcune indicazioni tratte dai diari di Zahn e alcune belle incisioni raffiguranti dei vasi (tavv. 32-34) [3].

L'opera di Hiller von Gaertringen, anche se estremamente importante, non ha attinenza con il nostro studio. Essa infatti riguarda i ritrovamenti nel promontorio di Mesavouno all'estremità sud-orientale dell'isola. I reperti di questa località risalgono in massima parte al periodo ellenistico, quando Thera era utilizzata come base navale dai Tolomei d'Egitto. Vi sono anche alcune importantissime iscrizioni arcaiche sulle rocce presso l'estremità del promontorio, che sono fra i più antichi esempi di scrittura alfabetica greca in nostro possesso. Le ricerche di Hiller von Gaertringen hanno largamente contribuito a chiarire il quadro della Thera classica ed ellenistica, mentre non giovano quasi per nulla alla storia dell'isola nell'Età del Bronzo.

Grazie a queste molteplici campagne di scavi, il museo di Thera è entrato in possesso di una collezione, assai rappresentativa e omogenea, della ceramica cicladica nella tarda Età del Bronzo (tav. 43). Nel 1956 K. Scholes la definiva così: «Nel complesso la ceramica sembra essere stata ispirata dai contemporanei tipi minoici, ma alcuni di essi recano un'impronta distintamente meliaca, che fa pensare a una certa influenza esercitata da un'isola più vasta». Egli suggeriva che i Melii di Phylakopi avessero anticamente impiantato una o più colonie a Thera per coltivare la vite in un terreno ricco e soleggiato [4].

[2] *Bibl.* 22, vol. 3, p. 40 ss.
[3] *Bibl.* 20.
[4] *Bibl.* 26, pp. 26 e 38.

Fouqué aveva raccolti i suoi due anelli d'oro. Vi era anche un bel pugnale in bronzo con la lama intarsiata con asce d'oro (tav. 31) [5]. Però, a prescindere dagli affreschi, fra i primi ritrovamenti non vi era molto che suggerisse l'idea che gli insediamenti della tarda Età del Bronzo fossero stati ricchi e lussuosi. L'entità dei collegamenti con la civiltà minoica non era stata ancora apprezzata in tutto il suo valore.

I nuovi scavi

Dopo la breve campagna di scavi di Zahn più nulla si fece, fino al 1967, per incrementare la nostra conoscenza della Thera dell'Età del Bronzo. Nel '67 il professor Marinatos dava inizio a un'importante serie di nuovi scavi ad Akrotiri. Le notizie che seguono derivano in buona parte dalla sua esauriente e tempestiva relazione sulla stagione 1967 [6].

Lo scavatore di insediamenti dell'Età del Bronzo a Thera deve andare alla ricerca di località dove gli strati di pomice siano stati assottigliati a un punto tale da poter essere affrontabili. Mura sepolte a una profondità di 20-30 m, come nella cava di Phira (tavv. 81, 90) sono un supplizio di Tantalo per la loro irraggiungibilità. Nella vasta piana dolcemente digradante fino al mare a sud e a est di Akrotiri, l'erosione degli insediamenti è molto avanzata (tav. 36). Il piano antecedente all'eruzione in taluni punti è addirittura emerso in superficie in corrispondenza del letto dei torrenti invernali. Fu questa situazione a permettere a Fouqué e ad altri scavatori del diciannovesimo secolo di scoprire quello che hanno scoperto. Marinatos compiva, fra il 1962 e il 1964, un nuovo sopralluogo della zona, decidendo che si imponevano ulteriori scavi. Fu così che ebbe inizio la campagna del 1967.

La prima trincea esplorativa (Bronos I) è stata aperta il 25 maggio 1967 in un campo di proprietà di Madame Calliope Bronos in località Favata (fig. 17). Fin dal primo giorno si ottennero risultati incoraggianti. Venne messa allo scoperto la parte superiore di muri intersecantisi e si trovò una lampada ancora recante sul bordo tracce di fuliggine. Il primo «scavo» durò una sola settimana, ma portò alla luce frammenti di ceramica minoica (tav. 42) databili fra il 1550 e il 1500 a.C. e rivelò una caratteristica costruttiva di tipo minoico: il vano di una porta con angoli

[5] Illustrata in G. Perrot e C. Chipiez, *History of Art in Primitive Greece*, London, 1894, vol. 2, p. 450, fig. 541.
[6] *Bibl.* 24 *passim*.

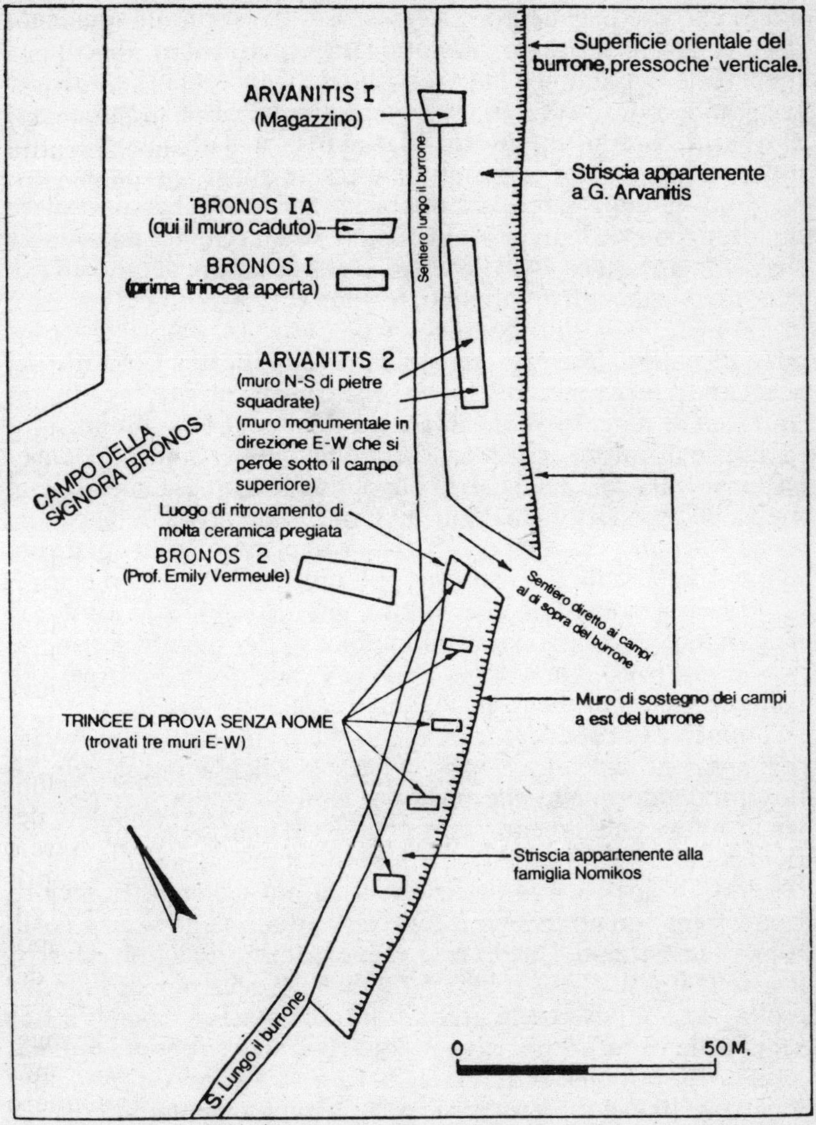

Fig. 17. Pianta schematica degli scavi di Thera del 1967, a Favata nel burrone in prossimità di Akrotiri (Marinatos).

formati da travi lignee (non più in sito). Questo genere di porta fu ritrovato nello scavo Arvanitis I.

Lo scavo fu ripreso il 21 giugno. Il vano di porta risultò invece essere parte di una larga finestra. Quella che era parsa una soglia risultò essere una finestra situata ancora a circa un metro dal livello del pavimento. La finestra si apriva su un ambiente dove si fecero scoperte assolutamente spettacolari. Ancora in piedi tutte in fila lungo la parete sud dell'ambiente si trovavano sei grandi anfore (tav. 91), talune dipinte e altre decorate con motivi di cordoni in rilievo. Marinatos ha dato alla stanza il nome di magazzino, però potrebbe essere anche servita da cucina, dato che sulla parete occidentale si trovava un basso focolare quadrato con vasi, un mortaio di pietra e una capace marmitta a tre piedi, ancora *in situ*. È probabile che le anfore servissero per la conservazione di grano, olio, legumi, ecc. A nord del focolare vi erano tre vasi rotti contenenti una «sostanza organica grassosa di colore oscuro», ancora non identificata. Confitto nel piancito in prossimità del focolare si trovava un bacile di pietra in forma di rene, forse destinato a caldaia per la bollitura.

La serie di anfore era rimasta seppellita nella pomice che l'aveva conservata così bene che fu possibile fotografarla non appena messa allo scoperto. Una nuova, drammatica prova della distruzione vulcanica era data da un vaso, gaiamente dipinto, giacente in prossimità della finestra (tav. 35), quasi a livello del davanzale. Esso era evidentemente caduto, giù dal piano sovrastante il magazzino, sopra uno strato di pomice e, per quanto incrinato, non si era rotto. Quando se ne rimossero i pezzi, si trovò che conteneva pesi di pietra per telaio e sassolini vulcanici.

Cominciava a prendere forma la storia del disastro. Con l'inizio dell'eruzione cade una pioggia di pomice. Gli abitanti sgomberano prendendo quello che possono. Non c'è tempo per portare via le anfore e nemmeno vasi e pentole. Il materiale vulcanico si riversa dalla finestra aperta ricoprendo il pavimento fino all'altezza di un metro. Poi l'eruzione si fa più violenta. Bombe di lava irrompono attraverso il tetto e ricadono nella stanza posta sopra il magazzino. Due di esse vanno addirittura a finire dentro il vaso coi pesi, che si corica sul fianco. A questo punto il tetto crolla sotto il peso della pomice accumulatasi su di esso e trascina nella caduta il piano superiore. Il vaso va a cadere nel magazzino di sotto, insieme col telaio. Cenere e pomice continuano a piovere finché l'intero edificio ne è completamente ricoperto ed ermeticamente sigillato. Il calore emanato dal materiale vulcanico incrina le anfore senza distruggerle, ed esse rimangono in posizione finché l'accorta mano dell'archeologia non le riporta delicatamente alla luce dopo quasi tremilacinquecento anni.

In altro punto della medesima località (Bronos IA), si sono trovate, a meno di 3 m dalla superficie, le pietre angolari di un massiccio edificio. Un blocco ancora in posizione misura in larghezza m 1,4, in lunghezza 65 cm e 38 cm in altezza. Sulla parete nord due file di blocchi squadrati erano sormontati da frammen-

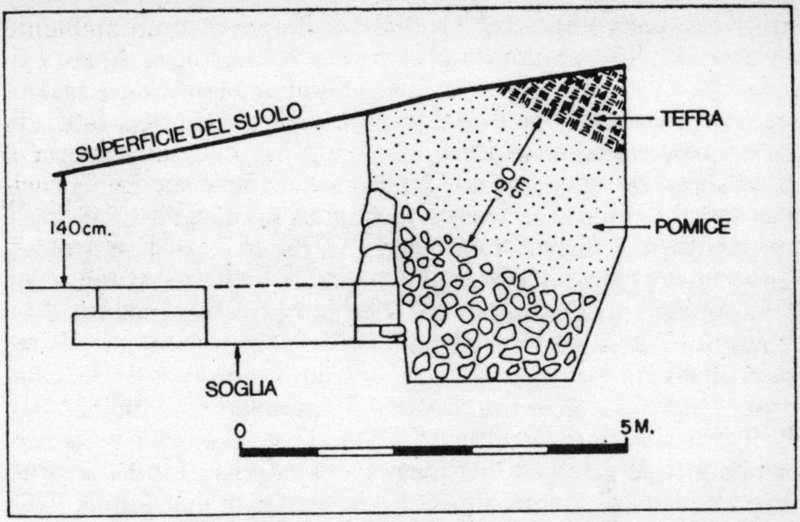

Fig. 18. Sezione della trincea di scavo Bronos IA (Marinatos) mostrante la parte superiore, crollata, del muro di un edificio, cui si sono sovrapposte pomice e tefra (v. tav. 87).

ti laterizi. Il muro occidentale era interamente fatto di frammenti di mattone. La prova di una distruzione violenta era fornita da una pila di blocchi sparsi di fronte alle pietre della soglia (tav. 86) e dalla parete occidentale crollata verso l'esterno su quella che sembra essere superficie lavica dell'isola antecedente all'eruzione (tav. 87). Le pietre erano circondate e ricoperte dai resti di mattoni di fango, decomposti, provenienti dai muri dei piani superiori. Nello strato cui appartiene il muro crollato non vi era traccia di pomice, ma al di sopra vi era uno strato di pomice spesso quasi 2 m, con, sopra, uno strato di tefra sottile. Piccoli tunnel rettilinei attraversanti la pomice indicano la posizione di travi, ormai decomposte, appartenenti ai muri e forse anche al tetto, sparse alla rinfusa dopo il crollo dell'edificio. L'impiego di travi lignee di collegamento, destinate a consolidare la muratura di fango, è una caratteristica comune nello stile architettonico minoico (tav. 38).

In base al fatto che lo strato di pomice giace proprio al di sopra dei laterizi caduti, Marinatos è giunto alla conclusione che «innanzitutto uno o più gravi terremoti distrussero gli edifici e solo dopo ebbe inizio la pioggia di pomice concomitante all'eruzione». Allo stato attuale delle conoscenze sembrerebbe più esatto dire «distrussero *questo* edificio». L'anfora precipitata nel magazzino poggiava su quasi un metro di detriti (comprendenti probabilmente anche pomice) che dovrebbero essersi accumulati prima del cedimento delle parti superiori dell'edificio. La distruzione degli edifici deve essersi verificata secondo modalità diverse e in differenti fasi dell'eruzione. Non bisogna dimenticare la possibilità che la distruzione sia dipesa da onde d'urto conseguenti a violente esplosioni oppure dallo stesso peso della tefra accumulata sui tetti piatti.

La trincea di scavo Bronos 2 (opera del professor Emily Vermeule) portava alla luce resti ammassati di muratura a blocchi, parti di muri ricoperti di intonaco e larghe chiazze di mattoni di fango in decomposizione. Qualche volta questi mattoni erano abbastanza ben conservati, così che era possibile misurarli. Le dimensioni di uno di essi erano 56 × 30 × 9 cm. Sono stati anche identificati dei fori, che un tempo sostenevano supporti di legno, e un pilastro, forse *in situ*. Parte dell'intonaco era colorato con motivi ornamentali. Il disegno più comune sembra essere rappresentato da impronte di spugna, marrone su fondo grigio o nero su bianco. Alcune pitture erano una combinazione di rosa e rosso con una velatura di verde, altre erano semplici elementi di sfondo gialli o bianchi. Un elemento, trovato nello scavo e ancora non perfettamente delucidato, potrebbe essere un complicato gruppo di porte lignee. È stata trovata una soglia di pietra in stile minoico. La porta aveva «i cardini sulla destra entrando da est, e si apriva verso l'interno». Essa dava adito a una stanza il cui pavimento di lastre – che, in realtà, è il pavimento di un piano superiore – si trova tuttora in loco. Gli scavatori ritengono che si tratti di un sacello. La scoperta di un ambiente, ancora abbastanza intatto, appartenente a un piano superiore, dovrebbe fornirci molti particolari costruttivi sull'architettura di tipo minoico. La stanza conteneva un bel catino di argilla di importazione minoica. Purtroppo l'edificio del Bronos 2 è stato assai gravemente eroso dal torrente invernale che vi ha depositato sopra, diagonalmente, ghiaia grigia e ciottoli.

Nella Arvanitis 2 è stato trovato un muro, orientato da nord a sud (tavv. 37, 40), di bella struttura a blocchi. Abbiamo anche un rompicapo posto da un grosso muro, «la struttura più importante e tuttavia più strana finora scoperta», le cui «grandi pietre sono estremamente friabili, come se fossero state danneggiate da un intenso fuoco». Il muro si innalza fino all'altezza di 2 m, però poggia sulla cenere soffice di un tipico strato di tefra. È stato eretto in questa situazione, oppure un terremoto lo ha rimosso dai suoi veri fondamenti? Per risolvere il problema occorreranno altri scavi, che potrebbero rivelarsi difficili e costosi in quanto il muro scompare sotto le coltivazioni a vigneto a est delle macerie. Attualmente Marinatos ritiene possibile che, dopo la prima eruzione, alcune persone siano rimaste nell'isola,

1. Il maestoso palazzo di Nestore è descritto da Omero nel terzo libro dell'Odissea; Telemaco vi si reca in cerca di notizie del padre, Ulisse, assente. Omero lo situa nel Peloponneso occidentale; un luogo, che corrisponde sotto molti rispetti alla descrizione di Omero, è stato scoperto nel 1939, e successivamente scavato, dal prof. Carl Blegen. Qui si vede il cosiddetto bagno di Telemaco *in situ* in una stanza del palazzo.

2. Il grande focolare centrale della sala del trono, avente un diametro superiore a 4 m, che mostra tuttora tracce, sull'intonaco, di una decorazione a fiamme.

3. L'impresa di Teseo, che uccide il Minotauro nel labirinto di Cnosso, si è conservata nelle tradizioni ateniesi, e le tendenze anticretesi degli scrittori ateniesi sono probabilmente il riflesso di un'effettiva tensione fra Atene e Creta nel quindicesimo secolo a.C.

4. La strada di accesso da ovest alla cosiddetta «Zona Teatrale» nel palazzo di Cnosso, definita la «più antica in Europa».

5. La raffinatezza della società minoica appare in questo oggetto che è stato interpretato come una scacchiera reale. Le sue dimensioni sono 105 × 58 cm ed è di avorio intarsiato d'oro, argento, lapizlazzuli e cristallo di rocca. I pezzi che la accompagnavano, anch'essi di avorio, erano alti 8 cm.

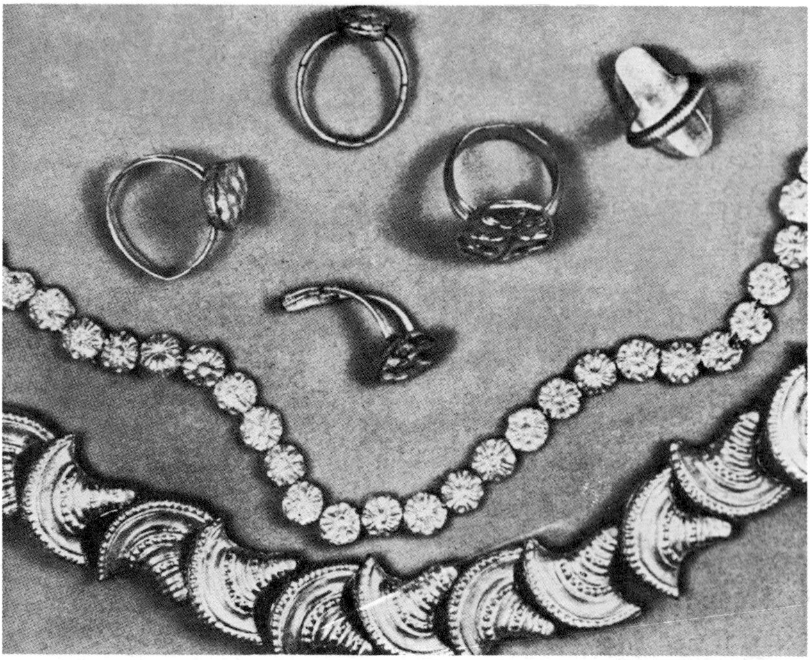

6. Esempi di gioielli del quindicesimo secolo a.C. trovati nella tomba di una regina o principessa ad Arkhanes a sud di Cnosso.

7. Una prova del forzoso interesse degli scolari egiziani per Keftiu ci è data da questa tavoletta lignea per scrittura che elenca, in scrittura ieratica, gli equivalenti egiziani dei nomi dei popoli del paese di Keftiu. La tavoletta è datata alla XVIII dinastia, probabilmente prima del regno di Tuthmosis III.

8. La grande Stele della Vittoria di Tuthmosis III, proveniente dal tempio di Karnak. Essa registra le sue conquiste in tutti i paesi stranieri e afferma specificamente: «Sono venuto per farti calpestare la terra occidentale; Keftiu e Isi sono nel tuo timore» (linea 16) e «Sono venuto per farti calpestare coloro che sono sulle isole; quelli che sono nel mezzo del Grande Verde sono sotto il tuo grido di battaglia».

9. Un culto dei sacri pilastri era largamente diffuso nella Creta minoica. Nella figura si vede la superficie (ingrandita) della pietra su cui è rappresentata una figura umana tra un pilastro sacro e una sacerdotessa.

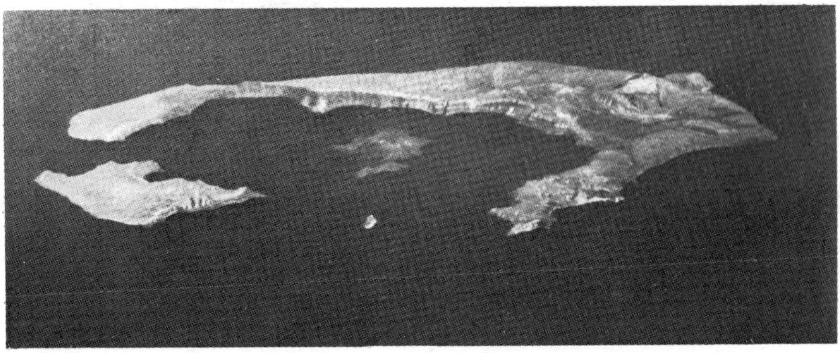

10. Veduta aerea dell'isola di Thera. La parte maggiore è Thera propriamente detta, a sinistra si trova Therasia, mentre il piccolissimo frammento all'entrata della caldera è Aspronisi.

11. Profilo delle rupi della caldera, sopra le quali si eleva un antico fortilizio veneziano, tra Merovigli e Phira, visto dal Capo Scaros.

12. La superficie dello strato inferiore di pomice (v. fig. 7) fu erosa, in un determinato periodo, formando un canale di scolo a forma di V, largo circa 5 m. Le successive piogge di pomice, che costituiscono lo strato a «nastro colorato», colmarono la depressione: si possono vedere le varie strisce che seguono i contorni della gola.

13. I metodi di estrazione nelle cave di Phira sono qui illustrati dalle aperture oscure di gallerie scavate nella base del deposito di cenere, soffice ma elastico. Le gallerie sono collegate da passaggi trasversali che formano un vuoto a forma di reticolato che indebolisce la massa, la quale, a tempo debito, crolla, dopo di che viene caricata sugli autocarri, riversata lungo la fascia della scogliera e spedita per una nave ad Atene.

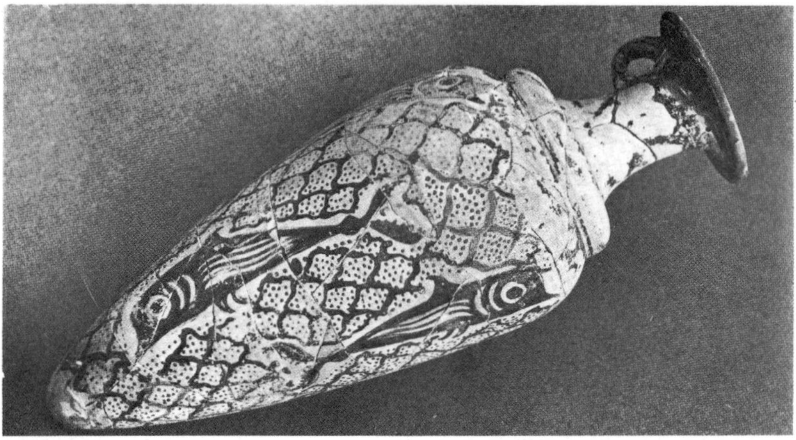

14. Questo elegante rhyton con anello, proveniente da Pseira, risale al periodo Tardo Minoico IB (circa 1500-1400 a.C.). Esso è un esempio dell'uniformità ed eccellenza della ceramica di «stile marino» di questo periodo. Questo tipo di rhyton è rappresentato come parte del tributo portato all'Egitto dal popolo Keftiu (v. tavv. 74 e 92).

15. L'adattamento del polpo alla superficie sferica di questa piccola «brocca da pellegrino», trovata a Palaikastro, rivela la disinvolta padronanza del disegno raggiunta dai vasai del periodo Tardo Minoico.

16. Le conchiglie di nautilo sono un motivo comune sui vasi in «stile marino». Questo vaso per libagioni viene da Phaistos. In seguito questo motivo si trasferì sul continente greco e si ritrova, per esempio, negli intarsi di una lama di pugnale trovata a Pilo.

17. Questa bella brocca è un delicato esempio dei motivi di «stile vegetale» della prima metà del quindicesimo secolo.

18-19. Un argomento validissimo per la datazione della prima eruzione del vulcano di Thera è dato da questa brocca (*in alto*) trovata da Zahn nel 1899 nella penisola di Akrotiri. Essa risale al 1500 circa e il suo principale motivo decorativo, foglie di edera e viticci, si trova anche su una coppa antico-micenea del quindicesimo secolo, dal Tempio del Fossato a Lachish in Palestina (*in basso*).

20-21. Il vulcano di Thera è stato attivo in anni recenti; forti eruzioni si sono avute nel 1925-26 (*in alto*) e nel 1938-41. Di tanto in tanto si hanno attività sporadiche che non provocano gravi danni (*in basso*), ma spesse volte l'acqua intorno alle Kameni si scolora in precedenza e durante queste eruzioni. A nord dell'isola (sulla destra della fotografia) si scorge una colorazione lattea dell'acqua. Nell'eruzione del 1925-6 l'estremità nord-orientale di Nea Kameni subì un sostanziale ampliamento.

22-23. *In alto*: visto da sud-est il cono di Rakata, dopo l'eruzione del 1883, è rivestito da un pesante strato di tefra. Le piogge torrenziali, che tanto spesso si accompagnano alle violente eruzioni, hanno già intaccato la superficie con un disegno ramificato di canali di scolo dell'acqua piovana. Il mare ha cominciato a erodere la base del deposito formando un precipizio già ben visibile. *Al centro*: il cedimento della parte nord-occidentale dell'isola ha spaccato la montagna, formando un'impressionante sezione naturale, pressoché verticale, alta circa 800 metri. Depositi di tefra bianca sono chiaramente visibili su entrambi i fianchi della rupe stessa e canali di scolo della lava si diramano lateralmente dal cratere centrale.

24. Fra le onde sulla riva ad Amnisos si vedono i resti di mura di case minoiche. Nei suoi scavi del 1932, Marinatos reperì grossi blocchi da costruzione, evidentemente spostati dall'azione aspirante dell'acqua, e un fossato ricolmo di pomice vulcanica.

25. *Sopra*: Amnisos era un porto di Cnosso ed è ricordato da Omero come porto mal riparato. Una villa minoica, scavata nel 1939, ha rivelato alcuni begli affreschi del 1600 a.C.

26. Due località della costa cretese, distrutte contemporaneamente nella prima metà del quindicesimo secolo a.C., sono rappresentate qui e nella figura seguente. Qui, la villa di Hagia Triada, presso Phaistos, non troppo lontana dal mare.

27. La città di Gurnia sulla costa nord-orientale di Creta è l'unica città dell'Egeo, risalente all'Età del Bronzo, che sia stata scavata a fondo. Le pareti sullo sfondo formavano le cantine di piccole case a due piani (v. tav. 85).

28. Il sito del palazzo di Kato Zakro a Creta, scoperto e scavato di recente, si trova in una piccola piana, là dove una profonda gola di pietra calcare, nota col nome di «Valle dei Morti», sbocca in mare. Kato Zakro era un'importante base navale con porto e fu distrutta contemporaneamente ai palazzi di Mallia e Phaistos e altre località di Creta.

29. Unico tra i grandi palazzi minoici, Kato Zakro non fu saccheggiato dopo la distruzione e una delle sue stanze ha rivelato una ricca serie di ritrovamenti. Ecco un bel calice di ossidiana picchiettata. L'ossidiana è una roccia vulcanica particolarmente dura importata forse dalla piccola isola vulcanica di Yiali presso Kos.

30. Trovata nei depositi del tempio insieme con le famose dee, questa piccola brocca, forse per vino, era stata importata da Melos. Creta ebbe strette relazioni con Melos a cominciare dal periodo Medio Minoico e Melos dal canto suo dovette, a quanto pare, influenzare la cultura di Thera. Il motivo di uccelli appare anche sulla ceramica di Thera.

31. Arma di bronzo trovata a Thera negli scavi del diciannovesimo secolo. Questa lama di pugnale ha una striscia centrale sulla quale sono state intarsiate delle asce d'oro secondo una tecnica raffinata, che potrebbe derivare dagli artigiani minoici.

32-33. Ceramiche dai primi scavi a Thera (v. anche tav. 34). Il calice di terracotta (*al centro*) quanto alla forma trova dei paralleli assai affini in reperti da Kato Zakro (tav. 29). La brocca (*in basso*) è nello «stile vegetale» comune a Creta (cfr. tavv. 17, 25).

34. Questa alta brocca con le sue spirali stilizzate anticipa un motivo presente sul pithos in «stile di palazzo» proveniente da Pseira.

35. Nello stesso ambiente contenente una serie di anfore per conservazione di alimenti (tav. 91), è stato trovato questo pithos coricato di fianco, su un letto di pomice spesso un metro, in prossimità di una finestra. Dovrebbe quindi essere caduto da un piano superiore quando l'eruzione era in atto da qualche tempo.

36. Il luogo dei nuovi scavi di Thera, nei pressi di Akrotiri corrisponde alla caratteristica collocazione di molti insediamenti minoici sul mare o nelle vicinanze di questo (v. tavv. 26-28). Può darsi che un tempo il mare giungesse quasi fino all'insediamento formando una angusta insenatura riparata, colmata più tardi dai detriti vulcanici. Nella figura si vede la parte meridionale della valle che scende in direzione di Creta, sita a una distanza di 110 km.

37. La più enigmatica struttura ritrovata ad Akrotiri è un muro monumentale di pietre squadrate, del quale sono stati portati in luce circa 5 m. La sua estremità orientale scompare al di sotto di un campo in vicinanza dello strapiombo. Il muro poggia sulla cenere.

38. Un'idea dell'aspetto delle case nell'insediamento minoico di Thera è data da queste piastrelle di ceramica e di avorio (*a destra*), provenienti da Cnosso. Le piastrelle di ceramica erano parte del mosaico rappresentante una città ed è interessante notare come alcune di esse abbiano tre piani e un attico sul tetto. Le strisce scure trasversali possono rappresentare travi di collegamento in legno di cui sono state trovate tracce nello strato superiore di pomice ad Akrotiri (v. tav. 87).

39. Gli attuali abitanti di Thera trovano che gli spessi strati di pomice possono essere facilmente scavati per farvi delle stalle o dei ripari per barche, come questo che si affaccia sulla riva meridionale dell'isola.

40. Un massiccio muro di pietre squadrate, che risulta essere il muro perimetrale di un grosso edificio, corre per circa 14 m lungo la trincea Arvanitis 2. Lungo il muro, a intervalli regolari, si trovano degli incavi. In un ambiente sul lato occidentale del muro è stata trovata una pavimentazione formata da ciottoletti marini cementati nella superficie del suolo.

41-42-43. Uno dei primi ritrovamenti nella trincea Bronos I è stata la lampada di pietra (*in basso*) sul cui margine si vedono tuttora tracce dello stoppino bruciato. Gran parte della ceramica trovata a Thera era prodotta localmente, però rivela l'influenza dei motivi decorativi minoici, come nel pithos trovato durante scavi più antichi. Alcuni frammenti, provenienti dalla trincea Bronos I, appartengono a ceramiche del Tardo Minoico IA importate da Creta fra il 1550 e il 1500 a.C. (*in alto a destra*).

44. Pithos da Cnosso in «stile di palazzo»(*in alto a sinistra*).
45-46. Esempi di ceramica in «stile di palazzo» (*in basso a sinistra e in alto a destra*).
47. Questo grande pithos proveniente da una tomba di guerriero di Katsamba è decorato con elmi a zanne di cinghiale di un genere noto a Omero (*in basso a destra*).

48-49. A partire dal 1460 circa a.C. a Cnosso compare una nota inconsueta di militarismo. L'elmetto conico con paraguance e reggipiuma è di bronzo. E così pure la collezione di armi sottostante.

50. La sala del trono qui raffigurata fu ricostruita durante l'ultima fase del palazzo di Cnosso e può essere ricollegata alla dinastia greca usurpatrice, 1460 circa a.C. Il trono e i sedili sono originali e anche i resti di affreschi sono stati trovati sul posto (il tutto è ora al museo di Herakleion). Gli affreschi presentano un fregio araldico di grifoni.

51. In fondo alla grande scalea che scende dal cortile centrale del palazzo di Cnosso si trova un vestibolo conosciuto col nome di «stanza della guardia». Gli affreschi rappresentano una serie di scudi a forma di otto di un genere noto a Omero che altrove si associa coi Micenei. Le colonne sono tipicamente minoiche con il capitello allargato.

52-53. *A sinistra in alto*: dea di ceramica proveniente dai depositi del tempio a Cnosso. I serpenti che la dea tiene in mano sono simboli della protettrice della casa. *A destra in alto*: altra statuetta di stile minoico alta quasi un metro.

54-55. *In basso*: nel tempio di Ayia Irini a Keos è stato trovato un gran numero di statue femminili in terracotta. Questi frammenti mostrano il tipico corpetto aperto con maniche corte.

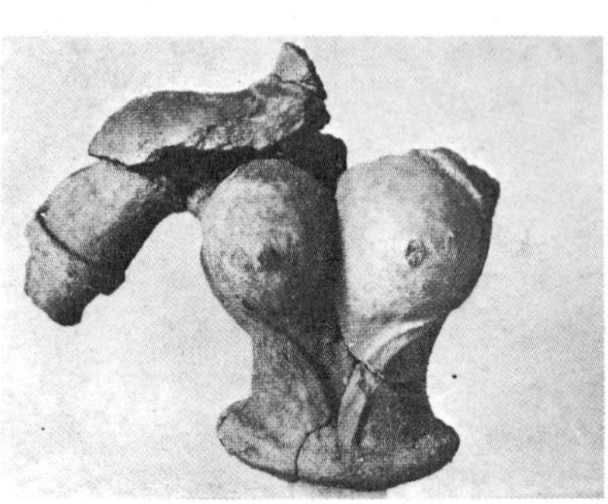

56. La grande anfora per conservazione di alimenti che qui appare incuneata in un corridoio del sotterraneo cadde dal piano superiore di un complesso edificio di tipo minoico ad Ayia Irini a Keos, violentemente distrutto nel periodo Tardo Minoico IB.

57. Praisos si trova in una vallata isolata nella parte orientale di Creta a una ventina di chilometri dal mare. Essa fu occupata in epoca minoica e ivi una popolazione, detta degli eteo-cretesi, parlante un linguaggio non greco, condusse un'esistenza indipendente fino a circa il 140 a.C. In quest'epoca occupava l'acropoli naturale di pietra calcare.

58. L'altura di Kephala a Cnosso era abitata in epoca neolitica, e, verso il 2000 a.C., il grande palazzo cominciò a svilupparsi in quel luogo, durando fino al quindicesimo secolo a.C., quando fu distrutto violentemente. Sir Arthur Evans iniziò gli scavi nel 1900 e realizzò ampi restauri che consentono ai visitatori di apprezzare la complessa architettura di questo esteso edificio a più piani (tavv. 50, 51, 60, 62, 65, 66). In questa fotografia lo si vede da est.

59. Ricostruzione ideale del palazzo di Cnosso, concentrato intorno a un grande cortile centrale, che occupava in complesso una superficie superiore a 20.000 metri quadrati. I tetti piani, i pozzi di luce e gli schemi decorativi gli conferiscono un aspetto molto moderno.

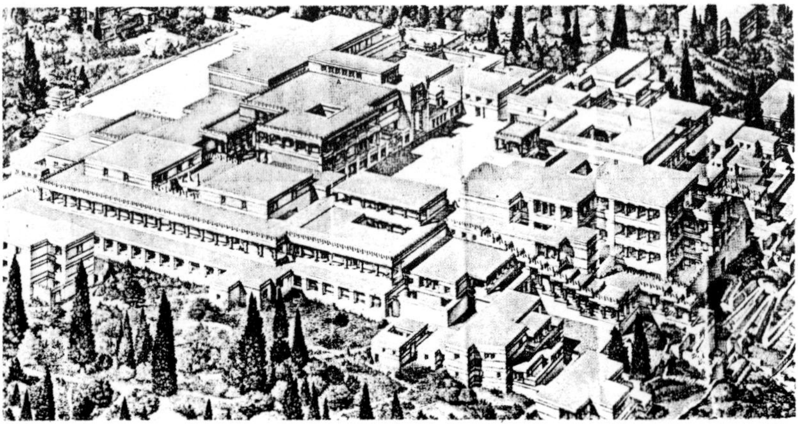

60. Edificio a quattro piani posto sotto l'angolo sud-ovest del grande palazzo di Cnosso. Chiamato spesso «casa del sacerdote», possiede una propria, piccola cripta a pilastri e deve aver avuto stretti collegamenti col palazzo, se si era consentito che sorgesse in un punto a ridosso dell'altura del palazzo principale.

61. La tomba del tempio a Cnosso si trova immediatamente a sud del palazzo. Costruita su due livelli, ricorda la tomba di Minosse (quale ci è descritta da Diodoro) in Sicilia in cui il sepolcro si trovava sotto e sopra vi era una cappella mortuaria.

62. Una delle entrate principali al palazzo, dal lato settentrionale, è provvista di una gradinata che sale da una sala a pilastri posta oltre un portico rialzato. Sul muro del portico è stato trovato un rilievo affrescato raffigurante un toro che carica. Questa parte potrebbe essersi conservata sopra le rovine del palazzo dopo il 1400 a.C., dando origine alla leggenda del Minotauro.

63. La natura ordinata e pacifica della civiltà minoica si riflette in questo pigiatoio per l'uva, trovato *in situ* in una villa minoica a Vathypetro nei pressi di Arkhanes a Creta. Il pithos impiantato nel pavimento a sinistra del gruppo riceveva il succo d'uva da un basso tino di terracotta. Dietro al pithos si trova una condotta di scarico di un tipo frequentemente osservabile nei magazzini dei grandi palazzi.

64. I grandi blocchi caduti, visibili in primo piano immediatamente al di sotto del muro meridionale del palazzo di Cnosso, si sono staccati, a detta di Evans, a cagione di un forte terremoto intorno al 1470 a.C. La loro mole e il loro peso erano tali che non furono rimessi a posto all'atto della successiva ricostruzione.

65. Sistemi di condutture d'acqua, di complessa costruzione, sono una caratteristica di tutti i palazzi minoici. Questa caratteristica viene illustrata con insistenza nella descrizione del palazzo reale nella metropoli di Atlantide. A Cnosso vi era un sistema sotterraneo di tubi di terracotta con giunture e vi erano anche grondaie allo scoperto destinate a incanalare l'acqua piovana.

66. Sull'angolo nord-est del palazzo si trova un sistema particolarmente complesso destinato a portare l'acqua fino a una grande pietra in quello che poteva essere un punto di lavaggio. Stretti canali, con curve paraboliche per rallentare l'acqua nella discesa, seguivano le curve della scala di pietra tagliata. L'acqua passava attraverso due piccoli serbatoi di sedimentazione, di forma quadrata, prima di raggiungere il grande serbatoio inferiore.

67. Vasca da bagno tardo-minoica, decorata all'interno con motivi di pesci e provvista di foro di scarico. È stata trovata a Pachyammos nei pressi di Gurnia dove era stata utilizzata come sarcofago. Bagni di questo genere venivano spesso usati come sepolture.

68. Questa tazza d'oro, magnificamente sbalzata, proveniente da una tomba a tholos, saccheggiata, di Vapheio nei dintorni di Sparta, è un capolavoro della toreutica minoica. La scena costituisce una sequenza che presenta il richiamo e la cattura di tori selvaggi in ambiente rurale. In questa scena un toro rimane impigliato in una rete di corde assicurate a due alberi, mentre un altro è sfuggito e si allontana al galoppo sulla destra. È degno di nota il fatto che in questa scena si fa uso di sole corde, ciò che trova riscontro nella cattura dei tori quale è descritta nella leggenda di Atlantide.

69. Sopra l'ingresso principale della cittadella di Micene si trova un rilievo, inciso nel calcare, raffigurante due leoni (leonesse?) in atteggiamento araldico ai lati di una colonna minoica (cfr. tav. 51).

70. Intorno al 1190 a.C. l'Egitto fu attaccato da una coalizione di «Popoli del Mare», «settentrionali di tutti i paesi», discesi in massa lungo la costa palestinese. Essi furono decisivamente sconfitti dalla flotta e dall'esercito di Ramsete III, che commemorò la vittoria sulle mura del suo tempio a Medinet Habu.

71-72. Una prova dei reciproci rapporti commerciali fra Creta e l'Egitto del Medio Regno è data da questo scarabeo egiziano trovato a Cnosso, recante, sulla faccia inferiore, un augurio di «buona fortuna».

73. L'aggraziata brocca di Kamares a due manici e col becco è stata trovata in una tomba intatta ad Abydos. La tomba è databile con sicurezza al Medio Regno in base allo stile degli oggetti in essa contenuti e a sigilli a cilindro di Senusret III e Amenemhet III, e la brocca stessa trova esatti paralleli a Creta, nella caverna di Kamares.

74-75. Parecchie pitture tombali egiziane del quindicesimo secolo a.C. raffigurano uomini di Keftiu (Creta) in atto di portare tributi. La più complessa di queste scene si trova nella tomba di Rekhmire, visir di Tuthmosis III (*in alto*). Originariamente le figure erano state dipinte con gonnellino aperto di lato e riporto anteriore, ma, in seguito, furono ridipinte, in modo da presentare un altro tipo di gonnellino più lungo e decente, di un tipo che si può rintracciare nella Grecia continentale. Nella seconda, terza e quarta figura umana si ravvisano tracce del disegno originale. Questi uomini portano un rhyton e vasi di forma tipicamente cretese, uno reca sulla spalla un pezzo di rame a forma di otre. Un particolare di dipinto dalla tomba di Menkheperresoneb, figlio di Rekhmire (*in basso*), presenta un gruppo di figure, una delle quali, tipicamente cretese, porta su un vassoio un rhyton a forma di testa di toro. La figura a sinistra, prostrata al suolo, pur essendo di tipo siriano, ha, al di sopra, l'iscrizione «Principe di Keftiu».

76-77. In questi oggetti troviamo la prova dell'esistenza di contatti fra Creta e, rispettivamente, il Medio Regno, il Secondo Periodo Intermedio e il Nuovo Regno. Il frammento di statua di User (*al centro*) è stato trovato a Cnosso, per cui si può ritenere che User avesse dedicato la statua nella stessa Cnosso; *in alto*: coperchio di alabastro, anch'esso da Cnosso, recante il cartiglio del faraone Khian (un Hyksos) della XVII dinastia.

78. *In basso*: questa delicata anfora di alabastro è stata trovata in una Tomba di Guerriero a Katsamba e reca il nome e i titoli di Tuthmosis III. Si tratta della stessa tomba in cui è stato trovato il bel pithos raffigurato nella tavola 47.

79. Le rupi della caldera di Thera salgono a picco dal mare fino a 270 m di quota. Le navi non possono gettare l'ancora a causa della grande profondità del mare.

80. Immediatamente a sud dell'abitato della città si trovano le cave di Phira, dalle quali si esportano ad Atene pomice e cenere, per la produzione di cemento. La superficie verticale della rupe è alta una trentina di metri, ed è composta per circa 20 m di cenere sottile, bianca, sovrapposta a strati policromi di pomice grossolana (v. fig. 7 nel testo). Al di sotto di questa si trova il piano minoico, che appare come una sottile linea scura alla base e direttamente al di sotto del punto centrale della rupe (al centro in primo piano). Il muro di cui alla tav. 90 si trova in questo punto.

81. Veduta particolare del piano minoico alla base della parete rocciosa nella cava di Phira (v. tav. precedente).

82. Il piano minoico, scoperto nel corso dei lavori di estrazione di materiale dalla cava, è costituito da uno strato, assai più scuro, di terreno marnoso, piccoli ciottoli e rocce. Gli scavi vengono eseguiti in questo punto, dato che la migliore qualità di pomice si trova immediatamente al di sopra (in questa figura appare come uno strato grigiastro dello spessore di circa quattro metri). A sua volta la pomice è sovrastata da strati a «nastro colorato», alternati a bande di pomice bianca, grigia e rosea. Quest'ultima colorazione è stata provocata dalla penetrazione di acqua marina nella cavità del magma. Uno strato analogo è stato individuato nell'isola di Krakatoa dopo l'eruzione del 1883.

83. Le ceneri e le scorie vulcaniche (*scoriae*) qui visibili in primo piano appartengono alla parte di Nea Kameni, formatasi solo di recente in seguito all'eruzione del 1925-26 (v. tav. 20). Il suo colore è in contrasto con la superficie verticale di tefra bianca, visibile nello sfondo, che appartiene a Thera propriamente detta.

84. Negli anni Sessanta del secolo scorso, le pareti rocciose della costa meridionale di Therasia rappresentarono, per la Compagnia del Canale di Suez, il principale rifornimento di pozzolana, apprezzata per le sue caratteristiche di impermeabilità. A quegli anni risalgono le prime scoperte di edifici e ceramiche di tipo minoico (v. p. 88), avvenute appunto lungo questa costiera.

85. La prova dell'esistenza ad Akrotiri (Thera) (cfr. tav. 38) di edifici con almeno due piani è data da questa piccola scala interna che conduce, formando un angolo retto, a un piano superiore. Anche Mamet e Fouqué riferiscono di aver trovato resti di scale nel fabbricato scavato, nel 1870, nella porzione orientale del precipizio (v. fig. 15 nel testo).

86. La prova delle distruzioni provocate dalle prime fasi dell'eruzione è data dai blocchi caduti ai piedi di un tratto di muratura a pietre squadrate facente parte della parete nord della trincea di scavo Bronos IA (v. fig. 18 nel testo).

87. Parte del muro occidentale nella trincea di scavo Bronos IA; il muro, di breccia cementata, è crollato verso l'esterno e poggia sulla superficie antecedente l'eruzione. Il crollo ebbe luogo prima della pioggia di pomice e cenere che ricoprì alcune travi di legno precipitate da un piano superiore. Le travi, decomponendosi, hanno lasciato nella pomice delle cavità che appaiono come fori oscuri (v. fig. 18 nel testo).

88. Lungo la parete laterale di scavo di una trincea ad Akrotiri appare l'orlo di un grande vaso per la conservazione di alimenti (pithos), che sembra essere caduto di lato durante l'eruzione, rimanendo sepolto in profondità negli strati di pomice. Anche in altri punti della stessa località e nell'insediamento minoico di Keos sono stati trovati dei pithoi caduti da piani superiori (v. tav. 56).

89. Una prova evidentissima della fase esplosiva dell'eruzione è data dall'inflessione degli strati a «nastro colorato» sotto una massa voluminosa («bomba»), proiettata dal cratere distante non meno di tre chilometri. Dopo la caduta, la massa fu ricoperta da strati di tefra sottile.

90. Un muro maestro, dello spessore di 1,5 m, risalente al periodo antecedente l'eruzione, emerge dal tipico strato minoico di colore scuro, sepolto, sotto una coltre di cenere alta una trentina di metri.

91. *In situ* tra le rovine di un magazzino, nella trincea Arvanitis I, sono stati trovati questi pithoi decorati con i motivi a spirale, caratteristici del Tardo Minoico.

92. Copia di pittura murale raffigurante uomini di Keftiu nella tomba del Visir Rekhmire a Tebe (v. tav. 74). L'uomo sulla sinistra porta sulla spalla un lingotto di rame a forma di otre e ha in mano un tipico rhyton minoico, mentre il suo compagno porta un bacile ornamentale con decorazione a rosette.

o vi siano ritornate, e abbiano cominciato a costruire strutture così massicce.

Se si riuscirà a provare la fondatezza di tale ipotesi, potremo sostenere con valide prove che fra la prima avvisaglia e il cataclisma finale deve essere trascorso un considerevole intervallo di tempo. Un ulteriore elemento a favore dell'esistenza di tale lacuna temporale ci è data da un altro elemento di rilievo fornitoci da Marinatos. In alcuni punti dell'insediamento i muri di fango sembrano essersi elevati al di sopra del limite superiore dello strato di pomice deposto dalla prima eruzione. In prosieguo di tempo questi muri si sono disfatti lasciando delle chiazze di color bruno sulla superficie di pomice, che, più avanti, sono stati ricoperti da altri strati di tefra sottile.

Nel 1967 gli scavi ad Akrotiri hanno dato risultati assai significativi che, però, sono chiaramente solo un presagio di quello che si potrà cavare da questa località. Per esempio, ancora non è chiaro se gli edifici trovati finora sono costruzioni separate oppure parti collegate in un unico complesso. Se si dovesse scoprire che le cose stanno così, Marinatos avrebbe pienamente ragione quando definisce il tutto come «un imponente insieme di palazzi». L'enigma del grande muro posato sullo strato di cenere è quanto mai imbarazzante. Qui ulteriori esplorazioni potrebbero far luce in modo sostanziale sul periodo, ancora vuoto, tra la prima eruzione e quella finale. Le prove accumulate finora sono sufficienti per permetterci di affermare che l'insediamento possiede caratteri distintamente minoici e che era evidentemente in stretto contatto con Creta. È probabile che sia stato una colonia o una dipendenza minoica, sede, forse, del governatore minoico dell'isola. Prima dell'eruzione il mare doveva arrivare molto vicino alle costruzioni messe in luce dagli scavi. È chiaro che la massiccia mole di materiali eruttati nel parossismo finale, spargendosi sulla penisola di Akrotiri, deve avere molto ampliato la linea costiera in questo punto. Possiamo immaginarci un fiume che si getta in mare in fondo a una piccola insenatura separata e la riva coperta dalle case di un porto prosperoso, strategicamente situato nella parte dell'isola più prossima a Cnosso. Si debbono nutrire grandi speranze sull'esito di future campagne di scavi nella zona di Akrotiri.

CAPITOLO QUINTO

Effetti a distanza di tempo e memorie dell'eruzione di Thera

Crollo della potenza marittima minoica

Nel mondo dell'Egeo del 1500 circa a.C. l'elemento essenziale è l'esistenza di un predominio minoico sui mari basato su una rete di colonie insulari e di basi sulle coste (fig. 19). L'espansione dell'influenza minoica sulle Cicladi risale molto indietro nel periodo medio-cicladico, almeno al 1700, se non prima. La prova di questo deve essere trovata nel quartiere minoicizzato a Phylakopi (Milo) e nella diffusione della cultura minoica a Delo, Thera e Keos. Per esempio, i pesi per telaio con una o due perforazioni, trovati a Delo, Thera e Keos sono esattamente della stessa grandezza di quelli trovati a Gurnia. Verso la fine del sedicesimo secolo l'influenza minoica è rilevantissima nelle arti e nella tecnica della Grecia continentale. Dice Scholes, a proposito del vasellame miceneo, che «riproduce talmente da vicino il tipo e le caratteristiche decorative minoiche che deve essere stato modellato da vasai addestrati alla scuola cretese» [1]. La stessa diffusa influenza dell'artigianato cretese appare nelle meravigliose lame intarsiate di pugnali delle Tombe delle Stele a Micene e in capolavori quali le tazze d'oro di Vapheio (tav. 68).

Questo periodo di predominio marittimo e culturale di Creta era rimasto nella memoria dei Greci come «talassocrazia» di Minosse. Tucidide la registra come un fatto storico sicuro [2]:

> Minosse, infatti, il più anziano tra quanti portarono questo nome tradizionale, acquistò una flotta e dominò la maggior parte di quello che è, oggi, il mare greco. Egli imperava sulle Cicladi e fu il primo a impiantare delle colonie su di esse, dopo aver cacciato i Carii e aver insediato i propri figli come dominatori. Com'era prevedibile sgombrò anche il mare dai pirati per quanto gli fu possibile in modo da procurarsi il massimo dei guadagni.

I progressi dell'archeologia nell'Egeo apportano in continuazione nuove conferme a questo passo di Tucidide. Gli scavi della Scuola Britannica a Citera hanno rivelato che i Minoici si stabilirono colà subito dopo il 2000 a.C.[3] Le recenti campagne di scavi

[1] *Bibl.* 26, p. 39
[2] Tucidide, I, 4.
[3] *Archaeological Reports* 1963/4, pp. 25-6.

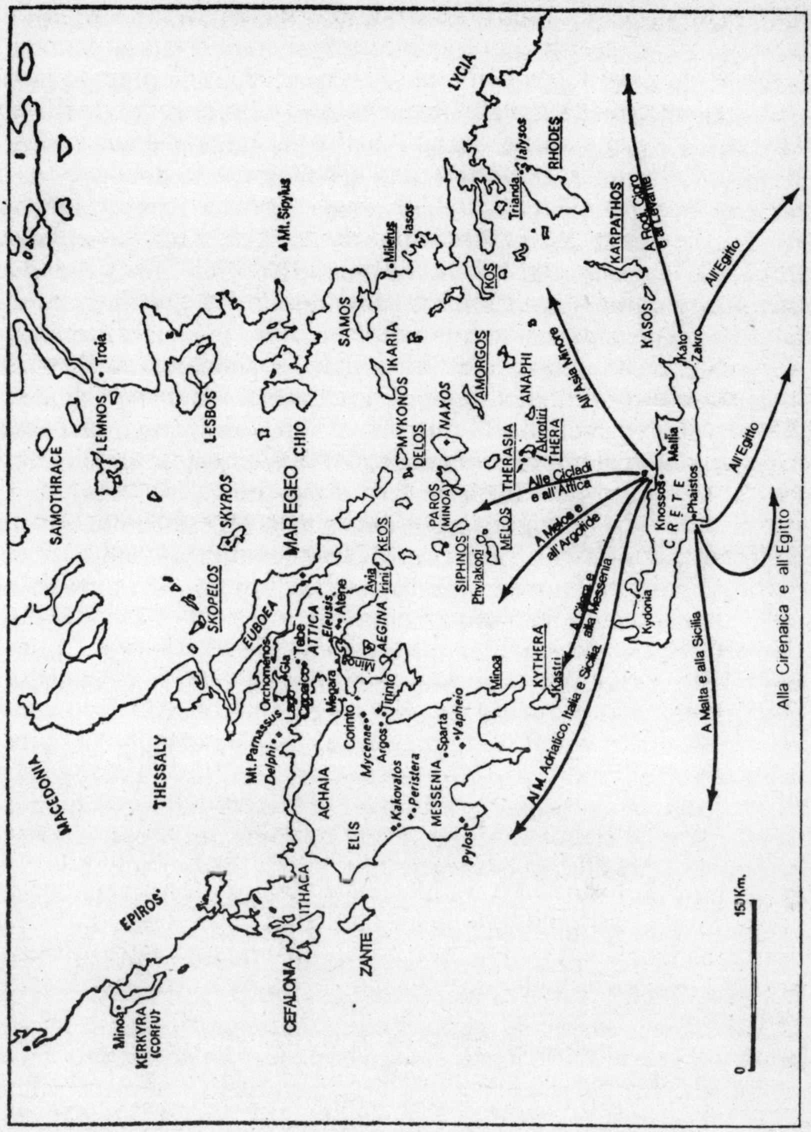

Fig. 19. La Grecia, Creta e l'Egeo, con l'indicazione delle principali rotte commerciali e delle basi oltremare dei Minoici. Nelle località sottolineate si sono trovati indizi di insediamenti minoici, in quelle segnate con una croce indizi dell'influenza minoica.

della Scuola Americana a Keos hanno dimostrato che ad Ayia Irini vi era, nel sedicesimo secolo a.C. (v. oltre, p. 106), una fiorente città assai ben fortificata, con forti legami col territorio minoico. Prove sicure di attività commerciali e artigianali dei Minoici si rinvengono in molte altre isole tra le Cicladi: Milo, Amorgos, Thera, Siphnos, Delo. È solo questione di tempo prima che quest'elenco si allunghi grazie a nuovi ritrovamenti e l'affermazione di Tucidide («Minosse imperava sulle Cicladi») trovò piena conferma. Ma le direttive dell'espansione minoica non si arrestavano alle Cicladi e al Peloponneso. Disponiamo di qualche elemento a favore del fatto che la potenza navale minoica si estendesse a nord fino all'Eubea, a Scòpelo e a Sciro – interessante conferma dell'oscuro accenno di Omero a una spedizione di Radamanto nell'Eubea [4]. La viva tradizione, secondo la quale Minosse esigeva tributi dall'Attica, appare assai accettabile se si pensa alla cerchia di basi minoiche che va da Keos a Egina, a Minoa, a Megara. A oriente i Minoici erano stanziati a Scarpanto e a Rodi e i loro empori si estendevano sulla costa dell'Asia Minore fino a Kis, Iasos, Samo e Mileto. Né dobbiamo, infine, dimenticare la loro penetrazione nei mari occidentali fino all'Italia meridionale e alla Sicilia. A quanto ci risulta, i Minoici sono stati il primo popolo a «dominare i flutti» e a erigere un impero sulla base di rotte commerciali stabilite da lungo tempo. A prescindere dalla minaccia dei pirati – e possiamo credere a Tucidide quando ci dice che Minosse teneva strettamente sotto controllo la situazione –, non pare vi fossero altri pericoli per questa grande e recente supremazia minoica nel Mediterraneo orientale. I più antichi imperi dell'est erano fondati sulla terra; i Greci non avevano ancora trovato la loro unità nazionale e non erano in condizioni di sfidare Creta sul mare.

I reperti archeologici dimostrano che, dal 1600 a.C. in poi, Creta divenne più prospera che mai in passato. Il grande palazzo di Cnosso (tavv. 58, 59, 62), gravemente danneggiato da un terremoto intorno al 1570, fu ricostruito con maggior splendore. Fiorirono gli altri palazzi (tavv. 17, 29) e una rete di opulenti ville, sedi, forse, dei governatori delle province. Gli archivi venivano tenuti nella scrittura Lineare A. Si ebbero brillanti realizzazioni nelle arti della pittura a fresco, dell'incisione di gemme e della ceramica (tavv. 14-16). Ma poi, all'improvviso, mentre l'arte del periodo Tardo Minoico IB era all'apogeo, Creta soffrì una calamità di vaste proporzioni. Tutti i grandi palazzi, eccettuato Cnosso, furono distrutti. E tale fu la sorte delle città circostanti, di molte città minori e di ville. Da quel momento in poi la ma-

[4] *Odissea* 7, 321-4.

gnifica e complessa civiltà minoica andò incontro a una rapida decadenza. Empori e insediamenti minoici oltremare furono abbandonati o distrutti. L'arte e la tecnica perdettero la loro preminenza creativa. La bilancia del potere nell'Egeo si inclinò nettamente da Creta verso la Grecia continentale.

Il palazzo di Cnosso durò fino al 1400 a.C. circa o forse anche un po' di più. In esso si produsse una bella ceramica nello stile detto «di palazzo» o Tardo Minoico II (tavv. 44-46). Forme e decorazioni sono ancora chiaramente minoiche, ma lo spirito sottostante all'arte ha subìto una sottile trasformazione. L'antica esuberanza creativa è stata assoggettata alle restrizioni di un nuovo formalismo. La precedente padronanza priva di sforzi degenera in una faticosa ricerca del grandioso. Ora, a Cnosso dominano nuovi padroni. I documenti degli archivi di palazzo sono scritti in greco e le «tombe dei guerrieri» rivelano un nuovo spirito improntato al militarismo (tavv. 47-49). Infine, con la distruzione della stessa Cnosso al termine del quindicesimo secolo, giunse la fine di un periodo, di 600 anni, improntato alla cultura minoica, che aveva per centro il palazzo.

Se spaziamo con lo sguardo sul Mediterraneo orientale di quell'epoca, troveremo molte tracce significative dell'espansione e della dominazione micenea. La documentazione, costituita dalla ceramica micenea trovata nelle Cicladi fra il 1600 circa e il 1200 a.C., narra una storia assai significativa. Nella prima metà di questo periodo la maggior parte delle merci di importazione micenea proviene da Melos e Nasso e in minor quantità da Keos e Delo. Altrove dominavano le merci minoiche. Ma, tra il 1400 e il 1200, la ceramica micenea si trova, qua e là, in dodici isole tra le Cicladi: Amorgos, Andros, Delo, Keos, Kimolos, Kythnos, Milo, Nasso, Paro, Scriphos, Siphnos e Tinos [5]. Adesso il signore di Micene, secondo la frase di Omero, «domina molte isole e tutta Argo» [6]. A Milo, che è la località meglio documentata, sembra che nei periodi tardocicladici I e II la ceramica micenea e quella minoica siano state praticamente alla pari, mentre più tardi quella micenea estromette quasi completamente quella minoica.

Dopo il 1400 Creta conservò ancora, entro i suoi confini, un distinto stile di ceramica, che, dalla zona di Cnosso, si diffondeva per tutta l'isola, pur essendo assai poco esportata. A Kimolos, Milo e Amorgos si sono trovati vasi del Tardo Minoico III, però soltanto in minima quantità. Ovunque, al di fuori di Creta, domina largamente la ceramica micenea, caratteristica per la sua uniformità. Creta ricuperò in parte l'antica prosperità verso la fine

[5] *Bibl.* 26, p. 31.
[6] *Iliade* 2, 108.

del periodo miceneo. Essa inviò un importante contingente a combattere in favore di Agamennone a Troia, però è evidente che non tornò mai a essere la potenza imperiale che era stata nei giorni del «più vecchio Minosse».

Quale fu la causa del crollo?

Gli storici hanno rilevato questo improvviso capovolgimento delle fortune di Creta nel quindicesimo secolo a.C., ma non sempre hanno saputo addurre spiegazioni veramente convincenti. Vi è stata qualche incertezza sul fatto se la vasta distruzione sia avvenuta intorno al 1450 o al 1400 a.C. Matz e Pendlebury collocano tutta la distruzione alla data più tarda. Evans e Furumark la collocano tutta, eccezion fatta per Cnosso, nel 1450 circa a.C.[7] Vi è anche incertezza sul fatto se lo stile di ceramica Tardo Minoico I si sovrapponga o meno allo stile Tardo Minoico II «di palazzo». Evans riteneva che il declino minoico fosse provocato in parte da terremoti e in parte dall'aggressione di Cnosso ai danni degli altri palazzi. Però, di solito, i danni del terremoto sono piuttosto localizzati e, per di più, i Minoici erano abituati ai terremoti. Già in precedenza ne erano stati gravemente colpiti, ma si erano sempre riavuti, progredendo verso maggiori altezze. Ma questa volta non vi fu ripresa. Evans, inevitabilmente, adottava un punto di vista Cnosso-centrico, mentre, per rendersi ragione del crollo della potenza commerciale e dei collegamenti minoici oltremare, si rende necessaria un'ipotesi di più ampio respiro.

Pendlebury riteneva che i dati di fatto deponessero per un «saccheggio deliberato delle maggiori città di Creta» [8]. Per lui la «inesorabile distruzione» era dovuta o a una massiccia invasione straniera o a una sollevazione popolare contro le guarnigioni straniere, e la poneva intorno al 1400 a.C. Ora, il palazzo di Cnosso fu distrutto verso quell'epoca e la dinastia regnante, quasi certamente greca, poté essere cacciata da una rivoluzione locale oppure da avversari giunti dalla Grecia continentale. Per la documentazione archeologica, riguardante Creta nel suo complesso, indica che, due generazioni prima, vi era stata una devastazione veramente generalizzata. Risalendo al 1450, o prima, non troviamo alcuna ragione per supporre che la popolazione cretese fosse in grado di sollevarsi contro i governanti, sia pure con l'appoggio e l'incoraggiamento di un aggressore ester-

[7] *Bibl.* 11, p. 29; *Bibl.* 18, p. 228; *Bibl.* 15, vol. IV, p. 885; A. Furumark, *The Chronology of Mycenaean Pottery*, Stockholm 1941, p. 82.
[8] *Bibl.* 18, p. 229.

no. E da dove sarebbe potuto venire questo aggressore? Dalla Grecia continentale? In tal caso, come avrebbe potuto la sua flotta forzare la barriera protettiva di basi navali che cingeva Creta da nord? Come avrebbero potuto le sue navi attraversare le acque che erano, da tanto tempo, un lago cretese? Gli isolani dell'Egeo erano navigatori da centinaia di anni, ma sembra impossibile supporre che fossero capaci di formare una coalizione tanto potente da tentare un'invasione di Creta. La totale assenza di fortificazioni a Creta fino alla fine del Tardo Minoico I è la prova che i Minoici non sentivano affatto il pericolo di un'invasione. Persino una scorreria isolata di pirati, per quanto possibile, non appare probabile e sicuramente non avrebbe provocato la distruzione pressoché universale che ci è dato di constatare.

Durante la prima metà del quindicesimo secolo gli Ittiti avevano il predominio dell'Asia Minore, però non erano una potenza navale. Gli Egiziani avevano, sotto Tuthmosis III, esteso il loro impero sulla Palestina e la Siria, fino all'Eufrate (tav. 8), ma non possedevano una forza navale capace di sfidare i Cretesi. Solo dei Greci del continente si può, sì o no, supporre che fossero una potenza marittima e avessero l'inclinazione di attaccare Creta. Certamente vi è una viva tradizione greca a proposito di attriti fra l'Attica e la Creta minoica. Filocoro riferisce che Atene e l'Attica erano sottomesse a Minosse e gli pagavano un tributo ai tempi del re Cecrope. Nella tradizione il tributo ha preso la forma di giovani e di vergini destinati al recinto dei tori a Cnosso, che si diceva fosse stato imposto come punizione per l'uccisione, in territorio attico, del figlio di Minosse, Androgeo [9]. Con i Minoici insediati in forze a Keos, a soli 24 km da Capo Sunio, e anche in possesso di Minoa, a occidente di Salamina, agli Ateniesi rimaneva ben poco da fare. I Greci del continente dei primi anni del quindicesimo secolo non potevano costituire una seria minaccia per Creta, a meno che la sua potenza non fosse in quell'epoca, in serio declino. Ma non vi sono prove che così fosse. Anzi, le prove fornite dai resti di materiali, trovati in località minoiche e appartenenti al primo quarto del quindicesimo secolo, dimostrano che Creta era più potente e più in ascesa che mai.

Il professor Matz, nell'edizione riveduta della *Cambridge Ancient History*, scrive [10]:

Il passaggio pacifico di poteri a Creta dai Minoici ai Micenei è difficile a spiegarsi. Poiché qualsiasi altra ipotesi, in un modo o nell'altro, fa violenza

[9] Apollodoro, *Bibliotheca* III, 15, 7-8.
[10] *Bibl.* 11, p. 46.

all'evidenza archeologica, potremmo sentirci autorizzati a suggerire che una rinunzia passiva al potere si accordasse col carattere minoico.

«Rinunzia passiva al potere» non sembra una soluzione molto plausibile del problema. A mio avviso, la teoria della distruzione vulcanica è più convincente. Gli storici, avvezzi a cercare cause umane di eventi umani, saranno naturalmente riluttanti a prendere in considerazione tale ipotesi. Indubbiamente, non troviamo, dopo di allora, alcun parallelo alla distruzione di un potente impero a opera di un cataclisma naturale. Ma non possiamo dire che ciò non sia mai accaduto, specialmente se prendiamo in considerazione le prove, forniteci da Woolley, di una grande inondazione della Mesopotamia nel quarto millennio. Ma, secondo me, possiamo prendere in seria considerazione la possibilità che un cataclisma si sia verificato nel quindicesimo secolo a.C. Thera si trova proprio al centro della rete di basi minoiche nell'Egeo. Tra le Cicladi essa è la più vicina a Creta. Nelle giornate limpide dal suo punto più alto si vede il monte Ida. I dati di fatto esposti nei capitoli precedenti dimostrano che il suo vulcano eruttò con vasta violenza devastatrice fra il 1500 circa e il 1470 a.C. La prima eruzione annientò un ricco insediamento minoico nella stessa Thera. Il parossismo finale, con il maremoto e la pioggia di cenere, fu come un pugnale confitto nel cuore di Creta. Dobbiamo ritenere probabile che le ondate ne distruggessero la potenza navale e che la cenere ne disgregasse l'economia agricola. In una notte essa giacque mutilata e indifesa, con la cintura protettiva di porti spazzata via, migliaia di cittadini annegati e gli altri colpiti dal panico e morenti di fame. Fu un colpo mortale. La Creta minoica fu messa in ginocchio dalle forze brute della natura e non si risollevò mai più.

L'unico palazzo che sopravvisse nella seconda metà del quindicesimo secolo fu Cnosso che sembra fosse sufficientemente arretrato dalla costa da sottrarsi alla furia delle onde del maremoto. Nei riguardi di Cnosso, il materiale archeologico posteriore al 1460 circa è molto ricco e significativo. Il trono viene ricostruito e la sala del trono stessa viene decorata con un fregio di grifoni (tav. 50) – motivo che si ritrova più tardi nel palazzo miceneo di Pilo. Una nota, inconsueta, di militarismo appare nell'affresco dei negri comandati da un ufficiale bianco. Si tratta della guardia del corpo di una nuova dinastia? Le «tombe dei guerrieri» sono colme di stocchi e di elmetti (tavv. 47-49). Adesso i documenti di palazzo sono redatti in greco. A quanto pare Cnosso è diventata una cittadella di tipo miceneo.

È ragionevole presumere che qualche Greco del continente approfittasse di questa calamità cretese e muovesse a occupare la capitale del paese così colpito. Sopravvive forse un ricordo di questi fatti nella leggenda di Teseo che abbatté il minotauro e ottenne da Anfitrite l'anello di Minosse, probabile simbolo di supremazia navale? Anche la Grecia doveva essere stata interessata dal cataclisma, ma i suoi centri di potere non erano nemmeno lontanamente esposti quanto Creta e le sue dipendenze insulari. Essi si trovavano molto più lontani dal vulcano e inoltre più spostati nell'entroterra. Le bassure intorno all'insenatura di Argo e al golfo Saronico furono probabilmente inondate (v. oltre, p. 120 ss.), però il cataclisma non fu un colpo mortale per la Grecia. Se Teseo governava l'Attica in quel tempo, si sarà tosto trovato in posizione tale da poter rovesciare la situazione nei confronti degli oppressori. Avrà potuto mettere insieme una flotta e far vela, senza incontrare resistenza, alla volta di Creta, dove i suoi guerrieri cinti di bronzo avranno trovato una facile preda in Cnosso, priva di fortificazioni [11].

Anche la documentazione riguardante Creta nel suo insieme è chiara e significativa. Lo stile ceramico Tardo Minoico II praticamente è confinato alla sola Cnosso (tavv. 44-46). Gli scavi hanno riportato alla luce questa ceramica soltanto in tre località al centro di Creta e in quattro nella parte orientale – in netto contrasto con l'abbondanza e ubiquità della ceramica del Tardo Minoico I (tavv. 14-17). I palazzi rovinati non vengono ricostruiti; talune città del periodo precedente sono abbandonate. È evidente la dispersione della popolazione. Pendlebury, pur non accogliendo la teoria dell'eruzione, così descrive la situazione dopo il disastro: «Sembra che a soffrire siano state le classi dominanti e le grandi città e che le piccole comunità abbiano soppiantato quelle più grandi» [12]. Nelle zone più elevate (tav. 57), lontano dal mare, sorgono villaggi e vi è un rilevante afflusso di persone nella parte occidentale dell'isola. Cidonia diventa un centro importante e si spera che gli scavi in progetto in questa regione possano far luce sul corso degli eventi dopo il disastro.

Ecco come spiegare questi fatti. Dopo l'eruzione gli scoraggiati superstiti della popolazione cretese si ritirarono dalle fasce costiere dove avevano sofferto tanto duramente e cercarono rifugio nelle regioni elevate, lontano dal mare che si era così improvvisamente rivolto contro di loro. Nell'entroterra essi sarebbero anche stati meno esposti a scorrerie di pirati provenienti dalle isole o dal continente greco. Qualsiasi tentativo di ricostruzione dei palazzi sarebbe stato arrestato dai nuovi dominatori

[11] Cfr. Plutarco, *Teseo*, 19.
[12] *Bibl.* 18, p. 289.

greci di Cnosso. In ogni modo le fertili pianure intorno a Mallia e Festo e il retroterra di Kato Zakro adesso erano coperti di tefra e l'agricoltura, l'arte e il commercio erano giunti a un punto morto. La carta indicante le zone coperte dalla caduta di materiali vulcanici dimostra che il terzo occidentale di Creta se la cavò relativamente a buon mercato; da qui la migrazione verso occidente e l'improvviso aumento dell'importanza di Cidonia.

Nei paragrafi seguenti cercherò di interpretare gli eventi accaduti in una delle basi minoiche oltremare.

Convergenza tra archeologia e tradizione a Keos

L'isola di Keos (detta anche Kea) si trova a circa 24 km a est del promontorio di Sunio nell'Attica. Quivi, a partire dal 1960, è in corso un'importante serie di scavi, diretti, per conto dell'Università di Cincinnati in collaborazione con l'American School ad Atene, dal professor John L. Caskey [13]. In particolare è stata scoperta un'importante località ad Ayia Irini su di un promontorio sul golfo di Ayios Nikolaos di fronte a Vourkari. Si tratta di un luogo abitato almeno fino dalla media Età del Bronzo, trasformatosi in centro importante agli inizi della tarda Età del Bronzo, quando aveva collegamenti con la Creta minoica, le altre isole e il continente. Sono stati trovati vasi in gran numero, fabbricati a Creta o quanto meno, sotto un netto influsso cretese, che sono stati datati al Tardo Minoico IB-Tardo Elladico II. Si sono scoperti anche alcuni tratti in Lineare A. L'insediamento fu distrutto violentemente nel quindicesimo secolo – dice Caskey, a causa di terremoti – e ricostruito più tardi.

Vi si trovava almeno un grande «stabilimento» (22 × 17 m) con cortile, scalinata, corridoi e cantine. Queste erano, per la massima parte, ricolme di detriti, comprendenti grandi quantità di ceramiche, frammenti di affreschi e oggetti vari (tav. 56), caduti, evidentemente, dai piani superiori al momento della distruzione dell'edificio. Caskey attribuisce questa distruzione al «grande terremoto finale», però tutta la località è situata molto vicino al mare per cui non bisogna trascurare la possibilità di inondazione da maremoto. Un ambiente sgomberato nel 1963 ha restituito «un gruppo di ceramiche di importazione, di eccezionale bellezza, oltre alla solita quantità di materiale ordinario locale». Cinque vasi, illustrati nella relazione di Caskey del 1964, sono stati oggetto di un interessante studio. Due sono frammenti di alabastro di origine cretese, uno nello stile marino del Tardo Minoi-

[13] V. le relazioni di J. L. Caskey in *Hesperia 31, 33, 35*, specialmente vol. 33.

co IB e l'altro con motivi ornamentali di felci e rosette. I frammenti di affreschi ricordano le opere di stile Medio Minoico III-Tardo Minoico I con fasce di colore uniforme cosparse di foglie, boccioli, canne ed erbe. Una grande anfora «potrebbe essere stata fabbricata in Argolide»; altri due pezzi sono «minoici o micenei». Gli scavatori ritengono che l'intero deposito sia stato ricoperto impenetrabilmente in uno stesso momento e, come tale, rappresenti una buona prova dell'esistenza di una fiorente colonia minoica in stretto contatto con la Grecia micenea, colonia che fu distrutta all'improvviso, a opera di forze naturali, verso la fine del Tardo Minoico IB.

Questo quadro è confermato dalla presenza di un vicino tempio, interessantissimo edificio a più ambienti con una storia cultuale estendentesi dalla media Età del Bronzo fino ai tempi greco-romani. Anche il tempio riportò gravi danni contemporaneamente al vicino «stabilimento». I depositi contengono una statuetta bronzea di importazione minoica e vasellame «non posteriore al Tardo Minoico IB e al Tardo Elladico II». Ma il ritrovamento più sensazionale è costituito dai frammenti di non meno di diciannove statue di terracotta, talune alte m 1,5 o più (tav. 53). Sono tutte femminili, con ampie gonne fino a terra, su cui sono sovrapposte pesanti balze, vita sottile, collo stretto e corpetto di tipo aperto. A prima vista si coglie la netta rassomiglianza con la famosa dea dei serpenti di Cnosso (tavv. 52, 54-55). Talune statue, fra le più grandi, potrebbero essere immagini per il culto, mentre le altre rappresentano seguaci o devote. Pur essendo opera dell'artigianato locale, rappresentano un culto minoico con connessioni peloponnesiache. Sono state ritrovate rotte assai malamente e accumulate molto alla rinfusa, come se fossero cadute da una certa altezza, probabilmente da un banco di legno o da un piano superiore. Molti frammenti appartenenti a questo gruppo erano largamente sparpagliati in tutto il resto dell'edificio, inducendoci a pensare che, forse, la distruzione si accompagnasse a un'inondazione. È abbastanza interessante rilevare come una testa fosse stata ricuperata da abitanti locali di un'epoca posteriore ed evidentemente venerata nel dodicesimo secolo. Un'altra testa aveva ricevuto analogo trattamento nell'ottavo secolo!

Tutte le prove fanno propendere per un'improvvisa distruzione della località al termine del Tardo Minoico IB, seguita, più tardi, da una rioccupazione e ricostruzione sotto il dominio miceneo. In questa località a Keos abbiamo ancora un altro esempio della stretta convergenza fra archeologia e tradizione letteraria greca. Il poeta Bacchilide (quinto secolo a. C.) scrisse un'ode di vittoria in onore di un certo Argeo di Keos, vincitore dei giochi istmici.

Nella maniera propria di queste composizioni, egli riferisce in particolare parte delle leggende storiche dell'isola, soffermandosi sulla nascita dell'antico sovrano Eusanzio. Il poema è frammentario, ma le strofe di apertura (secondo la traduzione pubblicata da Jebb) narrano una storia sufficientemente chiara [14]:

Dopo tre giorni sopraggiunse il bellicoso Minosse, conducendo un esercito cretese su cinquanta navi dalla poppa scintillante e, con il favore di Zeus «eucleio», sposò la vergine Desitea dall'alta cintura e lasciò con lei metà della sua gente guerriera, cui diede quella terra rocciosa, innanzi di far vela per Cnosso, l'amabile città. E nel decimo mese la fanciulla dai bei riccioli diede alla luce Eusanzio che divenne signore dell'isola gloriosa.

In concisi termini storici qui abbiamo la tradizione di un'occupazione militare minoica rafforzata da un matrimonio interdinastico. Alla luce dei ritrovamenti americani diventa difficile opporsi alla conclusione che l'autentico ricordo della colonia minoica si sia conservato nell'isola fino ai tempi di Bacchilide.

Questa conclusione trova ulteriore conforto in un brano tratto dal peana composto da Pindaro in onore di Delo su richiesta del popolo di Keos [15]. Anche qui compare Eusanzio che parla sul tema della sicurezza in una piccola isola, preferibile agli affanni e alle contese in un regno più opulento. Pindaro dice che i figli di Pasifae, probabilmente gli abitanti di Cnosso, offrirono a Eusanzio la «settima parte» di Creta che egli rifiutò, rammentando loro il suo «portento». L'apertura del discorso mi sembra talmente significativa per la mia tesi in generale, che la cito *in extenso*:

Tremo dinanzi all'altisonante conflitto tra Zeus e Poseidone. Insieme con fulmine e tridente precipitarono nel Tartaro la terra e un'intera forza combattente, lasciando mia madre e tutta la ben recinta magione.

Eusanzio interpreta questo disastro come un presagio per distoglierlo dall'abbandonare la nativa Keos e continua così: «Lasciamo, o mio cuore, il cipresso, lasciamo i pascoli dell'Ida».

Il disastro di Thera sembra essere la chiave adatta a schiudere i misteri contenuti in questo brano. Effettivamente l'eruzione deve essere stata «altisonante» e accompagnata da tempeste elettriche e ondate di maremoto («fulmine» e «tridente»). Sicuramente provocò un massiccio sprofondamento a Thera, che potrebbe ben essere la «terra» precipitata nel Tartaro. La «forza combattente», completamente distrutta, potrebbe essere un ac-

[14] *Bacchilide*, I, 2-17 (Jebb). V. anche J. M. Edmonds, *Lyra Graeca* 111, 126-35.
[15] Pindaro, *Peana* IV, 27-44. Al verso 34 mi attengo all'emendamento di Wilamowitz Ἐωοσιδα, (Pindaro, 475).

cenno alla potenza navale minoica infranta dalla catastrofe. Il termine usato da Pindaro potrebbe sottintendere altrettanto bene una flotta come un esercito. È persino concepibile che la marina minoica avesse ripreso a usare Thera come base dopo la prima eruzione (v. pp. 104-106) e che un'intera squadra navale vi si trovasse alla fonda al momento dell'esplosione finale. Certamente anche Keos subì danni, ma almeno non sprofondò in mare come Thera. La «ben recinta magione» sopravvisse e seguitò a essere un luogo di una certa importanza nel periodo miceneo e più tardi.

Io suggerisco che si è conservata anche un'autentica tradizione storica del disastro di Thera, racchiusa in questo passo di Pindaro. Presumibilmente è opportuno resistere alla tentazione di speculare ulteriormente sul passo, tuttavia non so trattenermi dal far rilevare come la situazione storica tratteggiata nel componimento poetico non sia affatto inconcepibile. Può darsi benissimo che a Creta, dopo la catastrofe, rimanesse vacante un governatorato, se non lo stesso trono, che avrebbe potuto essere stato offerto a un figlio cadetto di Minosse a Keos, che l'avrebbe rifiutato. La contesa o lite fra Zeus e Poseidone non è un motivo comune nella mitologia greca, però è ricordata in un'ode di Pindaro [16], come pure nelle *Argonautiche* orfiche. È un fatto abbastanza interessante che, in queste ultime, si faccia cenno alla devastazione di una terra, che probabilmente è Creta, in conseguenza di una lotta (v. oltre, pp. 131-132). In Pindaro gli dèi altercano tra di loro per stabilire chi debba sposare la nereide Tetide – un riflesso, forse della tensione marittima, al tempo del cataclisma di Thera, fra Creta e la Grecia.

La prova di Trianda

Il passaggio dalla supremazia minoica a quella micenea è chiaramente illustrato nell'insediamento di Trianda a Rodi [17]. In questa località si distinguono tre fasi. Nella prima, Trianda I, che risale fino al sedicesimo secolo a. C., la miglior ceramica appartiene a un tipo del Tardo Minoico IA molto avanzato e anche il vasellame comune per uso domestico è di tipo minoico. Nella seconda fase, Trianda IIA, la ceramica più diffusa appartiene a un tipo che Furukmark definisce come Sub-Tardo Minoico IA. Questo è contemporaneo con il tipo Tardo Minoico IB a Cnosso

[16] Pindaro, *Isthmia*, 27 ss.
[17] G. Monaco, *Clara Rhodes 10*, p. 41 ss. F. H. Stubbings, *Mycenaean Pottery from the Levant*, Cambridge, 1951, pp. 6-8. A. Furumark, *Opuscula archaeologica* VI, Lund, 1950, pp. 150-271.

e, in effetti, si sono trovati anche parecchi frammenti di Tardo Minoico IB importato. Questo permette di datare la seconda fase circa tra il 1500 e il 1450 a.C. Inoltre vi sono molte ceramiche importate appartenenti al tipo *miceneo* IIA (1500-1450 secondo Furukmark), che dimostrano come la colonia intrattenesse relazioni commerciali tanto con la Grecia continentale quanto con Cnosso. Infine, gli edifici di questo insediamento appaiono gravemente danneggiati, si ritiene da un terremoto, con successiva ricostruzione che apre la terza e ultima fase della colonia, la Trianda IIB. In questa fase sia il vasellame più fine, sia quello di corrente uso domestico appartiene tanto al tipo minoico quanto a quello miceneo. La maggior parte del vasellame minoico contemporaneo del tipo Tardo Minoico II di Cnosso e quello miceneo è databile, in massima parte, al 1425-1400, però vi è qualche ceramica importata del tipo *miceneo* IIB (1450-1425), come pure qualche pezzo Tardo Minoico IA-B. Buona parte del vasellame miceneo è stata confezionata nella stessa Rodi e ci sembra che in questo risieda la prova dell'esistenza di un breve periodo di rapporti amichevoli tra il più antico insediamento minoico e una nuova colonia micenea, probabilmente quella di Ialysos là nei pressi. Ma ben presto, intorno al 1410 a.C., Trianda è devastata e viene a cessare la fabbricazione di ceramiche minoiche a Rodi. Furukmark collegava la fine di Trianda con la distruzione definitiva del palazzo di Cnosso, che metteva entrambe in relazione con la «caduta del potere centrale minoico». Però, come abbiamo visto, la caduta della potenza minoica deve probabilmente essere retrodatata alla fine del Tardo Minoico IB, quando si verificò la pressoché completa devastazione di Creta. Pertanto io suggerisco un'interpretazione alquanto differente delle prove tratte da Trianda. I danni da terremoto, nella transizione delle fasi IIA e IIB, dovrebbero essere riportati al cataclisma di Thera e alla fine della potenza minoica oltremare. Trianda era abbastanza lontana dal vulcano da sfuggire alla piena potenza distruttiva delle onde, ma probabilmente vi fu qualche inondazione (v. oltre, p. 121). I coloni seguitarono a permanere sul posto e ben presto presero a collaborare con i nuovi arrivati, ossia i coloni micenei di Ialysos, scambiando con questi le loro ceramiche. Inoltre continuarono a usare, forse a fabbricare, parte della vecchia ceramica del Tardo Minoico IB sfuggita alla distruzione. Ma questo periodo di pacifica coesistenza finì improvvisamente quando Micene irrigidì la presa su Creta distruggendone l'ultimo palazzo ancora esistente e trattando contemporaneamente nello stesso modo anche l'avamposto minoico sopravvissuto a Rodi.

Praisos e la tradizione dello spopolamento di Creta

In Erodoto si trova una tradizione isolata che potrebbe conservare un'autentica memoria popolare del grande disastro [18]. Erodoto la riferisce basandosi sull'autorità del popolo di Praisos (tav. 57), città ove un gruppo di Eteo-cretesi (Cretesi «genuini»), parlante una lingua non greca, si resse come comunità indipendente fino a circa il 140 a. C. La tradizione mi sembra talmente significativa che ne cito il testo:

> Si narra che Minosse si recò, cercando Dedalo, in Sicania, ora chiamata Sicilia, e quivi perì di morte violenta. Qualche tempo dopo, tutti i Cretesi, eccettuati gli abitanti di Policnite e di Praisos, istigati dagli dèi, giunsero in Sicania con una grande flotta da guerra e assediarono per cinque anni la città di Kamikos – abitata attualmente dagli Akragantini. Ma non riuscirono a prenderla e la penuria di vettovaglie li costrinse a disperdersi, così che partirono alla volta della patria. Erano già arrivati all'altezza della Iapygia [il «tallone» d'Italia], quando una grande tempesta li colpì, gettandoli sulla costa. Le loro navi furono fatte a pezzi e, siccome non sembrava vi fossero mezzi per far ritorno a Creta, rimasero dov'erano e fondarono la città di Hyria. Da Cretesi si tramutarono in Messapi di Iapygia e da isolani in continentali. *Secondo quanto dicono gli abitanti di Praisos, altri popoli, specialmente greci, vennero a stabilirsi nella stessa Creta priva di abitanti.* La guerra di Troia fu combattuta nella terza generazione dopo la morte di Minosse e in essa i Cretesi si distinsero quali vendicatori di Menelao. Per tutta ricompensa, al ritorno da Troia trovarono epidemie e carestie tra gli uomini e gli animali. Poi Creta si spopolò un'altra volta e accolse una terza ondata di immigranti, i Cretesi d'oggi [vale a dire i Dori] che la abitano insieme coi resti degli abitanti di prima.

Qui il sottofondo storico generale è preciso: prima Minosse, poi i Greci di Micene che occupano il paese e infine la colonizzazione dorica. E quanto ai particolari? La sfera di influenza minoica si estendeva sicuramente fino all'Italia meridionale e alla Sicilia e può darsi benissimo che un Minosse conducesse delle operazioni con la flotta in quella zona quando venne a morte. Diodoro descrive la sua tomba in Sicilia (della quale ora non v'è traccia) in termini che ricordano molto da vicino la Tomba del Tempio (tav. 61) nei pressi di Cnosso [19]. Forse Minosse stava cercando di rafforzare ed estendere le sue rotte commerciali in occidente. Forse stava effettivamente cercando l'estradizione di un suddito ribelle. Secondo una tradizione assai forte, Dedalo era ateniese per cui poteva essere fuggito dalla corte di Minosse perché disgustato dall'oppressione minoica sull'Attica. Dal quattordicesimo secolo ci è pervenuto un documento contemporaneo – la ben nota Lettera di Tawagalawas –

[18] Erodoto, 7, 170-1.
[19] Diodoro, IV, 79, 3.

in cui un sovrano ittita chiede l'estradizione di un suddito turbolento, fuggito per mare da Mileto nel territorio controllato dal re di Ahhiyawa (quasi certamente la Grecia achea) [20]. Non vi è nulla di intrinsecamente improbabile nel fatto che Minosse facesse una cosa dello stesso genere in Sicilia. Né vi è alcunché di inverosimile nel fatto che i Minoici avessero inviato una spedizione punitiva per vendicarne la morte. Avendo mancato lo scopo, la flotta da guerra minoica riprende la via di casa e viene «gettata sulla costa» sudorientale dell'Italia. Naturalmente potrebbe essere stata una tempesta ordinaria, però si può anche pensare che la *tsunami* di Thera riuscisse a provocare distruzioni persino a tanta distanza. In tutti i modi i superstiti disperano di poter mai ritornare in patria. Perché? Se Creta avesse ancora dominato il mare, avrebbero potuto farsi rimpatriare da un altro convoglio. Ma, se Creta in quello stesso tempo era stata devastata e la sua potenza navale era stata spezzata, ai superstiti sarebbe potuto sembrare più conveniente rimanere sul posto, stabilendo un nuovo insediamento là dov'erano. Così, con la loro tipica versatilità, «da isolani si fecero continentali». Forse alcuni profughi, allontanatisi per mare a occidente di Creta, si unirono a loro e questo spiegherebbe come potessero, a quanto ci dice Erodoto, espandersi da Hyria, colonizzando con successo una vasta zona della costa meridionale dell'Italia. Come dicono gli abitanti di Praisos, molto lontano da loro, a oriente, si trovava Creta, «priva di abitanti», e per loro non vi era avvenire alcuno nelle vecchie sedi.

Non sembra che i cittadini di Praisos conoscessero la ragione del primo «spopolamento» di Creta. Erodoto pensa che fosse una conseguenza dell'impossibilitato ritorno della flotta di Sicilia, ma questa non ci sembra una spiegazione adeguata. Erodoto colloca il disastro «tre generazioni prima della guerra di Troia» e noi, con una datazione del genere, dovremmo allungare molto i tempi per risalire fino a circa il 1470 a.C. Tuttavia non si incontrano gravi obiezioni volendo considerare lo «spopolamento» come una conseguenza dell'eruzione di Thera. Le datazioni greche precedenti la guerra di Troia sono molto poco attendibili e qualsiasi data che abbia a che fare con Minosse viene facilmente alterata per associazione con un altro Minosse più tardo. Nell'insieme è abbastanza credibile che i cittadini di Praisos, isolati com'erano, avessero realmente conservato il ricordo della grande perdita di vite umane seguita all'eruzione di Thera.

Sono stato a Praisos di recente: si tratta di una bella acropoli, fiancheggiata da altre due alture calcaree (tav. 57), posta in una

[20] O. R. Gurney, *The Hittites*, Harmondsworth, 1961, pp. 47-9.

fertile vallata circondata da ogni parte da colline, a una ventina di chilometri a sud di Siteia. È chiaramente una «sacca» isolata dove potevano attardarsi i rimasugli dell'antica popolazione minoica. La terra è ricca e ben irrigata. La collina dell'acropoli costituisce un fortilizio naturale. Il posto è piuttosto lontano dal mare e, tra le montagne a sud, non vi è un'apertura evidente. Ho percorso un sentiero che scende serpeggiando la collina ai piedi del villaggio di Nea Praisos. Qua e là il sentiero è ben pavimentato per cui si è portati a immaginare di camminare su un acciottolato minoico, mentre si seguono le ondulazioni naturali del terreno giù per frutteti di pomi, melegranate e fichi, attraversando appezzamenti ben coltivati a cipolle e pomodori, superando una piccola frana e di nuovo passando per vigneti ove la sultanina già s'imbruna sugli essiccatoi. Pensavo ai giardini di Alcinoo dalle aiuole ben curate, ai frutteti dove la frutta maturava nella generosità delle stagioni e all'essicatoio, posto in piano e inondato di sole [21]. Di ritorno al villaggio mi hanno condotto al caffè e hanno insistito per offrirmi da bere. Naturalmente ho dovuto rispondere alle solite domande e le mie risposte sono state tradotte da un massiccio cretese appena tornato in vacanza al paese natio dopo venti anni passati a... Melbourne. Non appena hanno saputo che mi interesso di antichità uno di loro (forse il maestro di scuola) si è allontanato, ritornando poco dopo con la relazione sui recenti scavi del professor Platon a Kato Zakro. E quando si è fatta l'ora di andare, mi hanno caricato di grappoli d'uva e di fichi maturi e io sono ritornato a Siteia convinto che la favoleggiata ospitalità dei Feaci non era un mito. Nella mia fantasia quella valle isolata ancor oggi produce Eteo-cretesi.

Le cronache egiziane e la catastrofe di Thera

Sono venuto finora delineando un quadro generale dell'impero minoico e del suo improvviso collasso nella prima metà del quindicesimo secolo a.C., considerato diretta conseguenza dell'eruzione di Thera. Ho suggerito che nella tradizione degli abitanti di Praisos, riferita da Erodoto, potrebbe sopravvivere un autentico ricordo della catastrofe. Ora vedremo se esistono altre documentazioni del collasso minoico, tralasciando, naturalmente, la leggenda di Atlantide che, a mio vedere contiene un vago ricordo filtrato attraverso fonti egiziane.

Non sembra che nei documenti egiziani del quindicesimo secolo, che si conservano tuttora, vi sia alcun riferimento esplicito a

[21] *Odissea* 7, 120-8.

questa caduta, ma la cosa non ci sorprende. Come già abbiamo fatto rilevare, i documenti egiziani sono, in complesso, piuttosto deludenti per quanto riguarda il loro contenuto di sostanziali fatti storici. Questi documenti abbondano in lodi sperticate del faraone e di poetiche affermazioni del favore divino che ne sostiene il trono, mentre, quanto a fatti concreti, tendono a essere assai succinti. Inoltre registrano ben poco di quel che accade negli altri paesi. L'Egitto ha sempre avuto la tendenza a essere egocentrico, racchiuso in se stesso. Solo se qualche invasore minacciava l'Egitto, le iscrizioni ne facevano menzione un po' più ampiamente, come quelle celebri di Merenptah e di Ramsete III (tav. 69)[22]. Però, in linea di massima, gli affari esteri avevano ben scarsa importanza per l'egiziano medio dell'Età del Bronzo.

Però il commercio con l'estero era tutt'altra faccenda. L'economia egiziana dipendeva in larga misura dall'importazione di legname e vi era anche un altro, sia pur meno ovvio, prodotto degli alberi, la cui perdita forse è deplorata in un ben noto passo del papiro Ipuwer, *Ammonizioni di un savio egiziano*[23]. Nelle antiche tombe egizie sono state trovate tracce di un lichene (*Evernia furfuracea*), che oggi non cresce in Egitto e che i botanici ritengono dovesse essere importato da Creta o dalle Cicladi[24]. Esso è comune a Creta. Se ne estrae il muschio di quercia, importante materia prima nella moderna profumeria. Gli antichi Egizi solevano inserirlo nella cavità corporea delle mummie, come conservante o semplicemente quale riempimento aromatico. Lo impiegavano anche nella preparazione del pane. Tra gli altri materiali funerari, che dovevano essere importati, vi erano la resina di pino e il legno di cedro per le bare. Come il Libano, anche Creta doveva essere fonte di questi materiali. Questi fatti costituiscono un'importante spiegazione delle lamentele contenute nelle *Ammonizioni*:

> Nessuno invero oggidì più fa vela per Biblos nel settentrione. Come faremo per il cedro necessario alle nostre mummie? I sacerdoti erano seppelliti con i loro prodotti [ossia con i prodotti del commercio con paesi esteri] e [i nobili] erano imbalsamati con l'olio che viene da Keftiu, ma queste cose non vengono [più]. Vi è penuria d'oro... Come appare importante [ora] l'arrivo della gente dell'oasi che porta provviste per i festeggiamenti: stuoie di canna,... palme nuove.

L'ultima frase esprime il contrasto fra l'insignificante traffico locale e il precedente commercio con l'estero. Keftiu è Creta e,

[22] *Bibl.* 8, vol. 3, pp. 240-52, vol. 4, pp. 18-68, specialmente pp. 33-38. *Bibl.* 12, pp. 262-3.
[23] *Bibl.* 12, p. 441. V. anche nota 14, capitolo secondo.
[24] B. B. Baumann, «The botanical aspects of ancient Egyptian embalming and burial», in *Economic Botany 14*.

quindi, il brano testimonia di un'interruzione del commercio con Creta, probabilmente del commercio di licheni di cui sopra. Ma il testo può essere attribuito al quindicesimo secolo, solo partendo dal presupposto che si tratti di un'interpolazione più tarda. Le *Ammonizioni* sono un documento del Medio Regno che, quasi certamente, si riferiscono alla crisi della legge e dell'ordine nel periodo successivo all'Antico Regno. La confusione che regnava in quel periodo basterebbe da sola a rendere ragione dell'interruzione del commercio estero. Con questo presupposto, ci troveremmo dinanzi al più antico riferimento a Creta esistente nei documenti egiziani.

La possibilità che questo riferimento sia un'interpolazione è basata sul fatto che il testo a noi pervenuto è una copia dell'originale, risalente alla XIX o alla XX dinastia, e anche sulla difficoltà di accogliere come autentico un accenno a Creta riferito al terzo millennio. Comunque non si tratta di un caso essenziale e, in complesso, sembra preferibile attribuire il testo al primo Periodo Intermedio e non alla «scomparsa» di Creta dopo l'eruzione di Thera [25].

È l'arte egiziana del quindicesimo secolo che interessa più chiaramente e più da vicino il nostro problema. Una celebre serie di dipinti tombali raffigura uomini di Keftiu che portano «tributi» all'Egitto [26]. Essi recano sbarre di rame, coppe di metallo e vasi (tavv. 74, 92). Tra i vasi si riconoscono distintamente tipi minoici, quali i rhyton a testa di toro e le coppe di «Vapheio». Pur con qualche esitazione, gli studiosi tendono, in complesso, ad accogliere l'identificazione di Keftiu con la Creta minoica. Si era pensato che Keftiu fosse in realtà in Cilicia, ma gli elementi che consentono di preferire tale collocazione si possono, forse, spiegare col fatto che buona parte del commercio minoico con l'Egitto si svolgeva per il tramite dei porti della Siria settentrionale. Sappiamo che i Minoici avevano delle stazioni commerciali ad Alalakh e a Ugarit; sappiamo inoltre che, fra il 1480 e il 1450 circa, Tuthmosis III condusse un'importante campagna in quella regione. Egli si avvaleva dei porti siriani come basi per l'esercito, per cui ai governanti di Creta sarà sembrato conveniente, sotto l'aspetto diplomatico, assicurarsi l'accesso a questi porti inviando, quale «tributo» nominale, i doni che vediamo rappresentati nelle pitture murali delle tombe dei primi ministri di Tuthmosis.

[25] V. nota 14, Capitolo secondo.

[26] N. M. Davies e A. H. Gardiner, *Ancient Egyptian Paintings* I, Chicago, 1936, Tavv. XXI-XXIV. N. de G. Davies, *The Tomb of Rekhmire at Thebes*, Pubblicazioni della Spedizione per l'Arte Egiziana del Metropolitan Museum, XI, New York, 1943. *Bibl.* 15, vol. 2, pp. 736-48. *Bibl.* 19, pp. 112-15.

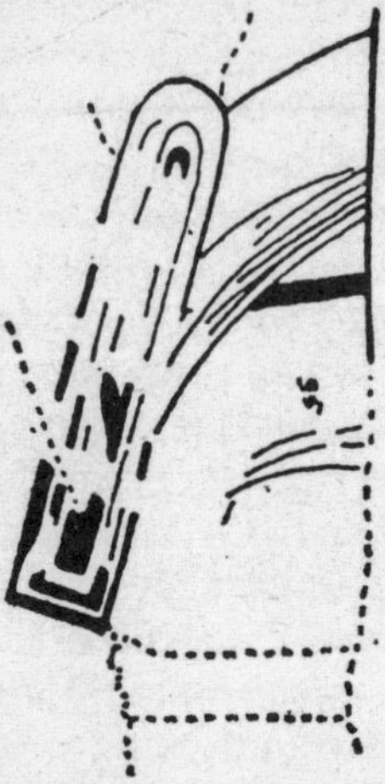

Fig. 20. Particolare del perizoma di un uomo di Keftiu nella tomba di Rekhmire a Tebe (Schachermeyr). Esso presenta il ritocco che ha trasformato il perizoma minoico, vecchio stile, in perizoma avvolto su se stesso secondo il più recente stile miceneo.

Gli uomini di Keftiu compaiono in quattro dipinti successivi. Il primo si trova nella tomba di Senmut (circa 1492 a.C.). Qui essi portano, fra le altre offerte, una coppa del tipo di Vapheio, adorna di due teste di toro. Sono vestiti con perizomi aperti davanti e con pendente anteriore. Nella tomba di Senmut non vi sono iscrizioni. Il dipinto successivo si trova nella tomba di Useramon (1476 circa): un uomo porta un rhyton con testa di toro, anch'esso vestito con perizoma con pendente anteriore. Un'iscrizione menziona le «isole del Grande Verde». La terza serie, nella tomba di Rekhmire (1470 circa), è la più importante. Vi sono tre scene, nella prima delle quali il «tributo» minoico appare accumulato su tre ripiani con uno scriba egizio che sta preparando l'elenco delle offerte comprendenti un tipico rhyton LM IB con orlo e un rhyton con testa di toro. Le altre due scene raffigurano quattordici uomini che portano le offerte (tavv. 74, 92) comprendenti barre di rame e zanne d'elefante. Inizialmente gli uomini erano stati dipinti con il tipico pendente anteriore delle rappresentazioni più antiche (fig. 20) ma, in seguito (tra il 1460 e il 1450 circa), le figure venivano ricoperte di un altro strato di pittura per rappresentarle con un perizoma meno succinto, ricadente molto in basso sulla parte anteriore. È un tipo di perizoma ravvisabile a Micene a partire dal 1560 circa a.C.; F. Schachermeyr ritiene probabile che Rekhmire, nell'ordinare questi ritocchi, intendesse diplomaticamente riconoscere un mutamento di regime avvenuto a Cnosso [27]. Nella sua qualità di visir, Rekhmire aveva l'incombenza di ricevere i principi vassalli e le loro of-

[27] *Bibl.* 19, p. 113.

ferte; poteva essere considerato il «ministro degli esteri» egiziano. Non è possibile trascurare questa modifica delle decorazioni della sua tomba, attribuendola a un semplice capriccio dell'artista; essa deve sicuramente avere un significato politico, e, proprio per questo, sembrerebbe una prova assai evidente di un cambiamento dinastico avvenuto a Cnosso probabilmente nel decennio precedente il 1450 a.C. Ho sostenuto in precedenza (p. 104 ss.) come l'assunzione del predominio a Cnosso da parte dei Greci fosse agevolata dalla prostrazione di Creta dopo l'eruzione di Thera. Quindi i ritocchi databili al 1460-1450 circa, tendono a confermare che la distruzione vulcanica di Creta si verificò un po' prima della metà del quindicesimo secolo, probabilmente non lontano dal 1470. Le iscrizioni della tomba tendono a convalidare l'interpretazione politica dei ritocchi. Vi è un'iscrizione introduttiva generale che cita tutti i popoli tributari raffigurati nei dipinti, compresi Punt, Retenu e Keftiu. Indi, sulla sezione di Keftiu, l'iscrizione dice: «L'arrivo in pace dei principi del paese di Keftiu e delle Isole che sono in mezzo al mare...». Se la seconda parte di questa formula è un'aggiunta posteriore, la possiamo interpretare come un'indicazione del fatto che Creta e il mondo miceneo portano un tributo unificato, insieme con Cnosso, essendo entrambi sotto la signoria di un dominatore greco.

L'ultima raffigurazione di uomini di Keftiu recanti oggetti minoici si trova nella tomba di Menkheperresoneb che risale al tempo di Amenofis II, 1444-1412. Qui gli uomini di Keftiu appaiono, senza alcuna ambiguità, vestiti di una forma più decorosa del gonnellino lungo. Un principe di Keftiu, il cui nome è chiaramente illustrato, fa atto di obbedienza (tav. 75).

Tanto basta per la documentazione, risalente al quindicesimo secolo, di Keftiu e del suo popolo. Bisogna inoltre accennare a un'interessante notizia conservataci in un tardo estratto da Manetone, la cui opera costituisce tuttora il fondamento della cronologia egiziana. Era costui un alto sacerdote di Eliopoli (circa 280 a.C.) che dedicò a Tolomeo II una *Storia d'Egitto*. Purtroppo la *Storia* di Manetone si è conservata soltanto in estratti riportati da storici e cronisti più tardi, particolarmente Flavio Giuseppe, Eusebio e Sincello. La sua opera è stata oggetto di molte discussioni e critiche, vertendo tali controversie soprattutto sulla sua relazione dell'Esodo degli Ebrei. Pertanto la questione della trasmissione del testo di Manetone è complicata e difficile. Tuttavia più o meno tutti concordano nel ritenere che Manetone disponesse di ottime fonti, per cui, ogni qual volta si sia certi di possedere un autentico estratto della sua opera, le notizie da lui fornite meritano il massimo rispetto. Poiché scriveva per i Greci, egli era interessato al sincronismo fra la storia egiziana e quella greca e, quindi, non abbiamo ragioni *a priori* per non considerare autentico il seguente frammento, che deriva da un elenco dei faraoni della XVIII dinastia, tramandatoci da Sincello (circa 800 d.C.): «Il sesto, Misphragmuthosis, regnò per 26 anni: durante il suo regno avvenne il diluvio di Deucalione» [28].

Breasted riteneva che Misphragmuthosis sia una corruzione di Menkheperre Tuthmosis, i due nomi racchiusi nei cartigli di Tuthmosis III, e la sua teoria è accettata generalmente. Tuthmosis III regnò dal 1490 al 1436 a.C. ed è interessante il fatto che, come di recente è stato rilevato da Marinatos, un evento mitico, quale il diluvio di Deucalione, venga, in questa sede, messo in relazione con un periodo, esattamente datato, del quindicesimo secolo. Naturalmente si tratta del periodo in cui una serie indipendente di indagini colloca la catastrofe di Thera. Pertanto il frammento suggerisce quanto meno la possibilità che la tradizione del diluvio di Deucalione abbia a che vedere con il grande maremoto che, quasi certamente, accompagnò l'eruzione di Thera.

Il diluvio di Deucalione e antichi maremoti nella tradizione greca

La storia di Deucalione e del diluvio è probabilmente nata in Beozia, dato che, originariamente, l'approdo di Deucalione con la sua «arca» era stato collocato sul monte Parnaso [29]. Sir John Forsdyke lo interpreta come il ricordo di «una catastrofe locale in Beozia, dove le inondazioni erano frequenti e, alla distruzione di un sistema minoico di drenaggio, era seguita la formazione dell'immenso lago Copaico» [30]. Il bacino Copaico è un altipiano calcareo il cui drenaggio dipende in gran parte da «inghiottitoi» naturali. Se le vie, naturali o artificiali, di scolo fossero state bloccate da un terremoto, ne sarebbe facilmente derivata una grave inondazione. Quello che si ricorda come diluvio di Deucalione potrebbe essere stato la conseguenza dei danni provocati da un terremoto associato all'eruzione di Thera. I Marmi di Paro datano chiaramente il diluvio al 1529 a.C., anno ragionevolmente prossimo alla data dell'eruzione di Thera. Occorre inoltre ricordare che una grande eruzione è frequentemente ac-

[28] Testo e idonea discussione in Waddell, *Manetho* (Loeb Classical Library) 112 e 86-7.
[29] Apollodoro, *Bibliotheca* I, 7, 2.
[30] J. Forsdyke, *Greece before Homer*, New York, 1957, pp. 57-8.

compagnata da piogge torrenziali. Apollodoro afferma recisamente che il diluvio durò nove giorni soltanto e questo fa pensare a una catastrofe grave, ma localizzata. Quando le acque si ritirarono, Deucalione venne ad Atene e fondò il tempio di Zeus Olimpico. Ancora nel secondo secolo d.C. si mostravano la sua tomba ad Atene e l'apertura, attraverso la quale erano scolate le acque. Al tempo di Ovidio la storia di Deucalione ricevette una diffusione assai più ampia e anche un contenuto morale. Al pari del diluvio di Noè, anche questo era interpretato come una punizione inflitta da Zeus alla malvagità degli uomini dell'Età del Bronzo. Forse, il più valido indizio per datarlo come avvenimento reale è il fatto che Deucalione era padre di Elleno che, a sua volta, fu il capostipite degli Elleni [31]. Quindi, in termini di storia mitica, l'avvenimento si colloca esattamente agli inizi dello sviluppo della coscienza nazionale greca, vale a dire nella prima parte della tarda Età del Bronzo.

Tuttavia io non intendo insistere sulla possibile connessione del diluvio di Deucalione con Thera. Una cosa è un eccesso di pioggia, altra cosa è un maremoto. Volendo andare in cerca di ricordi del cataclisma di Thera, ci si muoverà su un terreno più sicuro considerando tradizioni locali di antiche inondazioni delle coste. Nella leggenda greca talune tradizioni sono diffusissime e provengono da entrambe le sponde dell'Egeo. Ne do un'elencazione sommaria con qualche commento [32]:

1. Attica

Il Capo Sunio è il punto della Grecia continentale più prossimo a Thera. Per questo ci si aspetterebbe di ritrovare in Attica, più che in qualsiasi altro luogo, una tradizione di un'inondazione cataclismatica. E non si resta delusi. Questa tradizione si giustappone alla leggendaria contesa fra Atena e Poseidone per il possesso dell'Attica – leggenda che può, di per sé, riflettere la tensione minoico-micenea in Attica intorno al 1500 a.C. Secondo la leggenda, Atena fece comparire un olivo e Poseidone una sorgente e l'«invenzione» di Atena fu giudicata più utile. Poseidone si rivelò cattivo perdente e, nel suo furore, inondò il paese. Dice Apollodoro: «Poseidone era terribilmente adirato e inondò la pianura triasia intorno a Eleusi e sommerse nel mare l'Attica» [33].

[31] V. la tavola genealogica in J. L. Myres, *Who were the Greeks?* Berkeley, 1930, pp. 344-5.

[32] Devo a Marinatos, *Bibl.* 10, la maggior parte dei seguenti riferimenti a tradizioni di inondazioni.

[33] Apollodoro, *Bibliotheca*, III, 14, 1, con le note di Frazer *ad loc.* nell'edizione Loeb.

2. Argolide

Analoga la leggenda che si narra su Argo. Si dice che Poseidone ne disputasse il possesso con Era e, avendo perduto la contesa, inondasse la pianura argiva [34].

Si è tentati di considerare queste tradizioni come ricordi della *tsunami* di Thera. Le coste dell'Attica e le rive del Golfo di Argo sono due regioni che più probabilmente possono aver subìto danni a opera delle ondate diffuse da Thera.

3. Trezene e il Golfo Saronico

Si narra che Poseidone contestasse ad Atena anche il possesso di questa terra e che la inondasse rendendola improduttiva per qualche tempo [35]. Vi è anche una tradizione riguardante una grande ondata in questa regione: l'onda mandata da Poseidone per annegare Ippolito. La descrizione, che Euripide ci dà di questo avvenimento, è quanto mai suggestiva. La troviamo nell'allocuzione del messaggero nell'*Ippolito* [36]:

> E quando ci imbattemmo in un luogo desolato –
> Oltre i confini di questa terra esso si trova,
> È una sponda opposta al Mare Saronico –
> Ecco sorgere un suono, quasi che dentro la terra
> Il cavo tuono di Zeus rimbombasse, tremendo a udirsi.
> Levarono i cavalli la testa verso il cielo
> E rizzarono le orecchie; mentre su di noi scendeva una strana paura
> Donde la voce venisse. La riva, flagellata dal mare,
> Noi guardammo e scorgemmo un'onda immane levarsi
> Insino al cielo, talmente alta che i miei occhi
> Furono privati della vista delle rupi scironie.
> Essa celava l'istmo e la roccia di Asclepio.
> Indi scorrendo e gorgogliando tutto all'intorno
> Con spumeggiante flutto e il respiro del mare profondo
> A riva giunse ove si stava il carro.

I particolari corrispondono assai da vicino a quelli prevedibili per un'ondata di origine sottomarina. Onde del genere si gonfierebbero fino a nascondere alla vista il paesaggio del golfo, senza mostrare alcuna cresta. Solo in prossimità della riva, incontrando acque poco profonde che le farebbero ritornare su se stesse avvolgendosi, comincerebbero a frangersi e spumeggiare.

[34] Pausania II, 22, 4. Ad Argo un tempio di Poseidone Proclistio (Inondatore) commemorava l'avvenimento.
[35] Pausania, II, 30, 6 e 32, 8.
[36] Euripide, *Ippolito* 1198-1212.

4. Licia

Plutarco riferisce che Bellerofonte, essendo stato maltrattato da un certo Giobate, implorò Poseidone di rendere il paese «infruttifero e dimenticato». Allora Poseidone inviò «un'onda che, levatasi, inondò la terra – terribile a vedersi, in quanto il mare crebbe di livello e ricoprì tutta la pianura» [37].

5. La Troade

Strabone ricorda «un grande terremoto che, tanto tempo fa, colpì la Lidia e la Ionia, estendendosi fino alla Troade. Interi villaggi furono inghiottiti e il Monte Sipilo rimase deserto. Questo accadeva sotto il regno di Tantalo. Le paludi si tramutarono in laghi e un'onda di maremoto inondò la regione attorno a Troia» [38].

L'inconsueto particolare delle paludi cambiate in laghi può contenere un vago ricordo della pioggia torrenziale che spesse volte fa seguito a grandi eruzioni. Un particolare analogo ricorre nella tradizione seguente.

6. Rodi

Diodoro riferisce alcune tradizioni relative a una grande inondazione in Rodi [39]. Quando questa ebbe luogo, molti perdettero la vita e i superstiti cercarono rifugio nelle regioni elevate dell'interno. A causa delle forti piogge le zone basse dell'isola divennero paludose. La città di Cirbe fu devastata e sommersa da un grande «flusso di marea», termine, questo, assai raramente impiegato in relazioni del genere, che forse è indicativo di una tradizione locale particolarmente vivace. Dopo la distruzione, Lindo, Ialysos e Cameiro si divisero la terra e ciascuno di loro fondò una città cui impose il suo nome. Questo resoconto può essere forse correlato ai ritrovamenti archeologici relativi alla distruzione della città minoica di Trianda, per i quali vedi pp. 109-110.

7. Samotracia

Diodoro narra che ai suoi tempi i Samotraci seguitavano a offrire sacrifici su altari che erano stati disposti in circolo intorno all'isola per indicare il livello massimo raggiunto dall'acqua durante una grande inondazione provocata dal mare [40].

[37] Plutarco, *Moralia* 248a-b.
[38] Strabone I, 58.
[39] Diodoro V, 56 57.
[40] Diodoro V, 47, 3-5.

Gli Argonauti e Thera

Quanto detto basta a illustrare le memorie relative a maremoti e a piogge torrenziali, collegati, forse, con l'eruzione di Thera. Vi è qualche ricordo leggendario del vulcano stesso? Nella storia e nella mitologia greca non ve ne è alcuna che possa identificarsi con certezza. Ma questo non è affatto sorprendente. L'eruzione ebbe luogo in un'epoca antecedente alla scrittura, almeno per quanto riguarda la Grecia continentale, quando la civiltà micenea si trovava nello stadio iniziale. È improbabile che, al momento della catastrofe, vi fossero dei Greci presenti a Thera, e, dopo il cataclisma finale, il vulcano cessò di esistere. Le ondate del maremoto, evidentemente, sono state ricordate – e infatti raggiunsero la Grecia –, mentre non c'è da stupirsi che, del vulcano stesso, non si serbasse alcuna memoria ben chiara e sicura.

Tuttavia, nella saga degli Argonauti vi sono alcuni strani fatti che accadono a Thera o nelle vicinanze e che, forse, racchiudono un ricordo indiretto di fenomeni vulcanici[41]. Verso la fine del viaggio, gli Argonauti attraversarono il Lago Tritonide (identificato con Chott el Djerid in Tunisia) per ritornare al Mediterraneo. Durante la traversata del lago incontrarono una divinità locale, chiamata Tritone, che fece loro dono di una zolla di terra. Uno di loro gettò la zolla nel mare a nord di Creta dove formò l'isola di Thera. Tritone li istruì sul modo di attraversare il «Mare Minoico» ed essi costeggiarono le rive settentrionali dell'Africa fino alla Libia, dopo di che si diressero alla volta di Scarpanto. Indi si volsero verso Creta ed erano sul punto di approdare nella «rada Dittea», quando si trovarono faccia a faccia con la formidabile figura di Talo, un gigante di bronzo, che impedì loro di prendere terra scagliando loro addosso pezzi di pietra. Talo era stato dato da Zeus a Europa (o da Efesto a Minosse, secondo un'altra tradizione) affinché fosse il «custode dell'isola», ed egli andava in perlustrazione intorno a essa, spostandosi rapidamente sulle gambe di bronzo. Ed era tutto di bronzo infrangibile a eccezione di una vena, in prossimità della caviglia, rivestita da un'esile membrana. Terrorizzati dai proiettili, gli Argonauti si ritrassero dalla riva e stavano per salpare allorché Medea annunciò loro di essere in grado di sopraffare il gigante. Essa gli lanciò un sortilegio che ebbe il potere di appannargli la vista e, mentre Talo stava sollevando un grosso macigno per lan-

[41] Apollonio Rodio, *Argonautica* 4, 1537-1764. Dono della «zolla», 1552-3; formazione di Thera, 1755-64.

ciarlo su di loro, una punta di roccia gli scalfì la caviglia. «Allora l'icore prese a scorrere come piombo fuso» e, perdendo rapidamente le forze, egli precipitò «con spaventoso fragore», dalla rupe su cui si trovava.

Tale è la narrazione nella versione di Apollonio Rodio che scriveva nel terzo secolo a.C. Ma il mito degli Argonauti risale ai più antichi stadi dell'epica greca e più volte si è ipotizzato che rifletta i primi viaggi micenei di esplorazione. Alcuni hanno pensato che l'episodio di Talo sia un'aggiunta tardiva alla saga, ma non abbiamo ragioni sufficienti per supporlo, mentre vi è un indizio, che io stesso ho rilevato, che punta nell'altra direzione. L'episodio di Talo è collocato nella «rada Dittea», un porto cretese nel quale entrerebbe una nave che venisse da Scarpanto a oriente. Le antiche navi si avvalevano certamente, sulla costa orientale di Creta, delle ben riparate spiagge di Itanos, Palaikastro e Kato Zakro (tav. 28). Si potrebbe individuare in una di queste la «rada Dittea»? Ora il professor G. Huxley ha sostenuto, di recente, che il nome minoico di Kato Zakro può essere stato Dikta [42], pur senza citare questo passo di Apollonio Rodio. Se è vero, si direbbe che Apollonio abbia riportato il nome di un porto minoico della parte orientale di Creta, peraltro non bene ricordato neppure nell'antichità. Tanto ci induce a sostenere l'ipotesi che il racconto di Talo sia basato su una tradizione valida e antica.

Ma per ritornare a Talo: come interpretare la figura di questo bronzeo guardiano che scaglia macigni sulle navi che tentano di far vela verso Creta? Si tratta semplicemente di un'immagine nata dalla fantasia popolare? Oppure lo si può razionalizzare? Talo è stato interpretato come una divinità solare e infatti il sole, che tutto vede, è sempre stato un buon guardiano. Però altri elementi, come il lancio di pietre, la vena della caviglia, la caduta e la morte del gigante, non si adattano per nulla a un mito solare. Una spiegazione completamente diversa, e assai ingegnosa, è stata avanzata da J. Schoo [43]. Schoo suppone che la figura di Talo incarni un antico ricordo greco del vulcano di Thera. Thera «sorveglia» le rotte che conducono a Creta da settentrione, rotte che avrebbero potuto essere battute dai primi navigatori micenei. La sua struttura di «bronzo infrangibile» rappresenta la parete del cratere, di nuova formazione, sul picco allora esistente a Thera. Le rocce che scaglia sono le «bombe» emesse dalla bocca del vulcano. Il «tallone» è un vulcano sus-

[42] G. L. Huxley, «The Ancient Name of Zakro», in *Greek, Roman and Byzantine Studies 8*, pp. 85-7.

[43] J. Schoo, «Vulkanische und seismische Aktivitat des Agaischen Meeresbeckens im Spiegel der griechische Mythologie», in *Mnemosyne* ser. III, vol. IV, pp. 257-94.

sidiario sulla costa dell'isola, come il Capo Kolumbo o il Capo Mavrorachidi. Talo si accascia e diventa quiescente dopo che tutto il suo icore è fluito come «piombo fuso» – una reminiscenza del raffreddamento delle correnti di lava dopo il termine di un'eruzione. Infine, come il Ciclope (altro lanciatore di pietre), viene lasciato con un grande occhio cieco quando è avvenuta la formazione della caldera.

Questa ipotesi, deliziosamente ingegnosa, ha riscosso l'approvazione di Hennig, secondo il quale l'influsso, sulla mitologia greca, dei fenomeni vulcanici e sismici, è stato largamente sottovalutato [44]. La leggenda di Talo potrebbe essersi formata nei venti o trent'anni trascorsi tra il risveglio del vulcano (1500 circa) e la sua disintegrazione finale (1470 circa). Probabilmente in questo periodo Thera rimase deserta e può essere divenuta oggetto di supposizioni terrifiche da parte degli abitanti delle isole circonvicine. Se – come ritengono taluni geologi – il picco centrale di Thera era veramente alto oltre 1500 m, doveva essere chiaramente visibile da Creta. È probabilissimo che il popolo di Cnosso guardasse con apprensione a questo strano, aggressivo «guardiano» mandato dagli dèi: una gigantesca montagna risplendente come una fucina di bronzo dopo un periodo immensamente lungo di quiescenza. Se alcuni ex-abitanti di Thera avessero cercato di ritornare, sperando di rientrare in possesso dei loro averi, si sarebbero dovuti ritirare sgomenti di fronte alla pioggia di materiali vulcanici. Questo modo di spiegare Talo conferisce notevole significatività alla descrizione datane da Simonide che lo definisce «fucinato da Efesto». Inoltre, in questa leggenda troviamo un ulteriore elemento, mancante in Apollonio, che sembra suggerire che Talo era effettivamente, in origine, una personificazione del vulcano di Thera. A Talo viene attribuito un figlio, chiamato Leuco, che depose il legittimo re di Creta, distrusse le città cretesi e assassinò la sua fidanzata, figlia del re [45]. Per una strana coincidenza – ma è una coincidenza? – il nome della fidanzata è Kleisithera, «Chiave di Thera». Il nome

[44] R. Hennig, «Altgriechische Lagengestalte als Personifikation von Erdfenern und Vulkanischen Vorgängen», in *Jb. d. Deutsch. Arch Instituts 54*, pp. 230-46.

[45] Eustazio, *Commentaria ad Iliadem et Odysseam*, 1860, 59. Eustazio commenta *Odissea* 19, pp. 174-5 («novanta città di Creta») e il contrasto con *Iliade* 2, 649 («Creta dalle cento città»). Riferisce la teoria secondo la quale dieci città furono distrutte nella lotta fra Idomeneo, re di Cnosso, e il futuro genero traditore, Leuco. Cfr. Apollodoro, *Epitome* VI, 10. Licofrone, *Alexandra* 1214-1224, introduce la leggenda con le minacciose parole: «Grande sciagura scenderà su Cnosso» e chiama Leuco «vipera in seno» a Creta. Idomeneo, figlio di Deucalione e Minosse, è tradizionalmente sincronizzato con la guerra di Troia, ma nella storia di Leuco il ricordo di un più antico disastro a Creta potrebbe essersi confuso con le leggende di un periodo più tardo. La confusione potrebbe essere derivata dal fatto che a Idomeneo viene attribuito un figlio di nome Lico e anche dalla duplicazione genealogica di Deucalione e Minosse.

Leuco significa «bianco». Non potrebbe essere un ricordo della pesantissima ricaduta di cenere bianca che ricoperse le città e le campagne di Creta dopo la «morte» dello stesso Talo? A me piace pensare che sia così.

Dopo il rovesciamento di Talo, gli Argonauti fecero vela verso nord, allontanandosi da Creta, e anche l'incidente successivo, che turbò il loro viaggio, potrebbe essere interpretato come un ricordo di una delle conseguenze dell'eruzione di Thera. La descrizione, dalle forti tinte, di Apollonio parla da sé [46]:

> E allora all'improvviso, mentre percorrevano veloci le grandi profondità del mar cretese, li terrorizzò la notte, la notte cui dettero il nome di «mantello di tenebra». Né stelle né lume di luna potevano trapassare la mortale oscurità. Era come se un nero caos scendesse dal cielo o tenebre di altra natura sorgessero dai più remoti recessi della terra. Né essi più sapevano se stessero viaggiando sulle acque o nell'Ade. Impotenti affidarono al mare la salvezza del ritorno, che li portasse fuori di là.

Al colmo dell'angoscia Giasone invocò Apollo e il dio li guidò, con il bagliore del suo arco, fino ad Anaphi, a oriente di Thera, dove sbarcarono e offrirono sacrifici nuovamente alla luce del sole.

Non potrebbe trattarsi di un ricordo del momento in cui il parossismo eruttivo di Thera trasformò in notte il giorno su una vasta zona dell'Egeo? Durante l'eruzione del Vesuvio del 79 d.C. scese un'oscurità che Plinio descrive «non come l'oscurità di una notte illune o nuvolosa, ma come la tenebra assoluta di un ambiente chiuso, dopo che sono stati spenti i lumi» [47]. È la stessa cosa che accadde durante l'eruzione del Krakatoa. Stranamente, l'oscurità che avvolse e terrorizzò gli Argonauti non riceve alcuna spiegazione. Essa non era dovuta a un'eclisse o a una tempesta, ma una nube di polvere vulcanica potrebbe ben a ragione essere definita «nero caos disceso dal cielo o tenebre di altra natura emergenti dalle profondità della terra». Del resto gli Argonauti si trovavano nel punto giusto per immergersi in questa nube: il tratto di alto mare fra Thera e Anaphi.

Si potrebbe obiettare che nessun natante avrebbe potuto sopravvivere al maremoto in vicinanza di Thera, però l'esperienza del Krakatoa contraddice questa obiezione. Nello stretto di Sonda si trovavano diverse navi europee nel momento dell'acme dell'eruzione. La nave britannica *Charles Bal* stava bordeggiando a una ventina di km da Krakatoa per la maggior parte della notte tra il 26 e il 27 agosto e, probabilmente, alle dieci antimeridiane del 27, allorché si ebbe la peggiore delle esplosioni, si tro-

[46] *Argonautica*, 4, 1694-1701.
[47] Plinio, *Epistole* VI, 20, 14.

vava a una distanza inferiore a 50 km. Nello stesso momento la *Norham Castle* e la *Sir Robert Sale* si trovavano nello stretto molto più a est. La *Gouverneur-Général Loudon* aveva appena calato le ancore a 40 km dal vulcano. Su nessuna di queste navi vi furono vittime. A quanto pare le sole perdite di vite umane in mare furono i quattro annegati del brigantino olandese *Marie* alla fonda nei pressi di Telok Betong. E invece 36.380 persone rimasero uccise dalle ondate nelle regioni costiere.

Ecco alcuni fatti significativi. Le grandi ondate del maremoto formarono muraglie circolari di acqua che, rapidamente e silenziosamente, trascorsero sotto le navi in mare aperto, per trasformarsi in rovinosi frangenti nel momento in cui raggiunsero la terra. Nessuna nave rilevò ondate particolarmente grandi; altro non fu visto se non un mare agitato con forti turbini da varie direzioni. Ma fu anche rilevata l'oscurità illuminata soltanto dal bagliore dei lampi e una greve pioggia di fango e di pomice – veramente un «nero caos».

Ma torniamo agli Argonauti: dai dati di fatto di cui sopra appare possibile che una nave in mare aperto possa essere sopravvissuta nelle immediate vicinanze di Thera persino nel parossismo dell'eruzione. Le ondate del maremoto, che, come raggiunsero Creta, risultarono estremamente devastatrici, poterono passare inosservate. Può darsi che i naviganti nemmeno si accorgessero dell'eruzione. A Krakatoa fu notato come, dopo la grande esplosione, la nube vulcanica divenisse talmente densa da ottundere ogni altro rumore, tanto che le esplosioni successive non furono neppure udite da coloro che ancora sopravvivevano sulle rive più vicine dello stretto di Sonda. Durante l'eruzione del 1470 circa a.C., una nave greca sarà veramente passata in prossimità di Thera e avrà recato la notizia dell'oscurità che ne derivava? E tale racconto è entrato a far parte del repertorio dei bardi micenei? E, in seguito, sarà stato tramandato in ciascuna versione della leggenda degli Argonauti, pervenendo infine ad Apollonio? Qualcuno sarà dell'avviso che non vale neppure la pena di sollevare certe questioni, ma io penso che è opportuno porre queste domande e mi sembra possibile rispondere con un sì a ciascuna. Non è forse eccessivamente strana una coincidenza, grazie alla quale il fatto del «mantello di tenebra», se immaginario, è stato tanto esattamente collocato lungo una rotta passante nelle vicinanze di Thera?

Dopo l'approdo ad Anaphi, di nuovo alla luce del sole, gli Argonauti sacrificarono ad Apollo, dopo di che accadde l'ultimo fatto nel loro viaggio di ritorno in patria [48]. Mentre veleggiavano

[48] *Argonautica* 4, 1731-1764.

nella bonaccia, Eufemo gettò fuori bordo la zolla di terra ricevuta da Tritone e da questa nacque l'isola di Kallistê che, più tardi, doveva essere colonizzata prendendo il nome di Thera, da Theras, discendente di Eufemo.

È possibile che questa curiosa narrazione racchiuda qualche remoto ricordo dei mutamenti nella topografia di Thera, provocati dall'eruzione. Le navi che si fossero trovate a passare, subito dopo, nelle vicinanze di Thera, avrebbero notato che gran parte della vecchia isola era scomparsa e che si erano formate isole «nuove» (effettivamente frammenti di quella vecchia). I loro resoconti potrebbero essere all'origine della favola di Kallistê che nasce dalla scia della nave Argo. Notizie di questo tenore potrebbero essersi diffuse sino all'Egitto, diventando parte integrante del racconto della scomparsa dell'«Atlantide». Ultimo particolare nella leggenda di Atlantide: dopo la scomparsa dell'isola, il mare in quei paraggi divenne innavigabile, essendo ostruito da banchi di fango residuati dallo sprofondamento. Le relazioni dei primi navigatori, che visitarono Krakatoa dopo l'eruzione del 1883, contengono affermazioni singolarmente analoghe. È stato riferito che due terzi dell'isola erano scomparsi e che, a nord, il canale di Sebesi era completamente ostruito da banchi di detriti. Questi comprendevano cumuli galleggianti di pomice ancora fumante, che formavano ammassi talmente spessi da impedire a qualunque nave di aprirsi a forza una via in mezzo a essi. Il 10 ottobre, in un ultimo sprazzo di attività, il vulcano eruttò forti quantità di fango nero.

Isole galleggianti

Dopo l'eruzione di Thera, masse di pomice galleggiante dovettero ingombrare l'Egeo per molti mesi, e i naviganti forse ne parlarono come di apparizioni inattese sulle rotte consuete. Notizie di questo genere potrebbero essere il germe delle leggende greche sulle origini di Delo. Dice Callimaco che, prima che Apollo venisse a Delo (il periodo minoico?), quest'isola era chiamata Asteria, «isola stella», e si spostava galleggiando per l'Egeo, così che era stata vista in diversi punti [49]. Vengono indicati alcuni luoghi specifici in cui fu avvistata. Più volte fu notata dai naviganti che, nel golfo Saronico, venivano da Trezene a Corinto, e che, nel viaggio di ritorno, si stupivano nel non trovarla più. Furono riferiti altri avvistamenti dall'Euripo, tra l'Eubea e la terraferma, al largo del capo Sunio e in prossimità di

[49] Callimaco, *Inno* IV, 30-54.

Chio e di Samo. Ma dopo che Apollo vide la luce sull'isola, questa affondò radici nel mare, divenendo un luogo chiaramente definito, così che i marinai la chiamarono Delo, la «chiara».

I resoconti delle navi, successivamente all'eruzione del Krakatoa, parlano di banchi di pomice galleggiante, lunghi fino a 40 km (v. pp. 70-73). Sono dimensioni di gran lunga superiori a quelle di Delo, isola assai piccola. Naturalmente i capitani e gli equipaggi del diciannovesimo secolo si meravigliavano nel vedere queste «isole galleggianti», che facevano la loro comparsa nel bel mezzo dell'Oceano Indiano. È facile immaginare come notizie consimili venissero riferite dai naviganti del quindicesimo secolo a.C. Costoro avranno raccontato storie sensazionali a proposito delle nuove isole bianche, cadute «come stelle» dal cielo, che si cullavano sfavillanti lungo le antiche rotte. Narrazioni del genere potrebbero essere passate nella matrice della tradizione primordiale greca, venendo in seguito a inserirsi specificamente nella saga di Delo.

Una conferma, entro certi limiti, di questa ipotesi, ci è data da Callimaco, là dove riferisce come Asteria si trovasse in principio a fluttuare nel luogo d'origine. Ecco le sue stesse parole:

> In principio un grande dio, percuotendo le montagne con una lama a tre tagli, forgiata per lui dai Telchini, intagliò isole nelle profondità. E dal profondo le sciolse e sollevò e le disperse sul mare. Alcune ben presto affondarono radici, ma tu [Asteria-Delo] libera fluttuavi sul mare.

Il «grande dio» rammenta Poseidone col tridente. I Telchini sono strettamente collegati a Creta il che fa pensare che «in principio» voglia significare il periodo minoico. Sicuramente, dopo che la sua montagna fu squarciata dalla tremenda esplosione, Thera fu rimodellata in tre isole e, da ultimo, molte «isole galleggianti» di pomice furono lanciate come navi dai suoi fianchi nelle acque circostanti, dando origine alle diverse leggende.

Asteria-Delo non era l'unica isola galleggiante della leggenda greca. L'isola di Eolo, re dei venti, è descritta da Omero nell'*Odissea* [50]. Anch'essa era un'isola galleggiante con erte scogliere e una muraglia di bronzo tutto intorno. Più volte l'isola di Eolo è stata identificata con una delle Lipari, quindi, anche in questo caso, con una zona vulcanica. Disponiamo di prove a conferma del fatto che i Micenei, già nel quindicesimo secolo a. C., commerciavano con le isole Lipari. Le aspre scogliere circostanti, di «infrangibile bronzo», potrebbero essere interpretate come la descrizione poetica di un cratere. Con una certa illuminazione,

[50] *Odissea* 10, 1-4.

le pareti della caldera di Thera hanno incontrovertibilmente un aspetto veramente bronzeo.

Anche gli Egiziani avevano un'«isola galleggiante», chiamata Chemmis. La mostrarono a Erodoto, quando si recò a visitarli il quale, però, osserva: «Non l'ho mai vista muoversi» [51]. Essa si trovava a Buto nel Delta, regione in cui, ai tempi della visita di Erodoto, la mitologia greca e quella egizia si intrecciavano curiosamente. Erodoto captò una complicata tradizione relativa a quest'isola – tradizione che, tramite Latona e Apollo, collegò col mito di Delo. La tradizione esige una trattazione più ampia di quanto sia possibile in questa sede. Io ne discuterò un particolare soltanto, interessante, però, in quanto fa pensare che la leggenda egiziana abbia assorbito qualche elemento tratto dal vulcanismo dell'Egeo. Gli Egiziani dissero a Erodoto che, un tempo, l'isola era stata fissa e che aveva cominciato a fluttuare quando il tremendo mostro Tifone era venuto in cerca del figlio di Osiride (=Apollo), nascosto colà da Latona. Questa intrusione di Tifone racchiude forse il ricordo di una *tsunami* di Thera giunta a inondare il Delta spostando la sacra isola di Buto? Tifone ha delle affinità con Tiamat, il drago babilonese degli abissi. I sacerdoti, se la loro isola sacra fu inondata da una diretta conseguenza dell'eruzione di Thera, poterono benissimo diffondere la leggenda che Tifone-Tiamat era venuto in cerca di Oro infante.

A questo proposito possiamo ricordare una vaga tradizione, che è probabile risalga almeno a Pindaro, secondo la quale una volta gli dèi fuggirono in Egitto per sottrarsi alla furia di Tifone [52]. Questo mito potrebbe racchiudere un vago ricordo dell'eruzione di Thera e della fuga in Egitto dei profughi minoici.

Nella *Teogonia* di Esiodo si trova un passo che descrive le ondate provocate dalla battaglia fra Zeus e Tifeo (=Tifone). Lo cito a partire dal punto in cui i due attaccano battaglia [53]:

> E il calore prodotto da entrambi si impossessò del purpureo mare, il calore del tuono e del lampo e del fuoco sprigionato da un tale mostro, il calore di tremendi fortunali e di folgori ardenti. E tutta la terra e il firmamento e il mare bollivano. E lunghe ondate diffuse a cerchio vennero a sommergere le alture e irruppero terremoti irresistibili.

Questo passo potrebbe essere interpretato come la tipica descrizione di un'eruzione vulcanica, completa di tempeste elettriche, terremoti e maremoti. Tuttavia si deve riconoscere che non vi è nulla che ci permetta di localizzarla su Thera. Omero colloca Tifeo ad Arima, località sconosciuta; Pindaro ed Eschilo lo

[51] Erodoto II, 156.
[52] Pindaro fr. 91 (Bergk). Debbo questo dato bibliografico a W. B. Stanford.
[53] Esiodo, *Teogonia*, 844-49.

collocano sotto l'Etna [54]. Ma almeno questi due ultimi autori associano Tifeo con un vulcano attivo. Anche di un altro gigante nato dalla terra, Encelado, si diceva che fosse stato imprigionato sotto l'Etna dopo essere stato sconfitto dagli dèi. Polibète fu localizzato sotto l'isoletta vulcanica di Nisyra, in vicinanza di Kos. In linea di massima, il modo in cui, nella mitologia greca, vengono immaginate le battaglie fra dèi e giganti, ha qualcosa del fenomeno vulcanico. Secondo l'osservazione di H. J. Rose, i giganti «non erano propriamente personificazioni di forze vulcaniche e di altri formidabili fenomeni della natura, bensì spiriti, concepiti fin dai tempi più remoti, che si supponeva fossero responsabili di tali cose» [55]. Esiodo era l'erede delle antiche tradizioni poetiche della Beozia, per cui ci sembra realmente possibile che la sua descrizione della contesa fra Zeus e Tifone sia legata in parte al ricordo dell'eruzione di Thera. L'immagine delle lunghe ondate, che si diffondono da un punto centrale e superano i promontori, trova netta corrispondenza nella realtà dei fatti.

La sorte dei Feaci

Questa scorsa di eventuali ricordi dell'eruzione di Thera nella letteratura greca può concludersi nel modo più opportuno con uno sguardo a Omero. Seguendo un'ipotesi, avanzata, al principio del secolo, da Drerup, molti autori hanno, quanto meno, rilevato la possibilità che la rappresentazione, dataci da Omero, dei lieti e intraprendenti Feaci, abitanti di un'isola ai confini del mare, sia parzialmente debitrice di antiche memorie della vita nella Creta minoica. La descrizione dei giardini di Alcinoo, la passione dei Feaci per la danza, il loro amore per i bagni caldi (tav. 67) e i comodi letti, sono tutti elementi che danno colore a questa teoria. E forse ancor più significativa è la loro notevole attitudine alla navigazione, la loro esperienza nel trasportare, rapidamente e confortevolmente, merci e passeggeri fino alle più remote destinazioni. Ulisse si giova della loro abilità quando essi riportano lui e i suoi tesori a Itaca, ma questa impresa suscita l'ira di Poseidone [56], che ritiene che essi, pur essendo suoi discendenti, facendo compiere a Ulisse un viaggio così buono, abbiano disprezzato i suoi voleri, per cui minaccia di tramutarne la nave in pietra nel viaggio di ritorno e anche di «racchiudere la

[54] *Iliade* 2, 782-3. Pindaro, *Pythia* 1, 17-20. Eschilo, *PV*. 365.
[55] H. J. Rose, *A Handbook of Greek Mythology*, 57. Cfr. *ibid*. 60 (Tifone): «le immagini fantastiche debbono indubbiamente qualcosa ai fenomeni vulcanici».
[56] *Odissea* 13, 125 ss.; minaccia: 149-52.

loro città con una grande montagna». Zeus lo distoglie dal mettere in atto la più grave delle punizioni, mentre la nave durante il ritorno viene debitamente trasformata in pietra sotto gli sguardi sgomenti dei Feaci, al che il re Alcinoo si rammenta di un «antico oracolo», trasmessogli dal padre secondo il quale un giorno Poseidone sarebbe divenuto geloso dei Feaci, in quanto «non si peritano di trasportar tutti e ciascuno», e avrebbe pietrificato una loro nave e ne avrebbe «ricoperto» la città con una montagna. Dato che la profezia si è già realizzata per metà, egli ordina immediatamente il sacrificio propiziatorio di dodici tori scelti, nel tentativo di evitare la distruzione della città. A questo punto dell'*Odissea* il racconto si sposta lontano dalla Feacia, né mai più ci viene detto se il rimedio è stato efficace.

A questo proposito, possiamo citare una tradizione, nelle *Argonautiche* orfiche, secondo la quale una volta Poseidone «colpì la terra Littonia» con il tridente e la «disperse», per cui essa si trasformò in «isole, sparse nell'infinito oceano, cui gli uomini danno il nome di Sardo, di Eubea e di Cipro». È, questo, un riferimento particolarmente interessante, in quanto l'epiteto «littonio» sta a indicare Creta, dove sorgeva l'importante città di Litto che si diceva fondata da Litto, figlio di Licaone. Questo passo ha inoltre l'origine in comune con quello tratto dal già discusso (p. 108). Quarto Peana di Pindaro, dato che in entrambi la distruzione consegue a una lite o battaglia tra Poseidone e Zeus. Io penso che il passo di Pindaro contenga un ricordo della formazione della caldera a Thera. È inoltre possibile che il presente passo conservi una remota tradizione della devastazione sismica o vulcanica a Creta, seguita da un'ampia dispersione della popolazione, non soltanto verso la Grecia, ma anche lontano verso occidente (Sardegna?) e verso oriente fino a Cipro [57].

Scavando immediatamente a sud del palazzo di Cnosso, Evans trovò, in un piccolo sacrario (tav. 64), le corna dei tori sacrificali [58]. Nei pressi si trovavano grandi blocchi caduti che egli ritenne fossero stati staccati dalle pareti del palazzo a opera di una scossa di terremoto. A questo proposito egli acconciamente citava il verso omerico: «Lo Scuoti-la-terra dei tori si compiacque». Nel sacrificio propiziatorio, voluto da Alcinoo, di tori a Poseidone potrebbe ravvisarsi un'eco omerica di un antico rito minoico. Non molto chiara è la vera natura della minaccia di Poseidone ai Feaci. Si capirebbe la distruzione della città mediante un terremoto, mentre è difficile intendere un'espressione come «coprirla tutto intorno» o «racchiuderla» con una montagna. Molte vol-

[57] «Orfeo», in *Argonautica* 1268-80.
[58] *Bibl.* 15, vol. 2, pp. 301-3.

te le profezie vengono formulate *post eventum*. È possibile che l'«antico oracolo» ricordato da Alcinoo in realtà fosse una spiegazione, escogitata dai Greci subito dopo il cataclisma di Thera per comprendere la terribile catastrofe subita dalla Creta minoica. Era ammissibile supporre che i Minoici avessero offeso la loro divinità marina col riporre eccessiva fiducia nella loro capacità di navigatori, dovendo subire, per questo, le conseguenze della sua ira. Tanto il lenzuolo di cenere, quanto l'ostruzione dei loro porti, provocata dalla pomice galleggiante, potrebbero rientrare nei termini della minaccia di Poseidone. E certamente una visita a Thera ci fa ben capire che cosa accade quando le forze della natura «ricoprono una città con una grande montagna».

La «diaspora» minoica

Ho già sostenuto che l'ultimo parossismo eruttivo di Thera, intorno al 1470 a.C., distrusse tutti i palazzi minoici, a eccezione di Cnosso, e rivestì di uno spesso lenzuolo di cenere tutte le pianure e le valli cretesi a oriente del monte Ida. Dovette andare perduto tutto il naviglio dei porti settentrionali e orientali e migliaia di persone dovettero perdere la vita nel successivo maremoto. Le colonie nelle Cicladi, fino a Rodi, dovettero subire un duro colpo, con l'interruzione quasi totale delle comunicazioni. La prima importante conseguenza politica della catastrofe fu l'occupazione di Cnosso da parte di una dinastia di lingua greca. Contemporaneamente vi fu un massiccio spostamento verso occidente, in cerca di terre coltivabili, della popolazione superstite. Nell'occidente di Creta nuovi centri furono occupati e quelli esistenti furono ampliati. Ma i profughi non vi si fermarono; si ebbe, ora, un esodo verso talune zone della Grecia, soprattutto verso la parte occidentale del Peloponneso, interessata molto meno gravemente dall'eruzione. Artisti e architetti greci emigrarono per cercare lavoro al servizio di capi micenei. È lecito supporre che i resti della nobiltà minoica raccogliessero tutte le navi e i vassali che si potevano trovare e facessero vela in cerca di una nuova patria. È probabile che seguissero le antiche rotte, familiari ai loro capitani: a occidente verso l'Italia Meridionale e la Sicilia; a settentrione verso le Cicladi e l'Attica; a oriente verso Rodi, Cipro e il Levante; a mezzogiorno verso l'Egitto. Però non navigavano più come padroni del mare, primi fra i mercanti del Mediterraneo orientale. Ora esportavano se stessi, non le loro merci.

Può darsi che un residuo di questa dispersione minoica arrivasse a stanziarsi in Tunisia, là dove, in epoca classica (v. p. 34), era conosciuta una tribù di «Atlanti». È sicuro che un gruppo arrivò in oriente, stanziandosi sulla fascia costiera della Palestina meridionale, dove più tardi fu conosciuto col nome di Filistei. Il profeta Amos (circa 800 a.C.) accenna a questa migrazione e, cosa piuttosto interessante, collega l'avvenimento con una descrizione di attività vulcaniche e inondazioni [59]:

> E il Signore Dio degli Eserciti colpisce la terra ed essa si fonderà e tutti i suoi abitanti prenderanno il lutto: e si solleverà tutta come una piena; e sarà sommersa come dal fiume d'Egitto.
>
> Egli... chiama le acque del mare e le riversa sulla faccia della terra... Non ho io fatto uscire Israele dal paese d'Egitto? E i Filistei da Caftor e i Siriani da Kir?

Questo genere di letteratura profetica, con i suoi motivi di *dies irae* e di «resti tratti in salvo», può essere rintracciato senza interruzioni, risalendo con le documentazioni scritte almeno fino al paese di Canaan del quindicesimo secolo. In essa potrebbero essere inglobati autentici ricordi di Thera. Indubbiamente è impressionante questa coincidenza di Creta (Caftor), di terre che si fondono, di pianure inondate e, forse, persino di sedimentazioni sui campi.

In Amos è implicito che l'esodo cretese da Caftor abbia le stesse caratteristiche dell'esodo ebraico dall'Egitto. Recentemente si è tentato di collegare cronologicamente l'esodo ebraico con l'eruzione di Thera, ipotizzando che sussista un nesso causale fra le dieci piaghe d'Egitto e il vulcanismo di Thera [60]. Questa ipotesi appare accettabile soltanto sotto due aspetti. Il temporaneo ritiro delle acque del mare e l'oscurità «palpabile», durata tre giorni, possono essere spiegati razionalmente come fenomeni sismici e vulcanici. Però, se si accetta, per l'eruzione finale di Thera, la datazione proposta nel presente libro (vale a dire circa il 1470), mi sembra che la sua sincronizzazione con l'esodo sia fuori questione. In quel tempo l'Egitto era unito sotto Tuthmosis III e stava conducendo una guerra d'aggressione molto a nord, in Siria, e questa situazione non è affatto tale da permetterci di inserirvi un'emigrazione in massa di «Asiatici» dall'Egitto. L'occupazione della Palestina da parte degli Ebrei fu una faccenda complessa, probabilmente il risultato di parecchie ondate di immigrazione da varie direzioni. Può darsi che già nel quindicesimo secolo vi sia stato un certo afflusso da oriente, ma, tutto sommato, è più probabile che lo storico esodo dall'Egitto abbia avuto luogo molto più avanti, intorno al 1250. Questo non signi-

[59] *Amos* 9, 5-7.
[60] A. G. Galanopoulos, «Die ägyptischen Plagen und der Auszug Israels aus geologischer Sicht», in *Zeitschrift f. d. Kl. Altertum 10*, pp. 131-7.

fica che il *linguaggio*, con cui quell'esodo è descritto, non sia parzialmente ricollegato ad avvenimenti anteriori.

È ammissibile che qualche profugo minoico si dirigesse, dopo il 1470, alla volta dell'Egitto, in ragione di preesistenti relazioni commerciali con questo paese. Il suo resoconto della catastrofe potrebbe essere divenuto il nucleo della tradizione pervenuta a Solone quasi 900 anni dopo. Gli accenni egiziani a Keftiu non proseguono dopo il regno di Amenofis II (1444-1412 a.C.). Dopo il 1400 a.C. in Egitto comincia a fare la sua comparsa la ceramica micenea e a Micene compaiono oggetti egiziani. A Rodi, verso la fine del quindicesimo secolo, la colonia minoica di Trianda viene distrutta ed è sostituita da un avamposto miceneo (v. p. 109 ss.). Dopo il 1400, lungo tutta la rotta da Creta alla Siria appare chiara una vigorosa espansione del commercio miceneo. Possiamo presumere che, dopo la distruzione, verso il 1400, del palazzo di Cnosso, distruzione che è il segno dell'estinzione definitiva della potenza minoica, vi sia stata una nuova ondata di emigrazione. I Cretesi saranno giunti, con ceramiche micenee, alla nuova città, che ebbe vita sì breve, dell'eretico Akhenaten? È allettante immaginare che alcuni di loro abbiano trovato rifugio colà e ancor più allettante è supporre che qualcosa di quell'impeto, che caratterizzò le riforme artistiche e religiose di Akhenaten, possa essere derivato dalla cultura minoica.

La dispersione dei Minoici nella zona occidentale di Creta, e di là nel Peloponneso e ancor più nella Messenia, è archeologicamente ben documentata. In un recente lavoro, Marinatos ha condensato le prove di questo movimento [61]. Come egli stesso osserva, le prove attuali rappresentano la falsariga per ulteriori indagini e riceveranno il conforto di altri scavi, particolarmente nella zona occidentale di Creta e in quella sudoccidentale del Peloponneso. Ecco i punti essenziali:

1. Cidonia, nella parte occidentale di Creta (Khania), fondata, secondo la tradizione, da Minosse, accrebbe notevolmente la propria importanza a partire dalla metà del quindicesimo secolo, diventando uno dei centri preminenti di Creta. Ne consegue, e la cosa dovrà essere comprovata dagli scavi in progetto, che vi fu un forte afflusso di profughi dall'estremo orientale.
2. La ceramica proveniente dalla zona di Pilo e da Kakavatos nell'Elide rivela l'influsso degli stili della parte orientale di Creta, in particolare di Gurnia e di Kato Zakro.
3. A Peristeria (Moira), a nord di Pilo, una grande tomba ha una facciata in pietra calcare che può essere considerata come

[61] *Bibl.* 10.

un'innovazione minoica sul continente nell'architettura delle tombe a tholos. Sugli stipiti della porta, a sinistra dell'ingresso, sono incisi i simboli di due costruttori minoici. Nei paraggi sono state trovate opere d'arte dalle caratteristiche eminentemente minoiche e Marinatos ritiene possibile che qualche dinasta locale fosse di origine minoica.

In questa sede Marinatos traccia un interessante parallelo. Molte innovazioni di data recente nella vita dei Greci, nelle loro arti, nell'artigianato, nella musica e persino nel vitto, sono attribuibili all'afflusso, dopo il 1922, di un milione e mezzo di profughi dalla Turchia. A noi sembra di scorgervi un fatto analogo a quello accaduto, nel quindicesimo secolo a.C., alla Greca dell'Età del Bronzo. Da questo è derivata una notevole compenetrazione delle culture minoica e micenea. *Mutatis mutandis*, è vero che *Creta capta ferum victorem cepit et artes intulit*... La tradizione greca riferisce che le figlie di Atlante sposarono sovrani locali in tutto il Peloponneso [62]. La religione minoica impresse un segno durevole nel politeismo greco. Forse il simbolo più possente della conquista culturale appare ancor oggi nel grande rilievo sulla Porta dei Leoni a Micene, dove i leoni reali della casa di Atreo si appoggiano a un pilastro minoico che poggia su una base d'altare minoica (tav. 70).

[62] Pauly-Wissowa R. E. *sv*. Atlas. coll. 2120-2122.

CAPITOLO SESTO

L'Atlantide rivisitata

Abbiamo così finito di presentare buona parte degli elementi di prova relativi alla questione dell'Atlantide e bisogna tentarne il consuntivo. Immaginiamo che Platone sieda al banco degli accusati e che si debba risolvere il seguente caso giudiziario: il racconto di Atlantide – invenzione o vera storia?

L'avvocato della prima di queste due alternative parlerà così: sappiamo che, verso la fine del quarto secolo a.C., le utopie e i romanzi storici erano un genere letterario molto ben sviluppato nella letteratura greca. Prima del 400 a.C. Aristofane dipinse Nubicuculia e Platone schizzò il disegno di una «repubblica» ideale, probabilmente fra il 380 e il 370 a.C. Una generazione più tardi, Teopompo scriveva un suo resoconto immaginario del paese inesistente di Meropide. Platone, quando Dionisio I gli chiese di scrivere qualche cosa per una «manifestazione» letteraria a Siracusa, progettò la trilogia *Timeo-Crizia-Ermocrate* con una coloritura greco-occidentale. Il fatto politico di maggiore portata nella vita dell'occidente ellenico era la potenza di Cartagine che dominava su buona parte del Mediterraneo e sulle coste e isole a occidente di Gibilterra oltre che sull'Atlantico. Fu questo che diede a Platone l'idea di inventare un'antica potenza «atlantica» e di farla entrare in conflitto con i Greci preistorici. Egli decise di trattare questa fantasia su scala epica, descrivendo in tutti i particolari il numero e le risorse dei protagonisti e introducendo il solito macchinario divino con Zeus e gli altri dèi. Questa finzione possiede tutte le caratteristiche della «nobile menzogna» – stratagemma raccomandato nella *Repubblica* in quanto utile a scopo di propaganda nell'interesse della solidarietà nazionale. I Greci dell'Italia Meridionale e della Sicilia avevano bisogno di qualcuno che rammentasse loro quanto fosse desiderabile l'unità di fronte alla minaccia cartaginese. Platone intese rinvigorirne lo spirito raccontando come una grande invasione da occidente fosse stata respinta dai loro antenati. Per questo inventò il suo antico impero atlantideo con le sue mire espansionistiche. Questo squarcio di pseudo-storia era utile anche a scopi morali, in quanto gli consentiva di dilungarsi sulla corruzione morale che ricchezza ed empietà avevano introdotto nella civilissima confederazione di Atlantide. Inoltre avrebbe potuto esaltare i propri antenati per lo straordinario coraggio e per la posizione di preminenza assunta nel corso di questa crisi immaginaria. L'organizzazione di questi Protoateniesi rispecchia le tre classi dello stato ideale. Essi sono soltanto 20.000, eppure respingono le grandi orde di Atlantide con la stessa fortuna con cui gli uomini di Maratona respinsero i Persiani. Già in precedenza Platone aveva espresso l'intenzione di presentare la sua comunità ideale alle prese con un conflitto materiale e questa è la realizzazione del suo vecchio progetto.

Questo ambizioso romanzo storico doveva rendersi quanto più possibile convincente grazie a una precisa collocazione nel tempo e nello spazio, alla citazione di luoghi conosciuti dall'uditorio, quali Tirrenia e Gadeira, e alla rappresentazione grafica di porti, palazzi, ecc. Tuttavia l'autore non arrivò mai a tanto. La trama è presentata nel *Timeo*, la scena si trova nel *Crizia*, però Platone non l'ha mai portata a termine. Egli fu interrotto dalla morte di Dionisio I (367) e il suo successivo coinvolgimento nella politica siciliana non gli lasciò né il tempo né la voglia di scrivere romanzi. Tuttavia il piano del lavoro era abbastanza avanzato da costringerlo ad anticipare l'interrogativo: dov'è ora l'Atlantide? Come dice Aristotele: «L'uomo che l'ha sognata, l'ha fatta sparire». Da qui l'accenno nel *Timeo* all'improvvisa catastrofe che segnò la fine dell'Atlantide, che sarebbe stata descritta con molti altri particolari di fantasia, se avesse completato il *Crizia*.

Moltissimo, nel racconto di Atlantide, è assolutamente improbabile – così procede il nostro ipotetico avvocato. Platone non prende sul serio neppure le sue stesse date. Nel *Timeo* egli fissa la data di fondazione di Atene a 9000 anni fa; quanto a Sais, luogo in cui suppone si conservasse la storia delle grandi imprese ateniesi, dice che fu fondata 8000 anni fa. Ma poi, nel *Crizia*, fa risalire a 9000 anni fa l'invasione degli atlantidei, evidentemente trascurando il fatto che, allora, Atene era stata appena fondata. Si potrebbe avere prova più evidente di questa che è tutta una pura invenzione dal principio alla fine?

Sono evidentemente assurdi certi particolari, come la suddivisione di una pianura in 60.000 lotti uguali, circondati da un canale di irrigazione lungo quasi 1800 km. E, in ogni caso, questo come può concordare con il carattere generalmente montagnoso dell'isola, messo in risalto in altra parte della descrizione? E come potrebbero esserci, in un'isola dell'Atlantico, mandre di elefanti?

Non sono necessarie altre domande retoriche. Tutto è tanto immaginario quanto lo sono Lilliput e Brobdignag. Al pari di Swift, Platone era abbastanza artista da ricamare qualche particolare realistico sul suo canovaccio. Inoltre ha racchiuso il suo romanzo in una cornice plausibile, presentandolo come una tradizione derivante dall'Egitto, dove la documentazione storica era molto più antica che in Grecia. Ma possiamo veramente supporre che questo racconto, con i suoi forti interessi ellenici, si fosse conservato per tutti quegli anni a Sais, senza che nessuno lo notasse e se ne appropriasse, a eccezione di Solone che, per un caso molto favorevole, era proprio un antenato dello stesso Platone? Platone ha fatto presa sulla nostra credulità con un racconto di fantasia e «il mondo» secondo la giudiziosa conclusione di Jowett, «ha, come un bambino, subito accettato la storia, e per lo più senza esitazioni».

Tanto basti per l'accusa. Ora, come controbattere questo caparbio attacco alla credibilità di Platone?

La difesa inizia mettendo in chiaro il fatto che non tenterà di provare il contrario di quello che ha affermato l'accusa. Sarà sufficiente riuscire a dimostrare che nel racconto del suo cliente vi è un po' di verità.

L'accusa ha proclamato che l'impero atlantideo è totalmente immaginario. Eppure, non è forse certo che, specialmente nel contesto di un'utopia, è ben poco probabile che un romanziere si sia inventato il quadro di un impero fondato su un'isola che ha il dominio su altre isole e su parti di continente? E quando ci si rende conto del fatto che questo quadro è uno schizzo mirabilmente preciso dell'impero minoico nel sedicesimo secolo a.C., non verrà a crearsi il presupposto che, nel nucleo della leggenda, si trovi qualche ricordo storico? L'accusa stessa ha rilevato come non sia possibile prendere sul serio le date del conflitto di Atlantide. Inoltre Platone è stato fuorviato dai suoi informatori circa l'esatta collocazione dell'impero di Atlantide. Gli è stato detto che si trovava «lontano in occidente». Ora è ovvio come tale indicazione sia relativa al punto di vista della persona che ne fa uso. Platone pone l'Atlantide nell'Oceano, oltre le colonne d'Ercole, cioè presso quello che era l'estremo limite occidentale del mondo per lui e per i suoi contemporanei. Per noi, tale collocazione non appare affatto in occidente.

Dobbiamo far uso della nostra fantasia storica e porci una domanda cruciale: che cosa significava «lontano occidente» per coloro che per primi registrarono la leggenda di Atlantide? I primi a registrare questa tradizione furono gli Egiziani dell'Età del Bronzo i cui orizzonti geografici, secondo le nostre concezioni, erano incredibilmente limitati. Avevano legami commerciali con la Creta minoica, ma questa era, alla lettera, il limite occidentale del loro orizzonte. Creta, che si trovava a una distanza di 720 km nel «Grande Verde», senza alcuna isola interposta, per loro era letteralmente un'isola situata nel «remoto occidente». Probabilmente sapevano che era assai montagnosa, per cui la consideravano come uno dei «quattro pilastri del cielo», che sostengono la volta celeste ai confini occidentali del mondo. Sapevano inoltre che Creta non era un posto barbarico e arretrato, dato che produceva raffinate opere in metallo e ceramiche (tavv. 67-68). Qualunque mercante la visitasse ritornava con stupefacenti descrizioni della complessità e bellezza dei suoi grandi palazzi, lusso delle ville di campagna e abilità dei suoi tecnici e navigatori. Per gli antichi Egiziani, Creta doveva essersi trasformata in una specie di Eldorado. Data l'esistenza di questi legami commerciali, dovevano aver acquisito qualche conoscenza circa la rete di basi insulari e la sua connessione con la terraferma greca, più oltre. In effetti, agli inizi del quindicesimo secolo incominciavano a fare una certa distinzione tra Keftiu e le isole e coste al di là da essa. Al pari dei Minoici, i Micenei cominciavano a entrare nel campo della loro consapevolezza.

Indi, quasi all'improvviso, l'intera situazione dell'Egeo venne a cambiare. Mentre Tuthmosis III stava conducendo la guerra in Canaan e si avvaleva di porti frequentati da trafficanti minoici, un grande e terribile disastro sopraffece Keftiu e le sue dipendenze insulari. Gli Egiziani dovettero sentir parlare del cataclisma da profughi e marinai. È probabile che trascrivessero qualche notizia riguardante la scomparsa fisica di una grande porzione di Thera e il fatto che Creta era rimasta avvolta nell'oscurità e nella polvere. Dovettero anche venire a sapere del cambiamento di regime a Cnosso. In qualità di ministro degli esteri, Rekhmire ne prese ufficialmente nota in un anno fra il 1460 e il 1450 e negli archivi ne dovette rimanere traccia. Però, neppure allora gli Egiziani dovettero rendersi chiaramente conto di come si era realizzata la caduta della potenza minoica. È probabile che la ritenessero provocata da un'invasione con il cataclisma come fattore secondario, non come causa essenziale del rovesciamento.

Al tempo della XX dinastia l'Egitto era sulla difensiva e aveva sofferto a causa degli attacchi di popoli detti «popoli del mare» o «i nordici da tutte le terre». È probabile che questi invasori comprendessero delle tribù greche. Nei monumenti delle dinastie XIX e XX si trovano moltissime ripetizioni. I faraoni più tardi non si facevano scrupolo di prendere a prestito lunghi passi dell'inno di vittoria di Tuthmosis III (v. sopra, p. 41), per quanto questi fosse stato un fortunato conquistatore, mentre essi si tenevano per lo più sulla difensiva. Non ci sarebbe affatto da meravigliarsi se i sacerdoti saiti misero sotto gli occhi di Solone una rappresentazione alquanto confusa e mutilata della storia della tarda Età del Bronzo. I Micenei, parzialmente coinvolti nella caduta di Keftiu, in seguito la occuparono e, più tardi, se ne valsero come di base per gli attacchi all'Egitto. Nei documenti si dovevano conservare particolari sufficienti a permettere ai sacerdoti di dire a Solone che i suoi «antenati» avevano spezzato la potenza di Keftiu. Nella realtà dei fatti, non sappiamo donde venisse la nuova casa regnante greca di Cnosso. Vien fatto di supporre che provenisse dall'Argolide, ma l'Attica, durante il periodo Tardo Minoico I, aveva, con Creta, legami altrettanto stretti e, probabilmente, subiva anche più intensamente il dominio navale minoico, esercitato da basi quali Keos e Mina al largo di Megara. La tradizione attica conservava il ricordo di un oppressivo tributo imposto da Minosse e di un periodo di tensione fra i due paesi. Da un punto di vista storico non vi è nulla di impossibile nella supposizione che un principe miceneo, proveniente dall'Attica approfittasse della confusione e prostrazione di Creta dopo l'eruzione per assumere la signoria di Cnosso.

È ovvio che Solone non avrebbe mai messo le notizie ottenute in Egitto in rapporto con la leggenda di Teseo. Per lui Keftiu non poteva assolutamente aver a che fare con Creta. A lui, come agli Egiziani della XVIII dinastia, Keftiu doveva apparire come un'isola lontana e misteriosa. Ma sarà rimasto affascinato dalla drammaticità del racconto della sua improvvisa e catastrofica «scomparsa». Può darsi che i sacerdoti arrivassero a dirgli che la sua antica civiltà era caduta dinanzi all'ira dello Scuoti-la-terra. Se mai chiese il significato del nome «Keftiu», gli si dovette rispondere che si trattava di un'isola con un Pilastro che reggeva il cielo. E Solone, rammentandosi di Omero, avrà pensato alla descrizione dell'isola, lontana in occidente, di Calipso, «colei che cela», figlia di Atlante che «conosce le profondità marine e sta a guardia degli alti pilastri che tengono separata la terra dal cielo». E questo gli sarà parso l'equivalente più prossimo del suo modo di concepire Keftiu, l'isola-pilastro egiziana scomparsa nel mare. E forse per questo avrà deciso di dare a quella terra il nome di «Atlantide, figlia di Atlante» e di porla sotto la protezione di Poseidone Scuoti-la-terra. A questo punto avrà potuto iniziare la stesura della «trama» del suo racconto epico: l'ascesa della potenza di Atlantide, la crescente tracotanza dei suoi dominatori, l'ira di Poseidone e il tremendo «giudizio di Dio» che la doveva prostrare. In questo canovaccio avrà potuto inserire parte delle notizie storiche acquisite dai sacerdoti saiti, in particolar modo le antiche contese fra i Greci continentali e «Atlantide» e l'aggressione all'Egitto da parte dei «popoli del mare».

In sintesi: in Egitto, Solone venne a conoscenza di una tradizione, autentica anche se alquanto confusa, relativa alla Creta di

Minosse; tuttavia non seppe cogliere il legame esistente fra questa tradizione e la Creta a lui nota; intuì che quel racconto racchiudeva grandi possibilità poetiche; di ritorno ad Atene, ne buttò giù lo schema, trasformando i nomi egiziani in equivalenti greci, per esempio Atlantide al posto di Keftiu, e abbellendo l'«isola occidentale» con alcuni degli elementi storici e topografici che aveva acquisito. Il racconto di Solone, e forse anche un manoscritto dello stesso Solone, pervenne, in seguito, a Platone, lungo la discendenza della sua famiglia, come dice lo stesso Platone. Con questo si spiegherebbe perché questa tradizione, pur nella sua autenticità storica, non era entrata a far parte della mitologia greca corrente.

Come già Solone, anche Platone si rese conto delle grandiose possibilità drammatiche della storia di Keftiu-Atlantide. La sua inventiva si mise a elaborare i particolari. Ornò l'architettura del palazzo con un tocco di splendore orientale, tratto dalla lettura di Erodoto e di Ctesia. Popolò i pascoli montani di mandrie di elefanti africani. La ripartizione della terra in lotti rettangolari e i grandi canali di irrigazione devono molto all'Egitto (che aveva visto) e a Babilonia (che non aveva visto). Il grande arsenale navale potrebbe essere una versione idealizzata di Siracusa con un pizzico di Cartagine. Forse inconsciamente, potrà aver preso qualcosa dal lusso della Feacia di Omero, essa stessa parziale ricordo della Creta minoica. Infine rese l'Atlantide molto vasta e la collocò molto indietro nel tempo e molto lontano nello spazio.

Può darsi che Solone o i sacerdoti avessero moltiplicato erroneamente per dieci alcune date misure lineari reali [1]. La piana di forma allungata intorno al palazzo, se misurasse 300 per 200 stadi (anziché 3000 per 2000), corrisponderebbe all'effettiva estensione della piana di Messara, nelle vicinanze di Festo. La regione di Messara è quella parte di Creta che per prima rivela l'influsso dell'Egitto ed è anche la più vasta pianura di Creta. Se i sacerdoti si fossero riferiti a un periodo trascorso da 900 (e non da 9000) anni, la scomparsa dell'Atlantide sarebbe databile intorno al 1490 a.C.

Si tratta di interessanti coincidenze che, però, potrebbero anche essere qualcosa di più. Inoltre, vi sono molte altre circostanze particolari che, in complesso, tendono a rafforzare l'identificazione dell'Atlantide con la Creta di Minosse. Eccole:

1. L'Atlantide «era un passaggio verso altre isole e da queste

[1] Diodoro I, 26 è una prova del fatto che gli «anni» egiziani in realtà erano mesi e portavano a un'enorme inflazione della cronologia.

saresti potuto giungere al continente opposto» (*Timeo*, 25 a). Dal punto di vista degli Egiziani, questa è una descrizione piuttosto precisa di Creta, quale porta di ingresso alle Cicladi e alla Grecia continentale.

2. L'insediamento degli aborigeni atlantidei, «nati dalla terra», si trovava su un basso colle, a una cinquantina di stadi nell'entroterra, nei pressi di una pianura fertilissima, a mezza via lungo la costa dell'isola (*Crizia*, 113 c). La collina aveva un diametro di cinque stadi (*Crizia*, 116 a). Qui gli Atlantidei eressero il loro palazzo, «nella dimora del dio e dei loro antenati, e seguitarono ad abbellirlo di generazione in generazione, dato che ciascun sovrano, giunto all'apogeo della sua potenza, superava colui che lo aveva preceduto, sino a fare dell'edificio una meraviglia di grandezza e bellezza» (*Crizia*, 115 c-d).

Queste misure sono assolutamente sproporzionate rispetto alla vasta estensione dell'Atlantide, qual è immaginata da Platone, mentre si conformano assai bene a Cnosso com'è in realtà, che si trova sulla bassa altura di Kephala, una collina larga circa 4 stadi, distante circa 5 km da Katsamba, ma molto più lontana da Amnisos. Qui la pianura costiera è assai ricca e fertile e si trova pressappoco nel punto di mezzo della costa settentrionale di Creta. A Cnosso si trovava un insediamento neolitico, risalente al quinto millennio a. C. Verso il 2000 a.C. la cima del colle fu spianata per costruirvi il primo palazzo. Nel corso dei sei secoli che seguirono il palazzo fu più volte ricostruito e ampliato fino a ricoprire una superficie di 20.000 metri quadrati. Esso era, e tuttora è, fino a un certo punto, «una meraviglia di grandezza e bellezza».

3. «E ora mi debbo adoperare per farti comprendere la natura e la struttura del resto di quella terra. Tutto il paese, diceva [Solone], era molto elevato e precipite dalla parte del mare, mentre la regione nelle immediate vicinanze della città, che ne era circondata, era una pianura uniforme, circondata a sua volta da montagne che digradavano verso il mare; essa era livellata e uniforme, estendendosi per tremila stadi in una direzione, mentre, al centro, aveva una larghezza di duemila stadi. Questa parte dell'isola era rivolta a mezzogiorno ed era riparata da settentrione. Le montagne circostanti erano decantate per il loro numero, e per l'altezza e bellezza, molto superiori a quelle di qualsiasi altra montagna oggi esistente, e inoltre su di esse si trovavano molti e ricchi villaggi di campagna e fiumi e laghi e praterie che fornivano alimento sufficiente a ciascun animale, vuoi selvatico vuoi domestico, e molto legname di varie qualità, adatto a ogni genere di lavorazione» (*Crizia*, 117e-118b).

Questa è una buona descrizione della costa meridionale di

Creta che doveva essere stata la parte meglio nota agli antichi Egiziani. Di tutte le isole dell'Egeo, Creta è la più montagnosa con tre grandi massicci a ovest, al centro e a est. A occidente di Festo, per 100 km la costa è una catena pressoché ininterrotta di monti che strapiombano sul mare e anche verso oriente la costa, in parecchi punti, è scoscesa. La più vasta pianura di Creta costituisce il retroterra di Festo. È distintamente oblungata con il diametro minore orientato da nord a sud (v. sopra, p. 141). Nell'antichità tutte le parti coltivabili dell'isola erano ricoperte di una rete di villaggi, case coloniche e abitazioni signorili. Il manto forestale era di gran lunga più esteso di quanto lo sia attualmente. Relativamente alle condizioni vigenti nell'area mediterranea, Creta è tuttora ben fornita di fiumi e di sorgenti.

4. «Vi erano colà tori vaganti nel recinto del tempio di Poseidone; e i dieci re, lasciati soli nel tempio, dopo aver elevato al dio la preghiera di poter catturare la vittima a lui gradita, cacciavano i tori, senz'armi, ma con pertiche e lacci» (*Crizia*, 119d-e).

Una caratteristica della tauromachia di Cnosso, che la distingue da tutti gli altri «combattimenti» con tori (eccezion fatta per talune forme di rodeo americano), consisteva nel fatto che i toreri erano completamente disarmati. Ci viene anche detto che, almeno in origine, essi erano di stirpe regale. Le coppe di Vapheio raffigurano la caccia di tori selvaggi, per mezzo di «lacci».

5. «Attorno a esse [le sorgenti calde e fredde intorno al palazzo] costruirono degli edifici e piantarono adatti alberi; fecero anche delle cisterne, alcune aperte verso il cielo, altre provviste di copertura, da usarsi d'inverno come bagni caldi; vi erano i bagni dei re e i bagni dei privati, separati dai primi; e vi erano bagni separati per donne e per cavalli e bovini, e ciascuno era adorno nel modo più conveniente. Parte dell'acqua che ne usciva era incanalata verso il boschetto di Poseidone...» (*Crizia*, 117a-b).

L'eccellenza e la «modernità» delle condotte idriche e degli scarichi del palazzo di Minosse (tavv. 65, 66) hanno sempre suscitato ammirati commenti. Il *megaron* della regina aveva bagno e toletta separati. Sull'angolo di nord-est del palazzo una complessa serie di canali di scolo, con curve paraboliche per rallentare l'acqua e impedirle di traboccare nelle svolte, immetteva il getto di acqua piovana, tramite due serbatoi di sedimentazione, in una grande cisterna.

Presi nel loro insieme, questi particolari sembrano fornire validissime prove circostanziate per identificare l'Atlantide con Creta. Il punto 3 si adatta meglio al retroterra di Festo ma, data la trasmissione della leggenda tramite l'Egitto, è ammissibile una certa confusione. Probabilmente è più semplice ritenere che Platone utilizzasse una tradizione autentica della topografia e dei costumi di Creta, anziché supporre che tutti questi parallelismi siano frutto di pure coincidenze.

A questo elenco si potrebbero aggiungere altri particolari di minore importanza, per quanto in questi ultimi non si trovi nulla di altrettanto caratteristico:

a. «L'isola era ripartita in dieci divisioni amministrative relativamente indipendenti, sotto la supremazia della metropoli regale» (*Crizia*, 119c-d e 120c-d). Sono già stati scoperti altri tre palazzi, non molto inferiori a Cnosso in grandezza e splendore, oltre a un gran numero di grandi residenze di campagna e ville.

b. «Le leggi erano scolpite su un pilastro nel palazzo principale, presso il tempio di Poseidone» (*Crizia*, 119c-d). Questo fatto trova riscontro in Babilonia. La nostra copia del codice di Hammurabi è incisa su un pilastro insieme con un bassorilievo che lo raffigura in atto di riceverlo dal dio del sole Shamash. Esso risale agli anni 1728-1686 a.C. e abbiamo la prova che in quel periodo Creta era in contatto con la Mesopotamia.

c. «I re delle dieci divisioni si riunivano per una grande assemblea, nel palazzo principale, nel quarto e nel nono anno di un ciclo novennale» (*Crizia*, 119 d, adattato alla nostra maniera di computare tali intervalli). Omero associa in un certo modo il governo di Minosse con un ciclo novennale (*Odissea*, 19, 179). Piuttosto stranamente, Platone, all'inizio delle *Leggi*, fa riferimento a questo passo di Omero, che interpreta come riferentesi a una consultazione con Zeus, ogni nove anni, prima della revisione delle leggi.

d. Prima di emettere i giudizi i re indossavano «bellissime vesti azzurre» (*Crizia*, 120 b). Potrebbe trattarsi di un ricordo dell'industria minoica del *murice*.

e. «Anche tutto ciò che di fragrante esiste ora sulla terra, si tratti di radici, o d'erbe, o di legni, o di essenze che stillano da frutti e da fiori, cresceva e prosperava in quel paese» (*Crizia*, 116 a). Creta è tuttora rinomata per il numero e la squisitezza delle sue piante ed erbe aromatiche. Abbiamo già rilevato (v. pp. 114-115) l'esportazione in Egitto di licheni cretesi, probabilmente per la profumeria.

f. «La pietra, impiegata nelle costruzioni, era cavata dal sottosuolo del centro dell'isola, come pure dalle zone poste all'esterno e all'interno. Ve ne era una qualità bianca, una nera e una rossa» (*Crizia*, 116 a). Oggi, a Thera e a Therasia la composizione predominante di tinte sulle rupi è rossa, nera e bianca (tav. 84). Non insisto su questo punto. Probabilmente, questi colori, nella stessa combinazione, si ritrovano nella maggior parte delle isole vulcaniche, come pure in altre regioni. Però ritengo ammissibile che questo particolare della leggenda di Atlantide risalga all'osservazione di Thera subito dopo l'eruzione. Le nuove rupi dovevano rassomigliare alla superficie rocciosa di cave gigantesche e il colore delle lave, da poco venute alla luce, dovevano apparire, sotto i sovrastanti banchi di abbagliante pomice, ancor più strano e impressionante che non oggi.

g. «Inoltre sulle isole vi erano elefanti in gran numero» (*Crizia*, 114 e). Questo non poté mai essere vero nella Creta dell'Età del Bronzo, tuttavia nel dipinto di Rekhmire si vede un inviato di Keftiu che porta una zanna d'elefante (tav. 74). Inoltre, nel palazzo di Kato Zakro sono state trovate delle zanne di elefante, ora esposte nel museo di Herakleion. Può essere benissimo che gli Egiziani credessero, e lo dicessero a Solone, che l'avorio proveniva da Keftiu. Evans ha supposto che i Minoici andassero a caccia di elefanti sulle coste del Nordafrica di fronte a Creta [2]. E può darsi che commerciassero in avorio con la Siria che, ai tempi di Tuthmosis III, possedeva elefanti.

Dopo aver passato in rassegna tutti questi particolari, i difensori della veracità di Platone proseguono citando le prove dei contatti fra Creta e l'Egitto. Probabilmente, già in tempi remoti quanto il 2500 a.C., a Creta si importavano vasi egiziani di pietra, che venivano imitati dagli artigiani cretesi. In Egitto l'influenza dei motivi cretesi a spirale si era fatta sentire prima del 2000 a.C. L'accenno all'interruzione dei rapporti con Keftiu, contenuto nel papiro Ipuwer, potrebbe riferirsi al Primo Periodo Intermedio, circa 2181-2040 a.C. (v. sopra, p. 114). Ritrovamenti sporadici di ceramiche e altri oggetti, come scarabei, stanno a indicare che i contatti commerciali continuarono durante tutta la prima metà del secondo millennio, anche se non disponiamo di prove sufficienti a dimostrare che tali contatti fossero abbastanza stretti o frequenti. Capimastri minoici contribuirono all'elevazione della piramide di Sesostri II. L'iscrizione dedicatoria sulla statuetta, trovata a Cnosso, di un Egizio chiamato User (tav. 76), probabilmente dimostra che costui visse a Creta per qualche tempo. Ai tempi della XVIII dinastia, agli scolari egiziani si insegnava a interessarsi di Keftiu (v. sopra p. 43). L'importante serie di dipinti, che raffigurano gli inviati di Keftiu (tavv. 74, 92), conferma il fatto che, sotto il regno di Tuthmosis III, ossia proprio al tempo in cui si verificò il disastro di Thera (v. p. 115 ss.), i contatti erano molto stretti.

[2] *Bibl.* 15, vol. 2, pp. 742-3.

In linea di massima, nei documenti egiziani il nome di Keftiu non compare molto di frequente e la quantità di ceramiche minoiche trovate in Egitto è straordinariamente scarsa. Creta, a quanto pare, rimase sempre un paese alquanto misterioso di cui si poté dire che era «scomparso, probabilmente sprofondato», allorché la sua potenza fu infranta dall'eruzione e parti del regno letteralmente sprofondarono nel mare. Tuttavia, prima della catastrofe, i contatti erano stati evidentemente sufficienti all'acquisizione di tutti i particolari degni di rilievo che troviamo nella relazione di Platone. I santuari egiziani del Delta, in città come Sais e Buto, erano esistiti senza interruzione dalla XVIII dinastia fino alla XXVI, allorché Solone venne a visitare il paese. Non vi è nulla di improbabile nella raffigurazione di Solone che parla con i sacerdotali antiquari di storia della Grecia e dell'Egitto nella tarda Età del Bronzo. E nemmeno è irragionevole supporre che a Solone venisse di fatto comunicata qualche notizia, ricca di particolari anche se non bene intesa, circa la favolosa terra di Keftiu e la sua improvvisa scomparsa. Particolari risalenti agli ultimi decenni del periodo Tardo Minoico I (1500-1470) potevano essere stati mescolati con i resoconti basati sulle iscrizioni di Merenptah e di Ramsete III, che descrivono le grandi invasioni dell'Egitto fra il 1225 e il 1190 a.C. Solone non disponeva di uno schema cronologico unitario della tarda Età del Bronzo, per cui non avrebbe potuto accorgersi del fatto che il quadro era composito. Può essere che non se ne rendessero conto neppure i suoi informatori egiziani. Per loro questi antichi documenti entravano tutti a far parte della storia dei rapporti fra l'Europa e l'Egitto, culminante con un massiccio tentativo di invasione da parte di «popoli del mare, Libici e settentrionali provenienti da tutti i paesi». Le informazioni avranno forse contenuto anche qualche dato relativo all'Attica nell'Età del Bronzo. I sacerdoti erano sacerdoti della dea Neith che, come è stato rilevato da Evans, aveva una reale affinità con Atena.

In tal modo Solone venne ad acquisire un quadro, ingarbugliato nelle datazioni e nell'esposizione dei fatti, eppure essenzialmente attendibile nelle sue linee generali e in alcuni particolari, riguardante alcuni importantissimi avvenimenti della tarda Età del Bronzo. Preparandosi a scrivere un poema epico, egli rimaneggiò i dati a disposizione, stendendo un «intreccio» contenente il tema principale dell'aggressione contro la Grecia antica e contro l'Egitto a opera di un impero insulare.

Fu in questa forma che il materiale venne ereditato da Platone, in parte quale tradizione orale nell'ambito della cerchia familiare e in parte in forma di un manoscritto di Solone, contenente in forma grecizzata i nomi propri egiziani, tra cui quello fondamentale, Atlantide, con cui Solone sostituiva il nome di Keftiu. Al tempo di Erodoto, un popolo detto degli Atlanti era stato individuato in Tunisia in prossimità di un'alta montagna. Inoltre Erodoto è il primo che dà il nome di Atlantico all'oceano occidentale. Quindi è perfettamente ragionevole e naturale che Platone, ereditando il nome di Atlantide, dovesse raffigurarsela come una vasta massa continentale oltre le Colonne d'Ercole. Fu lui a farne un continente «più grande della Libia e dell'Asia» con una superficie complessiva di due milioni e mezzo di chilometri quadrati. E tuttora riusciamo a capire che questa gonfiatura è opera di Platone, per il fatto che la grandezza totale dell'Atlantide è largamente sproporzionata rispetto alle dimensioni della sua capitale, situata su una collina del diametro di 1 km. Una spiegazione possibile di questa discrepanza può stare nel fatto che i dati relativi alla capitale provengono dalla tradizione solonica, derivante, in ultima analisi, dalle effettive condizioni di Cnosso.

E ora la difesa afferma che le prove bastano a stabilire, con ragionevole certezza, la verità delle seguenti sei proposizioni:

1. Durante il Medio e il Nuovo Regno (tavv. 71-8) i contatti tra Creta e l'Egitto furono tali da consentire agli Egiziani di acquisire notizie attendibili e ben circostanziate circa la natura e l'estensione dell'impero minoico e il suo improvviso collasso verso il 1470 a.C.
2. Queste notizie furono trascritte e conservate e una versione di esse, alquanto confusa, fu messa a disposizione di Solone in occasione della sua visita in Egitto, 590 a.C. circa.
3. Solone assimilò, come meglio poteva, le notizie e le rifuse sotto forma di annotazioni per un poema epico, con un intreccio generale e alcune forme grecizzate dei nomi che gli erano stati dati.
4. Solone non si rese conto del fatto che quei dati si riferivano alla Creta minoica.
5. I dati, nella forma imposta loro da Solone, pervennero, oralmente o in forma manoscritta, a Platone, costituendo il fondamento della sua relazione su Atlantide.
6. Platone esagerò la grandezza e l'antichità dell'Atlantide e ne abbellì la storia con vari particolari tratti dalle sue letture, o dalla sua personale esperienza.

A questo punto del dibattito, possiamo immaginare che lo stesso Platone si dichiari disposto a sottoporsi a un confronto incrociato sulla propria capacità di sostenere le sei proposizioni fondamentali della difesa. Immediatamente egli si trova d'accordo con la 5 e la 6 che rientrano nelle sue conoscenze personali. Inoltre afferma di ritener vere la 2 e la 3, con la riserva che egli non è mai stato certo circa l'entità degli apporti fantastici dati da Solone al racconto e circa l'eventualità che le informazioni stesse fornite dai sacerdoti siano attendibili o false.

«Ho sempre avuto la sensazione», dice Platone, «che la storia dell'Atlantide, per strana che fosse, poteva essere essenzialmente veritiera, e non pura invenzione. Taluni particolari avevano un alone di autenticità. Tuttavia pensavo che, nel corso della lunga linea di trasmissione, si fosse insinuata qualche distorsione e falsificazione. Nel trattare la materia, mi imbattevo in un'altra difficoltà inerente al fatto che non mi era possibile connetterla ad alcun elemento proprio del mio modo di rappresentarmi il mondo dell'Egeo in quei duecento anni che precorrono la guerra di Troia. Rammenterete che lo stesso Tucidide non è riuscito a darci che un quadro molto sommario e indiretto di quell'epoca. Allora, per evitare le critiche, presi la precauzione di collocare l'Atlantide molto lontana nel tempo e molto lontana nello spazio. Quando ero in Sicilia, avevo udito parlare delle difficoltà che si frappongono alla navigazione oltre le Colonne d'Ercole e avevo ascoltato i marinai che descrivevano isole, amene ma montagnose, situate a grande distanza a occidente della costa libica. Nel vagliare tutti i dati disponibili, mi parve che mi sarei tenuto sul sicuro collocando l'Atlantide là fuori e attribuendole le dimensioni che le ho dato. La sua scomparsa entrava, opportunamente, a far parte della tradizione, dato che avrebbe reso molto difficile, se non impossibile, per chiunque la dimostrazione che ero in torto. Per il caso che qualcuno dovesse veramente navigare fin laggiù e trovasse tracce della terra perduta, io ho ammesso l'esistenza, come ricorderete, di resti, quali scogliere e bassifondi. Infine, mi si consenta di dire che le proposizioni 1 e 4 mi sorprendono e mi incuriosiscono. Adesso ricordo che Tucidide attribuisce una talassocrazia al più anziano dei Minosse, ma non mi era mai venuto in mente che tale impero, situato a Creta e nelle Cicladi, potesse aver a che fare con l'Atlantide. Debbo confessare che quello che dite di Solone al punto 4 vale anche per me. Mi potete fornire qualche prova dell'avanzata civiltà che attribuite alla Creta di Minosse?»

A questo punto, mentre la difesa porta una copia de *The Palace of Minos* al posto dei testimoni, abbandono la finzione di un dibattito giudiziario e presento in forma convenzionale il resto delle mie conclusioni.

Secondo un'espressione di Paul Couissin, gli studi sull'Atlantide hanno sempre avuto la tendenza a trasformarsi in un «arcipelago di ipotesi». La prima delle mie ipotesi fondamentali è che nel racconto platonico sull'Atlantide sia racchiuso un frammento di storia dell'Età del Bronzo. La seconda ipotesi principale è che la potenza della Creta minoica fu spezzata da una catastrofica esplosione, intorno al 1470 a.C., con centro su Thera. Io credo che questa distruzione vulcanica di Creta faccia parte dei fatti storici inclusi nella leggenda di Atlantide. Però le due ipotesi possono essere accolte separatamente. Non sarebbe illogico respingere la prima e accettare la seconda. L'accoglimento della prima ipotesi comporta l'accettazione dell'esistenza e dell'attendibilità di una lunga e tenue catena di testimonianze umane. L'identificazione di Creta con l'Atlantide dipende da un'attenta disamina e valutazione di una gran mole di prove circostanziali. La seconda ipotesi è sostenuta da prove dirette, scientifiche e archeologiche, così come mai potrebbe esserlo la prima. Essa spiega anche un problema fondamentale della storia dell'Egeo: la caduta dell'impero minoico.

Non vi è dubbio che Thera abbia avuto una violenta eruzione nella prima metà del quindicesimo secolo a.C. La possibilità che l'eruzione abbia avuto effetti distruttivi per la Creta di Minosse poggia su una valutazione dell'intensità dell'eruzione stessa. In questa valutazione due sono i punti principali da prendere in considerazione: primo, l'analogia con l'eruzione del Krakatoa del 1883; secondo, la presenza di tefra di Thera in campioni di minerali di mare profondo.

Secondo l'autorevole opinione dei vulcanologi che hanno studiato Thera, è ragionevolmente sicuro che l'eruzione della tarda Età del Bronzo appartiene al medesimo tipo parossistico di quella del Krakatoa del 1883. Secondo diversi indizi, la storia dei due vulcani, quanto meno nel tardo quaternario (fig. 9), ha seguìto lo stesso andamento – un andamento ciclico consistente nella formazione di un grande cono vulcanico che, in seguito, viene sottominato da una serie di tremende esplosioni finché sprofonda portando alla formazione di una vasta caldera che viene invasa dal mare. Poi, a poco a poco, la caldera viene colmata da materiali eruttati da uno o più crateri sul fondo marino e l'intero ciclo si ripete. La prova rappresentata dalla presenza di tefra «inferiore» in campioni minerali di mare profondo colloca il primo parossismo eruttivo di Thera nel periodo di Würm, verso il 23.000 a.C. A questo punto entrambi i vulcani sono formati da frammenti sconnessi di roccia e di tufo attorno a una cupola vulcanica centrale in via di accrescimento. In complesso, quanto a dimensioni, pianta e profilo, essi non sono affatto dissimili. Nel giro di due giorni, 26 e 27 agosto 1883, in seguito a una serie di violente esplosioni, scomparvero 23 kmq dell'isola di Krakatoa. L'esplosione maggiore, alle 10 del mattino del 27, fu udita da Alice Springs in Australia fino alla Martinica e da Ceylon alla Malesia settentrionale. Le onde d'urto atmosferiche fecero per tre volte e mezzo il giro del mondo. Lo scoppio provocò seri danni agli edifici sino a 160 km di distanza. L'esplosione provocò delle ondate e quella connessa all'esplosione principale, a 88 km dal Krakatoa, presso il faro di Vlakke Hoek, era ancora alta 17 m, secondo una stima attendibile. Le onde distrussero quasi 300 città e villaggi sulle coste circostanti di Giava e di Sumatra e una larga parte della popolazione costiera, più di 36.000 persone, annegò. Un lenzuolo di oscurità si diffuse a est e a ovest, per 240 km in entrambe le direzioni, provocando fortissimo panico nelle città di Batavia e di Buitenzorg a 180 km di distanza. Una pioggia di cenere finissima cadde sulle navi fino a una distanza di 1600 km. Ammassi di pomice galleggiante ostruirono porti e riempirono il mare nello Stretto di Sonda per parecchio tempo e per molti mesi successivi le navi, in una vasta zona dell'Oceano Indiano, riferirono la presenza di pomice in considerevoli quantità.

All'analisi, la tefra del Krakatoa, di colore bianco, risultò costituita per il 95 per cento di fine vetro vulcanico. Anche la tefra di Thera è bianca e consiste per il 97 per cento di fine vetro vulcanico. Tanto il colore quanto la consistenza sono associate ai parossismi eruttivi dopo un lungo periodo di quiescenza. Un'ulteriore prova della natura parossistica dell'eruzione di Thera è data dal tipo di distribuzione della tefra sottile. Questa tefra fu lanciata a grandi altezze negli strati superiori dell'atmosfera e fu trasportata, principalmente verso sud-est, da venti di alta quota ad andamento etesio o estivo. Fu depositata in quantità apprezzabili su una superficie di 300.000 kmq. Il deposito, spesso 212 cm, trovato in uno dei campioni di alto mare, è di gran lunga il maggiore del genere che sia noto alla scienza. Il deposito sito in vicinanza dell'estremo nord-occidentale di Creta è spesso 78 cm.

Dopo migliaia di anni di erosione, Thera è ancora rivestita di strati di tefra, spessi, in qualche punto, oltre 60 m, e dai 20 ai 30 m in molti altri luoghi. Questi massicci depositi (tav. 80) sono, in complesso, produzione degli stati finali dell'eruzione, allorché violente esplosioni hanno esaurito la camera del magma e gran parte del centro dell'isola è sprofondata a formare la caldera. La profondità delle trincee sottomarine, che, in qualche punto della caldera, scendono a 400 m danno qualche indicazione della forza delle esplosioni. Si calcola che Thera abbia perduto 83 kmq della sua superficie, quasi quattro volte più di Krakatoa. Non bisogna dedurne che l'esplosione di Thera sia stata quattro volte più potente, ma è molto probabile che sia stata altrettanto poderosa e, forse, molto di più. Pertanto si può pensare che l'esplosione sia stata udita da un capo all'altro del Mediterraneo. Si può presumere che l'esplosione abbia danneggiato gli edifici di Creta e delle isole circostanti su un raggio non inferiore a 150 km e forse assai maggiore. Uno spesso lenzuolo di tenebre, probabilmente peggiorato da polvere e vapori soffocanti, si deve essere diffuso almeno fino a 250 km di distanza. È probabile che l'eruzione sia stata accompagnata da violente tempeste elettriche e piogge torrenziali. Si deve poi pensare agli effetti devastatori di immense ondate associate al parossismo terminale. Vi è una sola indicazione diretta della grandezza di queste onde: un banco di pomice, dello spessore di 5 m, posto in fondo a una valle nella vicina isola di Anaphi, a 250 m di quota. Ma nei tempi storici, ogni violenta attività sismica e vulcanica di Thera è stata accompagnata da distruttive *tsunami* nell'Egeo. È praticamente certo che le convulsioni concomitanti alla formazione della caldera debbano essersi accompagnate a enormi dislocazioni di acqua. Il mare, intorno a Thera è profondo, particolarmente in direzione di Creta. È possibile pensare in termini di grandi montagne di acqua, alte forse da 60 a 100 m, che si muovono in direzione delle coste a velocità fino a 160 km l'ora. La costa settentrionale di Creta densamente popolata, con i suoi molti insediamenti importanti siti in riva o nelle vicinanze, deve aver sofferto in modo estremamente grave. Anche i porti della costa orientale, come Palaikastro e Kato Zakro, erano assai vulnerabili. Vi devono essere state terribili inondazioni anche in tutte le isole e coste dell'Egeo centrale. L'effetto delle onde deve essere stato sentito a occidente fino in Sicilia e a oriente fino alle coste della Siria e al Delta egiziano. Infine bisogna tener conto delle conseguenze della caduta di ceneri, specialmente sulla zona centro-orientale di Creta. Quando le tenebre si dissiparono, i Minoici sopravvissuti dovettero trovare campi e orti soffocati e rivestiti di una spessa copertura di tefra acida. Secondo una valutazione prudenziale questa copertura era alta non meno di 10 cm. Ma potrebbe essere stata molto più spessa, fino a 75 cm e oltre – spessore, questo, che può uccidere gli alberi e distruggere gli edifici. Dati di fatto derivati dall'Islanda e da altre località dimostrano che una ricaduta del genere è esiziale per la vegetazione e che un deposito di 10 cm è sufficiente a mettere fuori uso i campi per parecchie stagioni. È un assunto ragionevole supporre che carestia e malattie distruggessero, a Creta e su altre isole, tante vite quante ne avevano distrutte i maremoti.

Questa ricostruzione del disastro di Thera è confermata in

molti punti da prove archeologiche. In primo luogo, ed è la cosa più evidente, vi sono i resti di insediamenti, in diversi punti di Thera propriamente detta (tavv. 85-91) e di Therasia, frettolosamente evacuati dagli abitanti e quindi seppelliti nella pomice e nella cenere. L'evidenza data dalla ceramica e da altri ritrovamenti, come frammenti di affresco e una lama ageminata di pugnale (tav. 31), dimostra come gli insediamenti fossero di tipo cicladico, però sotto un forte influsso della cultura minoica. Indi abbiamo la prova di una vasta distruzione simultanea di palazzi, ville padronali, città e villaggi, in molti punti di Creta. A Cnosso il palazzo, evidentemente, sopravvisse, ma, nelle vicinanze, almeno un edificio importante fu totalmente distrutto e non fu ricostruito. Al di fuori di Creta abbiamo prove di distruzione nelle colonie minoiche ad Ayia Irini a Keos (tav. 56) e a Trianda a Rodi. Nel contempo vennero abbandonate alcune basi minoiche oltremare, come Citera. Quando accaddero questi fatti? La cronologia dell'eruzione è stata discussa in altro capitolo (p. 52 ss.). Lo schema universalmente accettato, di un periodo minoico antico, medio e tardo, basato in larga misura sullo stile della ceramica e sincronizzato con date assolute della storia egiziana, è indispensabile in qualsiasi discussione, ma, per il nostro problema, ha qualche limitazione. Tutto sta a indicare che il disastro ha avuto luogo nel periodo Tardo Minoico I, ma diventa difficile distinguere ulteriormente fra il Tardo Minoico IA e quello IB. Sembra che gli stili IA e IB si sovrappongano per lungo tratto, specialmente fuori di Cnosso e della stessa Creta. A Cnosso, fino ai ritrovamenti del 1961, non si aveva alcuna prova dell'esistenza di una ceramica IB come periodo distinto. Vi è anche qualche divergenza fra lo stile Tardo Minoico II e il suo rapporto cronologico con la ceramica Tardo Minoico I. Io ritengo che lo stile Tardo Minoico II («stile di palazzo») a Cnosso venga dopo quello IB e che rappresenti la produzione della ceramica di palazzo sotto la prima dinastia greca di Cnosso e che, come stile, sia durato fin verso il 1400 a.C., quando fu sostituito, praticamente in tutta Creta, dallo stile Tardo Minoico III.

È sicuramente significativo il fatto che la ceramica Tardo Minoico II non sia stata trovata in nessuno dei luoghi, che sono stati abbandonati o distrutti in una così vasta zona. In tutti questi luoghi la ceramica è del tipo Tardo Minoico IA o IB ovvero è una mescolanza dei due stili. La spiegazione più ovvia è che la distruzione ebbe luogo verso la fine, o alla fine, del periodo Tardo Minoico IB. Forse si può presumere che, per lunghissimo tempo dopo il disastro, a Creta non si producesse alcuna ceramica fine dipinta, eccezion fatta per Cnosso. Quindi la data dell'eruzione finale sarebbe anche la data della fine del Tardo

Minoico IB. Evans, che non credeva affatto alla teoria di Thera, pose questa data nel 1450. Schachermeyr, il quale non è convinto della teoria di Thera, la pone venti anni prima, nel 1470. Hood l'ha collocata nel 1460. Io propendo per la datazione più arretrata. Non fondo la mia opinione sui dati forniti dalla ceramica, bensì sui fatti vulcanici. Ho l'impressione che i dati di fatto tendano a dimostrare che il periodo fra l'eruzione iniziale e il parossismo finale non è stato lungo, ma breve. Per questo desidero arretrare il più possibile la data finale, dato che, in base alle prove più recenti, l'eruzione finale ebbe luogo a non grande distanza di tempo dal 1500. A mio vedere, la prova fornita dai ritocchi sui dipinti relativi a Keftiu nella tomba di Rekhmire è molto significativa ai fini della cronologia (v. p. 116). Sembra che questi siano stati eseguiti fra il 1460 e il 1450, e io sono d'accordo con chi vi vede il riconoscimento di un nuovo regime, greco, a Cnosso. Sarei inoltre propenso a sostenere che il mutamento di regime fu una conseguenza della catastrofe vulcanica. Se la data di Rekhmire è sicura, allora, secondo me, la datazione al 1470 circa, del parossismo finale non può essere molto lontana dal segno.

Se l'eruzione culminò nel 1470, quando ebbe inizio? Se ci atteniamo all'analogia col Krakatoa dovremmo interporre soltanto qualche mese fra l'eruzione iniziale e l'acme, ma si ritiene generalmente che l'intervallo sia stato ben più lungo. Naturalmente la data dell'eruzione iniziale è fissata dal più antico oggetto databile trovato al di sotto dello strato inferiore di pomice. Un esperto ritiene che questo oggetto sia una brocca la cui ornamentazione presenta delle affinità con un vaso miceneo del quindicesimo secolo (tavv. 18, 19) da Lachish (v. p. 55). D'altro canto Marinatos ha sempre sostenuto una data intorno al 1520, sebbene fosse pronto, in base ai risultati degli scavi del 1967 ad Akrotiri, a discendere fino al 1500. Fino a ora a Thera non si è trovato nulla che appartenga nettamente al Tardo Minoico IB. Se le cose rimarranno così anche dopo nuovi e più estesi scavi, l'opinione di Marinatos ne uscirà considerevolmente rafforzata. La datazione più sicura, ottenuta dall'albero di Phira mediante il carbonio-14 (1967), dà il 1559 ± 14 anni a.C. Con questo il limite inferiore corrisponderebbe al 1516; tuttavia non è certo che il metodo sia talmente preciso da permetterci di prendere il 1516 a.C. come limite inferiore assoluto per la prima eruzione.

Le prove geologiche dimostrano che, tra lo stadio iniziale e quello finale dell'eruzione, vi fu un certo intervallo. Gli strati inferiori di pomice sono ben stratificati e sulla loro superficie, al di sotto della sottile cenere bianca, vi sono tracce di erosione (tav. 12). Ai fini della soluzione del problema appare anche importante il dato fornito dal campione 50, con i suoi tre strati distinti, ma purtroppo la sua interpretazione non è affatto sicura (v. p. 75). Sia Fouqué che Reck sono dell'avviso che l'intervallo debba stimarsi in anni, piuttosto che in mesi; nessuno dei due, però, ardisce precisarne la durata. È possibile che la soluzione del problema scaturisca da ulteriori indagini sugli strati di tefra e dal prelievo di nuovi campioni di fondo marino.

A questo fine hanno anche importanza alcuni elementi ottenuti in base agli scavi del 1967. Marinatos ha trovato un grosso muro (tav. 37), chiaramente poggiato sopra uno strato di pomice depositato dalla prima eruzione. Questo lo ha indotto a domandarsi se qualcuno abbia fatto ritorno a Thera prima del parossismo finale, per ristabilirvisi. Egli ha, inoltre, osservato chiazze di colore oscuro sulla superficie della pomice più grossolana, ricoperte, più tardi, da nuova tefra sottile. Ne ha tratto la conclusione che i muri di mattoni di fango, emergenti dai materiali depositati dalla prima eruzione, hanno avuto tempo di disfarsi prima del parossismo finale (v. p. 97).

In mancanza di ulteriori dati, da Thera o di altra origine, ci si deve limitare a rilevare come un intervallo di 25-30 anni coincida perfettamente con gli elementi raccolti a Cnosso nel 1961 (v. a questo proposito pp. 57-61). Quivi la ceramica Tardo Minoico IA si trovava ermeticamente chiusa sotto una pavimentazione e la ceramica Tardo Minoico IB, di produzione un po' più recente, formava un nuovo deposito a sé stante al di sopra del pavimento. È ragionevole presumere che la nascita di un nuovo stile richieda un periodo di 25-30 anni. In questo modo è possibile sincronizzare il deposito Tardo Minoico IA con la prima eruzione di Thera e quello IB con il parossismo finale. La prima eruzione risalirebbe al 1500 circa e il parossismo finale a circa il 1470 a.C.

E ora intendo presentare un breve sommario dei vari brani, sparsi qua e là, tratti dalla storia, dalla poesia e dalla mitologia greca, che ho citato in quanto possono racchiudere ricordi dell'eruzione di Thera e delle sue conseguenze per la vita nell'Egeo. In primo luogo, troviamo in Erodoto una tradizione, secondo cui Creta sarebbe rimasta «spopolata» parecchio tempo prima della guerra di Troia (v. sopra, p. 111 ss.). Questa tradizione proveniva dagli abitanti di Praisos, che erano «autentici» cretesi e conservavano la loro indipendenza, seguitando a parlare un idioma non greco ancora in epoca ellenistica. Erodoto non dà alcuna spiegazione dello spopolamento, però questa tradizione, data la sua origine, ben potrebbe racchiudere in sé un autentico ricordo delle perdite umane provocate dal maremoto e degli spostamenti della popolazione conseguenti alla ricaduta di tefra.

Concordo con l'ipotesi che la descrizione dei Feaci, dataci da Omero, contenga qualche elemento tratto dalla vita nella Creta minoica prima del cataclisma (v. sopra, p. 130 ss.) Pertanto considero significativo quel brano dell'*Odissea* (13, 177) in cui si parla di una profezia, espressa con parole oscure, secondo la quale Poseidone avrebbe «ricoperto» o «racchiuso» la città dei Feaci con un monte. Potrebbe trattarsi di un ricordo, vago e non ben inteso, di alcune conseguenze dell'eruzione di Thera: per esempio l'obliterazione di un insediamento minoico a Thera, o l'ostruzione di porti minoici a opera della pomice galleggiante o forse anche la pioggia di cenere su Creta.

La saga degli Argonauti è una parte antica della tradizione epica greca; molte volte si è pensato che racchiuda il ricordo dei primi viaggi di esplorazione dei Greci Micenei, in particolar modo nella zona del Mar Nero. Quindi non è affatto da escludere che parte di questo materiale risalga al quindicesimo secolo. Ho suggerito che tale sia il caso per quanto riguarda la descrizione, di Apollonio, di una misteriosa e caotica oscurità che avviluppò Giasone e i suoi marinai mentre veleggiavano da Creta verso Anaphi (v. sopra, p. 125). Ho sostenuto trattarsi di un ricordo del mantello di tenebra che si diffuse intorno a Thera dopo l'eruzione finale. La realtà dei fatti del Krakatoa dimostra come le navi sopravvissero anche nelle immediate vicinanze del vulcano e non fossero distrutte dalle ondate del maremoto che trascorrevano sotto di esse quasi senza essere notate. La collocazione di questo strano e inesplicabile incidente costituisce un indizio assai favorevole alla teoria che si tratti di un autentico ricordo di un fenomeno eruttivo.

Chiaramente l'interpretazione dell'episodio di Talo è più ardua, pur tuttavia il racconto acquista un senso se lo si interpreta come un mito vulcanico (v. sopra, p. 124). Secondo alcune versioni, Talo era stato donato a Minosse da Efesto, dio del fuoco. Egli era il guardiano di Creta, si teneva ritto su un picco ed era fatto di «infrangibile bronzo»; scagliava pietre («bombe» vulcaniche?) sulle navi di passaggio e non divenne «quieto» finché l'icore non fu tutto uscito dal tallone (lava da un cratere periferico?). Talo aveva un figlio, Leuco, di cui si diceva che avesse tradito il re di Cnosso, ne avesse ucciso la moglie e i figli, compresa la figlia Kleisithera a cui era stato fidanzato, e avesse distrutto dieci città di Creta. Indubbiamente qui abbiamo qualche punto che lascia perplessi, come il ricorrere della desinenza «thera» nel nome della fanciulla e il fatto che Leuco significhi «bianco». Tanto vale a completare l'interpretazione di Talo a tal punto che diventa possibile considerare il suo «bianco» figlio come una personificazione della distruttiva pioggia di tefra.

È possibile che il mito di Tifeo (v. sopra, pp. 129-130) sia suscettibile di ulteriori indagini in rapporto con l'eruzione di Thera. Da Eschilo e Pindaro in su, Tifeo è stato più volte associato a vulcani in attività. Nella descrizione di Esiodo della battaglia di Tifeo con Zeus si trova la vivace descrizione delle ondate di maremoto diffuse intorno alla scena del conflitto (ovunque questo si sia svolto). Ho suggerito come in questo mito possa trovarsi un collegamento con la tradizione, raccolta da Erodoto a Buto in Egitto, secondo la quale Tifone una volta si era recato colà in cerca di Oro (v. sopra p. 129). Questo potrebbe essere un ricordo dell'inondazione del Delta provocata da *tsunami* connesse all'eruzione di Thera.

La storicità degli accenni, nel mito greco, a isole fluttuanti, per esempio l'isola di Eolo e Asteria-Delo, potrebbe acquistare nuovo peso se messa in relazione agli ammassi galleggianti di pomice che dovettero ingombrare l'Egeo per molti mesi dopo l'esplosione di Thera. Per parecchio tempo dopo l'eruzione del Krakatoa, le navi nell'Oceano Indiano segnalarono banchi di pomice, uno dei quali era lungo fino a 40 km. Dietro la leggenda di Asteria-Delo, riferitaci da Callimaco con molti, precisi particolari, potrebbe celarsi un ricordo di fatti del genere. Soprattutto sono degni di nota la frammentazione di una montagna a opera di un dio armato di un tridente minoico, il sollevamento e lo spargimento di isole, il particolare di Asteria-Delo che cade dal cielo come una stella e i vari avvistamenti di essa da naviganti nel Golfo Saronico e in altri punti dell'Egeo centrale (v. sopra, pp. 127-128).

I racconti mitologici greci contengono numerosi accenni a inondazioni di pianure costiere su entrambe le sponde dell'Egeo. Sono riferimenti non esattamente databili né si può essere certi che si ricolleghino tutti a uno stesso avvenimento. Comunque, presi nell'insieme, potrebbero costituire un autentico ricordo delle *tsunami* di Thera intorno al 1470 a.C. Le notizie provengono dall'Attica, dal Golfo Saronico, dall'Argolide, da Rodi, dalla Licia, dal retroterra di Smirne, dalla Troade e da Samotracia. Nella tradizione di Rodi si accenna agli Eliadi che Myres identifica con i colonizzatori minoici di Rodi [3] (v. sopra, p. 121).

Più problematico è il collegamento con queste tradizioni del diluvio di Deucalione. È probabile che il fondamento storico della storia di Deucalione vada ricercato in Beozia, dove sicuramente il lago Copaico inondò alcuni stanziamenti durante il secondo millennio. L'inondazione sarà stata provocata da un ec-

[3] J. L. Myres, *Who were the Greeks?*, Berkeley, 1930, pp. 139-40. L. Farnell, *Cults of the Greek States*, New York, 1967, vol. v, pp. 418-9.

cesso di pioggia o dall'ostruzione di scoli naturali o artificiali a opera di terremoti, e i due fattori potrebbero essere entrambi concomitanti a talune fasi dell'eruzione di Thera. È interessante rilevare come Manetone datasse esattamente il diluvio di Deucalione, collocandolo in corrispondenza del regno di Tuthmosis III (v. sopra, pp. 117-118).

La mia ipotesi storica fondamentale, secondo la quale il trapasso del potere da Creta alla Grecia micenea, non è, per lo meno, contraddetta da Tucidide, il quale segnala che Minosse il vecchio «governava le Cicladi e teneva a freno la pirateria per mezzo di una flotta» (1,4). Questa è la più chiara e precisa indicazione, pervenutaci dall'antica Grecia, della talassocrazia minoica in un periodo che, a mio vedere, va collocato tra il sedicesimo secolo e gli inizi del quindicesimo. In ragione di questo predominio minoico, prosegue Tucidide, il commercio marittimo prosperava, conducendo alla formazione di ricchi e ben muniti centri di potere sulla terraferma greca, i quali dominavano «le città minori». Tale era la situazione politica al tempo della guerra di Troia (1, 8). Qui Tucidide, naturalmente senza nominare Thera, ci ha lasciato un quadro essenziale della storia della tarda Età del Bronzo nell'Egeo, con la *Pax Minoica* che cessa con l'ascesa della potenza militare micenea.

Molti fra i miei lettori saranno dell'avviso che il disastro di Thera, se veramente fu tanto importante nei primordi della storia greca, avrebbe dovuto essere ricordato con maggiore chiarezza. Le prove, passate finora in rassegna, debbono apparire tortuose, scheletriche e assai spesso problematiche. In risposta a questa obiezione si possono avanzare due argomentazioni. Innanzitutto i Greci non ricordavano quasi nulla del quindicesimo secolo a.C. In quell'epoca la loro coscienza nazionale era in uno stato di formazione ancora embrionale. I principali cicli mitologici risalgono al tredicesimo secolo, allorché, sotto la guida politica di Micene, erano diventati una delle maggiori potenze del Mediterraneo orientale. In secondo luogo, lo stesso mondo miceneo, nel suo insieme, era ricordato in modo confuso dai Greci più tardi. La poesia epica era il principale ponte che permetteva ai loro pensieri di varcare il golfo rappresentato da quattro secoli bui, durante i quali l'arte di scrivere era andata completamente perduta in terra greca. Con l'ausilio di alberi genealogici nobiliari, i loro cronografi si sforzavano di assegnare una data ragionevolmente esatta all'assedio di Troia, ma per gli avvenimenti più antichi non disponevano che di scarsissimi dati su cui basarsi. Non è, quindi, affatto strano che non avessero un distinto ricordo delle circostanze in cui era crollato l'impero minoico. Quello che maggiormente si approssima a un ricordo del genere è la leggenda di Teseo e del Minotauro. Essa, però, non contiene neppure un accenno alla catastrofe di Thera, tranne forse l'asserzione, attribuita a Ferecide, secondo il quale Teseo aveva «perforato il fondo delle navi cretesi per impedir loro di inseguirlo», mentre stava per condurre Arianna via da Cnosso [4]. Si potrebbe pensare che questo «deliberato affondamento» della flotta minoica, in realtà, fosse stato provocato dalle *tsunami* di Thera. Dal canto suo, la leggenda di Atlantide attribuisce effettivamente a una calamità naturale la scomparsa di una grande civiltà. Qui però, in ragione delle circostanze per cui la leggenda rientrò in Grecia dall'Egitto, manca il riconoscimento del fatto che la civiltà insulare perduta era quella della Creta premicenea. Non fu avanzata l'ipotesi che l'Atlantide fosse un riflesso della Creta minoica, né questo sarebbe stato possibile prima che le scoperte archeologiche di questo secolo riportassero alla luce le realizzazioni dell'arte e della tecnica minoica.

Secondo me la «scomparsa» dell'Atlantide rappresenta la fine del dominio minoico nel mondo dell'Egeo. Per generale ammissione, parti di Thera letteralmente scomparvero nel mare; avvenimento, questo, strano e portentoso che fu probabilmente registrato negli annali egiziani e forse lasciò anche qualche segno nella saga degli Argonauti. Io, però, non vado in cerca dell'Atlantide sotto la superficie della rada di Thera. Sotto nessun aspetto Thera era la capitale di Creta e non la si può identificare con la capitale dell'Atlantide [5]. Thera era semplicemente una dipendenza minoica al pari di Citera, di Keos e di un'altra mezza dozzina di isole. Per me l'«Atlantide perduta», più che un concetto geografico, è un concetto storico. Il vulcano cancellò dalla faccia della terra gli insediamenti di Thera e devastò l'isola, e quel che fece a Thera può essere ancor oggi studiato in tutti i particolari e costituisce la più forte testimonianza della potenza distruttiva dell'eruzione. Però quello che fece a Thera è relativamente poco importante in confronto a quello che fece all'arcipelago minoicizzato che la circonda e, a sud, alla madrepatria minoica. Una splendida, raffinata cultura si dissolse sotto il brutale impatto del vulcanismo di Thera. Le ondate di maremoto furono il vero «toro dal mare», inviato ad affliggere i sovrani di Cnosso.

Per lungo tempo gli Egiziani avevano conosciuto il mondo minoico, fatto di commerci marittimi e di vita lussuosa, e vi fantasticavano sopra. Era un mondo molto lontano e molto differente dal loro e credo che prendessero nota di qualche particolare della sua organizzazione e del bizzarro destino che lo aveva sopraf-

[4] Plutarco, *Teseo*, 19.
[5] Ciò che fa Galanopoulos. *Bibl.* 5.

fatto. In modo confuso e indistinto queste notizie giunsero fino ai tempi di Solone e formarono la base della leggenda di Atlantide, da lui registrata e trasmessa a Platone.

I Greci erano troppo giovani per ricordare con chiarezza il cataclisma di Thera, però, senza alcun dubbio, il loro mondo miceneo trasse grandi benefici dalla dispersione minoica. Dopo l'eruzione, quando Creta era devastata e spopolata, una corrente di profughi andò nel Peloponneso occidentale e, sicuramente, anche in altre parti della Grecia. Le principesse minoiche, le «figlie di Atlante», contrassero matrimoni con il casato dei capi guerrieri micenei. Architetti minoici progettarono i palazzi della Grecia continentale e pittori minoici li adornarono di affreschi. Il greco diventò per la prima volta lingua scritta nelle mani di scribi minoici. Secondo me il folclore minoico destò un fermento nell'immaginazione greca. La religione minoica contribuì in larga misura a plasmare la forma degli dèi greci.

Buona parte di questo retaggio culturale andò perduta nel crollo del mondo miceneo alla fine dell'Età del Bronzo. Ma certamente qualche cosa superò i secoli oscuri e venne ad arricchire la cultura del periodo classico. Ai miei occhi lo spirito della Ionia è già presente nel maestoso palazzo dei Neleidi a Pilo. I Greci del periodo successivo, per il fatto di volgersi con orgoglio indietro a guardare la loro epoca eroica, non potevano ricordare coscientemente e coerentemente quanto dovessero alla cultura minoica. Avevano leggende di sapore cretese – Minosse giudice nell'Ade, Radamanto nell'Eliso, la nascita e la morte di Zeus. Ma quest'ultima leggenda in particolare serviva solo a dare ai Cretesi il marchio di bugiardi. Le realtà storiche del mondo minoico erano trapassate in un limbo e i Greci non ne ravvisarono traccia alcuna nella leggenda di Atlantide.

Tuttavia, in un certo senso, non dimenticarono mai del tutto quel lontanissimo mondo. Sapevano vagamente che, in un remoto passato, vi erano state epoche di grande pace e prosperità e sublimarono questa consapevolezza nel possente mito delle Età dell'Oro e dell'Argento venute prima delle più guerresche generazioni del Bronzo e dell'Oro. Nella Creta minoica, più che in qualsiasi altro luogo, vi erano state «pace entro le mura e abbondanza entro i palazzi». Un confuso ricordo persistette, a mio vedere, durante tutta l'antichità e conferì un certo tono di nostalgia all'atteggiamento dei Greci nei confronti del passato. Noi pure, quando ci volgiamo a guardare la bella fioritura della civiltà minoica, possiamo sentirci colti da un pizzico di malinconia per la sua improvvisa scomparsa. La civiltà minoica non invecchiò né decadde. Fu divelta e spezzata in un punto assai elevato del suo sviluppo. La sua delicata sovrastruttura non poté resistere alla tempesta che la colpì. Per il suo epitaffio possiamo prendere a prestito la triste domanda di Shakespeare:

> Come potrà difendersi da tanto furore la bellezza
> La cui forza non supera quella di un fiore?

Ma non tutto fu perduto. Come un olivo devastato dal fuoco, la cultura minoica si assopì per qualche tempo e poi emise nuovi rampolli all'ombra delle cittadelle micenee. Probabilmente non per caso la Creta dorica del periodo arcaico era rinomata per l'eccellenza delle sue leggi e istituzioni. Il ceppo, oggetto di tante, amorevoli cure durante i lunghi secoli di pace, non doveva essere facilmente sradicato. Getti di questo stesso ceppo furono trapiantati nella stessa Grecia e anche qui misero radici e fiorirono. E nel trascorrere degli anni, come il vento mormorava dolcemente sugli aurei campi di messi e tra gli argentei rami dei boschetti di olivo, i Greci ancor coglievano una debole eco delle felici generazioni vissute in pace e prosperità nell'isola cinta dal mare prima che il bronzo dell'imperialismo e il ferro del nazionalismo venissero a percuotere e spezzare i popoli del mondo mediterraneo.

Appendice

Ecco la traduzione dei passi di Platone (dal *Timeo* e dal *Crizia*) che riguardano la leggenda dell'Atlantide.

1. Nel primo estratto (*Timeo* 20 d-27 a) Crizia spiega come Solone sia venuto a conoscenza della leggenda in Egitto e ne dà un breve riassunto.

Crizia. Ascolta, dunque, o Socrate, una storia che, sebbene strana, è certamente vera, essendo stata attestata da Solone, il più saggio fra i sette savi. Egli era parente e caro amico del mio bisnonno Dropide, come ci dice egli stesso in molti passi delle sue poesie. Ed egli narrò la storia a Crizia, mio nonno, che la ricordò e ce la ripeté. In antico, disse, vi sono state grandi e meravigliose imprese della città di Atene, cadute nell'oblio a causa del trascorrere del tempo e della distruzione del genere umano, e ve ne è una in particolare, più grande di tutte le altre. E noi ora ne faremo memoria. Sarà un degno monumento della nostra gratitudine per voi e un vero e giusto inno di lode alla dea, nel giorno della sua festa.

Soc. Benissimo. E qual è questa antica e famosa azione degli Ateniesi, che Crizia sull'autorità di Solone, proclama essere verità e non semplice leggenda?

Cr. Ti dirò una storia antica come il mondo che ho udito da un uomo anziano; Crizia, infatti, al tempo in cui me la narrò, era, come egli stesso mi disse, quasi novantenne, mentre io avevo circa dieci anni. Ora quello era il giorno dell'Apaturia, cioè dell'Iscrizione dei Giovani, durante la quale, secondo l'usanza, i nostri genitori davano premi per la recitazione di poesie e noi ragazzi ne recitavamo molte di molti poeti, e molti di noi cantavano i poemi di Solone che, in quel tempo, non era ancor passato di moda. Uno della nostra tribù, o perché lo credeva davvero o per compiacere Crizia, disse che secondo lui Solone non era soltanto il più savio tra gli uomini, ma anche il più nobile fra i poeti. Il vecchio, me ne ricordo perfettamente, nell'udire queste parole si rallegrò e disse con un sorriso: Sì, o Aminandro, se Solone avesse fatto, come gli altri poeti, della poesia la principale occupazione della sua vita e avesse condotto a termine la narrazione che si era portato dall'Egitto e non fosse stato costretto, a causa delle fazioni e delle agitazioni che trovò in fermento al suo ritorno in patria, a occuparsi di altre faccende, credo che sarebbe diventato famoso quanto Omero o Esiodo o qualsiasi altro poeta.

E di che trattava quella storia, o Crizia? chiese Aminandro.

Della più grande impresa che mai gli Ateniesi compirono e che dovrebbe essere la più famosa, ma che, a cagione del trascorrere del tempo e la distruzione dei protagonisti, non è giunta fino a noi.

Raccontaci tutta la storia, disse l'altro, e come e da chi Solone apprese questa veritiera tradizione.

Egli rispose: Nel Delta egiziano, al principio del quale il fiume Nilo si divide, vi è un certo distretto chiamato distretto di Sais, e la capitale del distretto si chiama anch'essa Sais, che è la città da cui venne il re Amasis. I cittadini hanno come fondatrice una dea, che in lingua egiziana si chiama Neith, ed essi dicono trattarsi della stessa che gli Elleni chiamano Atena; essi amano molto gli Ateniesi e dicono di essere, in un certo senso, imparentati con loro. Solone giunse in questa città e vi fu accolto con grandi onori; ai sacerdoti più esperti in materia egli pose delle domande sull'antichità e si rese conto che né lui né alcun altro Elleno conosceva, nei riguardi dei tempi antichi, alcuna cosa degna di essere menzionata. Una volta, desiderando indurli a parlare dell'antichità, cominciò a discorrere con loro delle cose più antiche nella nostra parte del mondo: di Foroneo, chiamato il «primo uomo» e di Niobe, e, dopo il diluvio, di Deucalione e Pirra che sopravvissero; e tracciò la genealogia dei loro discendenti e, ricostruendo le date, tentò di calcolare quanti anni fossero trascorsi da quegli avvenimenti di cui stava parlando. Al che, uno dei sacerdoti, molto avanzato nell'età, disse: Solone, Solone, voi Elleni altro non siete che fanciulli e tra di voi non vi è un sol vecchio. Di rimando, Solone gli chiese che intendesse dire. Voglio dire, rispose, che voi, nella vostra mente, siete tutti giovani; tra voi non vi è alcuna antica opinione trasmessa tradizionalmente, né alcuna scienza incanutita per l'età. E ti dirò il perché. Vi sono state, e ve ne saranno ancora, molte distruzioni dell'umanità dovute a diverse cause; le più importanti sono state provocate dall'azione del fuoco e dell'acqua e altre minori dipendono da altre innumerevoli cagioni. Vi è una leggenda, che persino voi avete conservato, secondo la quale Fetonte, figlio di Elio, dopo aver aggiogato i cavalli del carro di suo padre, non sapendoli condurre lungo il cammino del padre, arse ogni cosa sulla terra e fu egli stesso distrutto da una folgore. Ora questo racconto appare in forma di mito, ma in realtà sta a significare un abbassamento dei corpi che si muovono nei cieli attorno alla terra e un immenso incendio delle cose sulla terra, che ricorre a lunghi intervalli; in queste occasioni, coloro che vivono sulle montagne e in luoghi asciutti ed elevati sono più esposti alla distruzione di coloro che vivono sui fiumi o presso la riva del mare. E noi siamo preservati da questa calamità grazie alla liberazione del Nilo, che è il nostro salvatore che non viene mai meno. D'altra parte, quando gli dèi purificano la terra con un diluvio di acqua, i sopravvissuti nel vostro paese sono bovari e pastori che abitano sui monti, mentre quelli che, come te, vivono nelle città sono travolti in mare dai fiumi. Invece in questo paese, né allora né in alcun altro momento l'acqua scende sui campi dall'alto, ché ha sempre la tendenza a venire dal basso, ragion per cui le tradizioni che qui si conservano sono le più antiche. Sta di fatto che, ovunque i rigori invernali o il sole estivo non lo impediscano, il genere umano esiste quando in maggiore e quando in minor numero. E qualsiasi cosa sia accaduta o nel vostro o nel nostro paese, o in qualunque altra regione di cui abbiamo conoscenza, se vi sono state azioni nobili o grandi o in qualsiasi altra maniera degne di nota, tutte sono state trascritte da noi fin dai tempi antichi e si conservano nei nostri templi. E invece, appena voi e altre nazioni cominciate ad avere le lettere e gli altri requisiti del vivere civile, dopo l'abituale intervallo, dal cielo scende, come una pestilenza, il vapore e lascia soltanto quelli di voi che sono privi di lettere e di educazione; e così dovete ricominciare tutto da capo come bambini e nulla sapete di quel che accadde in antico sia tra di noi che tra voi stessi. Quanto a quelle vostre genealogie che ci hai testé esposto, o Solone, non sono meglio delle favole dei bambini. Innanzitutto tu non ricordi che un unico diluvio, mentre ve ne sono stati molti altri più antichi; e poi non sai che un tempo nel tuo paese visse la più bella e nobile stirpe di uomini che mai sia esistita e che tu e tutta la tua città siete discesi da un piccolo seme o residuo di quelli di loro che sopravvissero. E questo ti era ignoto perché, per molte generazioni, i sopravvissuti a quella distruzione morirono senza lasciare scritti. Infatti, o Solone, vi fu un tempo, prima del più grande di tutti i diluvi, in cui la città che ora è Atene era la prima in guerra e, sotto tutti i riguardi, era la città meglio governata e di essa si dice che avesse compiuto le più nobili imprese e avesse la migliore costituzione fra tutte quelle, di cui ci parla la tradizione, che sono sotto la volta del cielo. Solone, nell'udire le sue parole, si stupì e chiese seriamente ai sacerdoti di volerlo ragguagliare, esattamente e ordinatamente, su questi antichi cittadini. Siamo felici che tu possa avere notizie di loro, o Solone, disse il sacerdote, sia per amor tuo, sia per quello della tua città, sia, soprattutto, per amore della dea, comune patrona, genitrice e altrice delle nostre città. Ella fondò la vostra città mille anni prima della nostra, ricevendo dalla Terra e da Efesto il seme della vostra stirpe, e poi fondò la nostra, la cui costruzione, da quanto risulta nei nostri libri, risale a 8000 anni or sono. Nel parlare dei tuoi concittadini di 9000 anni fa, ti darò qualche notizia sulle loro leggi e sulle loro più famose imprese; indi potremo riesaminare a nostro agio, sugli stessi libri sacri, i particolari esatti del tutto. Se confronti quelle leggi con le nostre, troverai che molte delle nostre sono la controparte delle vostre, quali erano nei tempi più remoti. In primo luogo viene la casta dei sacerdoti, distinta da tutte le altre; vengono poi gli artigiani che coltivano diverse arti senza interferire tra di loro; e vi è anche la classe dei pastori e dei cacciatori, come pure quella degli agricoltori; e osserverai, inoltre, come, in Egitto, i guerrieri si distinguono da tutte le altre classi, guidati dalla legge che vuole si consacrino esclusivamente alle imprese militari; e ancora, le armi che portano sono scudi e lance, un genere di equipaggiamento che la dea a noi apprese primi fra tutti gli asiatici, come a voi per primi nella vostra parte del mondo. Quanto alla saggezza, osserva come la nostra legge abbia, fin dagli inizi, compiuto uno studio di tutto l'ordine delle cose, estendendosi persino alla profezia e alla medicina che dà la salute; derivando da questi divini elementi quanto è necessario alla vita umana e aggiungendovi quanto è a essi affine. Tutto questo ordine e queste cose la dea insegnò a voi per primi quando pose i fondamenti della vostra città; ed ella scelse il punto della terra ove siete nati, perché vide che la felice disposizione delle stagioni in quella terra avrebbe prodotto i più saggi fra gli uomini. Dopo di che la dea, amante vuoi della guerra vuoi della sapienza, scelse e per prima ordinò il luogo che aveva la massima probabilità di produrre uomini simili a lei. E qui voi abitavate, avendo leggi come queste e altri anche migliori, e superavate tutto il genere umano in ogni virtù, come se foste divenuti figli e discepoli degli dèi.

Seguono gli estratti citati alla p. 21.

Ti ho narrato brevemente, o Socrate, quanto il vecchio Crizia aveva udito da Solone e aveva riferito a noi. E ieri, mentre mi parlavi della tua città e dei tuoi concittadini, mi è ritornata a mente la storia che ti avevo allora allora ripetuto e mi sono accorto con stupore come tu, per qualche misteriosa coincidenza, concordassi quasi in tutti i particolari con il racconto di Solone; ma per il momento non ho desiderato parlarne. Infatti, essendo passato molto tempo, mi ero dimenticato di molte cose; per cui ho pensato che avrei fatto meglio, in primo luogo, a riandare nella mente al racconto, dopo di che avrei parlato. Fu così che accolsi prontamente la tua richiesta di ieri, considerando che in tutti i casi del genere la prima difficoltà consiste nel trovare un racconto conveniente al nostro scopo e che, con un racconto come questo, ci troveremmo a posto.

E quindi, come ti ha detto Ermocrate, ieri, mentre tornavo a casa, ho subito raccontato la storia ai miei compagni, così come la ricordavo; e, dopo averli lasciati, ripensandoci la notte, la ricostruii quasi per intero. Invero, come spesse volte si dice, le lezioni della fanciullezza si imprimono mirabilmente nella nostra memoria; e infatti, non sono certo di ricordarmi tutti i discorsi di ieri, mentre mi stupirei moltissimo se mi fossi dimenticato di una qualsiasi di queste cose udite tanto tempo fa. Allora ascoltai con l'interesse di un fanciullo il racconto del vecchio; egli era ben disposto a istruirmi e io lo udii più e più volte ripetere le sue parole. Non appena faceva giorno io le riandavo nella mente, mentre egli le ripeteva ai miei compagni affinché essi, e io pure, avessimo qualche cosa da dire a nostra volta. E ora, Socrate, concludendo il mio preambolo, sono pronto a narrarti tutta la storia. Non solo ti dirò i fatti principali, ma entrerò nei particolari, come sono stati detti a me. La città e i cittadini, che ieri ci hai descritti come una finzione, ora noi li trasferiremo nel mondo della realtà. Essa sarà l'antica città di Atene e noi supporremo che i cittadini da te immaginati siano stati i nostri veri antenati, di cui parlava il sacerdote; essi si conformeranno perfettamente al modello e non cadremo in contraddizione dicendo che i cittadini della vostra repubblica sono questi antichi ateniesi. Dividiamoci l'argomento fra di noi e cerchiamo tutti, nei limiti delle nostre capacità, di adempiere di buon grado all'incombenza che ci hai affidato. Vedi, Socrate, se questo racconto corrisponde allo scopo o se dobbiamo, invece, cercare qualche altra cosa.

Soc. E che altro, o Crizia, possiamo trovare meglio di quèsto e più naturale e idoneo alla solennità della dea e che, poi, ha il vantaggio di essere verità e non fantasia? Come o dove trovarne un altro se abbandoniamo questo? Non lo possiamo e perciò ci devi dire la storia e buona fortuna a te; e io, adesso, in ricompensa per il mio discorso di ieri mi riposerò e sarò ascoltatore.

2. Nel secondo estratto (*Crizia* 108 c-109 e 113 a fino alla fine) Crizia narra con molti più particolari la leggenda di Atlante.

Criz. Amico Ermocrate, tu, che sei venuto per ultimo e hai un altro davanti a te, finora non ti sei perduto d'animo; presto ti sarà rivelata la gravità della situazione; per l'intanto accetto le tue esortazioni e incoraggiamenti. Ma oltre agli dèi e alle dee che hai menzionato, vorrei invocare in special modo Mnemosine, giacché la parte più importante del mio discorso dipende dal suo favore e se io potrò rievocare e narrare una parte sufficiente di quanto fu detto dai sacerdoti e riportato da Solone, non dubito di poter soddisfare le richieste di questa assemblea. E ora, senza ulteriori indugi, andrò innanzi.
Comincerò osservando innanzitutto come novemila sia la somma degli anni passati da quando si dice sia scoppiata la guerra tra coloro che abitavano oltre le colonne di Ercole e tutti quelli che abitavano all'interno di esse; questa guerra mi accingo a descrivere. Tra i combattenti di una parte la città di Atene aveva fama di essere conduttrice e di aver vinto la guerra; i combattenti dell'altra parte erano capeggiati dai re dell'Atlantide, che, come ho detto, esistette un tempo, estesa più della Libia e dell'Asia, ma poi fu sprofondata da un terremoto e si trasformò in una barriera di fango invalicabile per quei viaggiatori che, dopo di allora, tentano di attraversare l'oceano che si trova più oltre. Proseguendo nel racconto parleremo delle diverse nazioni di barbari e delle famiglie di Elleni che esistevano allora, via via che compaiono in scena; ma, innanzitutto, devo descrivere gli Ateniesi di quell'epoca e i nemici che li combatterono e quindi le rispettive forze e i governi dei due re. Diamo la precedenza ad Atene.

Indi Crizia fa una dettagliata relazione di Atene e dell'Attica nella preistoria, qui omessa in quanto solo marginalmente rilevante ai fini dell'identificazione dell'Atlantide. Poi introduce, come segue, il racconto «solonico» dell'Atlantide:

Tuttavia, prima di proseguire col racconto, vi avverto che non vi dovete sorprendere se doveste per caso sentir chiamare degli stranieri con nomi greci. Ve ne dirò la ragione: Solone, che voleva servirsi del racconto per il suo poema, chiese il significato dei nomi e scoperse che gli antichi Egiziani, nello scriverli, li avevano tradotti nella loro lingua ed egli ricuperò il significato di diversi nomi e nel ricopiarli li tradusse nella nostra lingua. Mio nonno aveva lo scritto originale che è tuttora in mio possesso e che è stato da me, quand'ero fanciullo, studiato con cura. Pertanto se ascoltate nomi del genere di quelli che si usano in questo paese, non ve ne dovete sorprendere, dato che vi ho detto come sono stati ideati. La storia, assai lunga, cominciava come segue:

Ho rilevato in precedenza, nel parlare delle spartizioni intercorse fra gli dèi, come questi suddividessero tutta la terra in parti di differente estensione e facessero templi a se stessi e istituissero sacrifici. E Poseidone, ricevendo per sua parte l'isola di Atlantide, generò figli con una mortale e li stabilì in una parte dell'isola che descriverò. In prossimità del mare, nel punto di mezzo della lunghezza dell'isola, vi era una pianura che dicesi fosse la più bella di tutte le pianure e molto fertile. Sempre in vicinanza della pianura, e anche al centro dell'isola a una distanza di una cinquantina di stadi, vi era un monte non troppo alto su alcun versante. Su questa montagna aveva la sua dimora uno degli uomini primordiali di quella terra, nato dal suolo; si chiamava Evenor e aveva una moglie chiamata Leucippe, ed essi avevano un'unica figlia, Cleito. La fanciulla era già donna quando il padre e la madre morirono; Poseidone si innamorò di lei ed ebbe rapporti con lei e, spezzando la terra, circondò la collina, sulla quale ella viveva, creando zone alternate di mare e di terra, le une concentriche alle altre; ve ne erano due di terra e tre d'acqua, circolari come se lavorate a tornio, avendo ciascuna la circonferenza equidistante in ogni punto dal centro, di modo che nessuno potesse giungere all'isola, dato che ancora non esistevano navi e navigazione. Egli, però, poiché era un dio, non ebbe difficoltà nel dare una particolare configurazione all'isola centrale, facendo uscire da sotto la terra due sorgenti, l'una di acqua calda, l'altra di fredda, e facendo sì che dal suolo nascesse in abbondanza ogni sorta di nutrimento. Inoltre generò e crebbe cinque coppie di gemelli maschi, e, dividendo l'isola di Atlantide in dieci parti, diede al primogenito della coppia più anziana la dimora della madre e la terra circostante, che era la più vasta e la migliore, e lo fece sovrano degli altri; questi furono principi ed egli li pose in signoria di molti uomini e un grande territorio. E a tutti impose il nome; il maggiore, che era il primo dei re, fu chiamato Atlante e da lui l'intera isola e l'oceano presero il nome di Atlantide. Al fratello gemello, nato dopo di lui, concesse come sua parte l'estremità dell'isola in direzione delle colonne d'Ercole, di fronte a quella regione che, in quella parte del mondo, è chiamata oggi Gades. A lui Poseidone impose un nome che in lingua ellenica suona Eumelo, mentre suona Gadeirus nella lingua del paese che da lui prese nome. Alla seconda còppia di gemelli diede i nomi di Ampheres ed Evemone. Al maggiore della terza coppia di gemelli diede il nome di Mneseo e a colui che lo seguiva il nome di Autoctone. Quanto alla quarta coppia di gemelli, il maggiore fu chiamato Elasippo, il minore Mestore. Al maggiore della quinta coppia diede il nome di Azes, al minore di Diaprepe. Tutti questi e i loro discendenti per molte generazioni furono abitanti e sovrani di parecchie isole sul vasto mare; e inoltre, come è stato già detto, estesero la loro signoria nella nostra direzione sul paese all'interno delle colonne fino all'Egitto e alla Tirrenia. Ora Atlante aveva una famiglia numerosa e onorata e questa conservò la sovranità, dato che, per molte generazioni, il più anziano dei figli la passò al figlio maggiore; e avevano ricchezze in quantità tale da non essere mai state possedute in precedenza da sovrani e potentati, né mai, probabilmente, lo saranno in avvenire, ed erano anche provvisti di quanto necessitava loro, sia in città che in campagna. Infatti, a cagione della vastità del loro impero, molte cose venivano portate loro da paesi stranieri e l'isola stessa forniva loro la maggior parte delle cose di cui avevano bisogno per la vita. In primo luogo, estraevano dalla terra quanto vi si trovava, sia solido sia fusibile, e l'oricalco, che oggi non è altro che un nome ma allora era più che un nome, era estratto dalla terra in molte parti dell'isola, essendo in quei giorni più prezioso di ogni altra cosa al di fuori dell'oro. Vi era abbondanza di legname per il lavoro dei falegnami e nutrimento sufficiente per gli animali domestici e selvatici. Inoltre sull'isola vi erano elefanti in gran numero; infatti, dato che vi era nutrimento per ogni genere di animali, per quelli che vivono nei laghi, nelle paludi e nei fiumi, come per quelli che vivono in montagna e in pianura, non ne mancava nemmeno per l'animale più grande e più vorace di tutti. E anche tutte le cose fragranti che esistono ora sulla terra, radici, erbe, legni, essenze stillanti da frutti e fiori, crescevano e maturavano in quella terra; anche i frutti che si possono coltivare, frutti secchi, che ci vengono dati per nutrimento, e ogni altro frutto di cui ci cibiamo – noi diamo loro il nome generico di legumi, e i frutti che hanno il guscio e quelli che ci danno beveraggi e polpa succosa e unguenti, e i frutti che deperiscono appena colti, e quei gradevoli rinfreschi con cui ci consoliamo dopo il pasto, quando siamo sazi di cibo – tutti produceva quell'isola, sacra fra quante esistessero in quel tempo sotto il sole, in bella ammirevole e infinita abbondanza. E mentre la terra li provvedeva spontaneamente di tanta benedizione, essi costruivano templi, palazzi, porti e cantieri. E disposero tutta la loro terra nel seguente modo:

Innanzitutto gettarono ponti sugli anelli di mare che circondavano l'antica metropoli, e fecero una strada che permetteva di entrare e di uscire dal palazzo reale. E fin da principio eressero il palazzo nella dimora del dio e dei loro antenati, e seguitarono ad abbellirlo di generazione in generazione, dato che ciascun re superava, all'apice della gloria, colui che l'aveva preceduto, sino a fare dell'edificio una meraviglia a vedersi, sia in ampiezza che in bellezza. E, partendo dal mare, scavarono un canale largo trecento piedi, profondo cento, lungo cinquanta stadi, che arrivava alla zona più esterna creando un varco dal mare fino a essa che divenne così un porto; e il varco era abbastanza ampio da permettere l'entrata alle navi più grandi. Inoltre, a livello dei ponti aprirono gli anelli di terra che separavano gli anelli di mare, creando uno spazio sufficiente al passaggio di una trireme per volta da un anello all'altro e ricoprirono questi canali facendone una via sotterranea per le navi; infatti le rive furono innalzate di parecchio sopra il livello dell'acqua. Ora la più grande delle zone, cui si poteva accedere dal mare tramite questo passaggio, aveva una larghezza di tre stadi e la zona di terra che veniva dopo era altrettanto larga; ma le due zone successive, l'una d'acqua, l'altra di terra, erano larghe due stadi e quella che circondava l'isola centrale era di uno stadio soltanto. L'isola su cui sorgeva il palazzo aveva un diametro di cinque stadi. E questa, comprendente le zone e il ponte, largo la sesta parte di uno stadio, fu circondata da ogni parte con un muro di pietra, provvisto di torri e di porte in corrispondenza dei ponti, là dove entrava il mare. La pietra impiegata per l'opera era stata cavata dal sottosuolo dell'isola centrale e dalle varie zone, sia sul lato esterno che su quello interno. Una qualità di questa pietra era bianca, un'altra nera e una terza rossa e, mentre la prelevavano, andavano contemporaneamente scavando dei magazzini sotterranei la cui volta era formata dalla roccia stessa del posto. Dei loro edifici, alcuni erano semplici, mentre in altri avevano riunito pietre differenti di vari colori in modo da compiacere all'occhio, così da essere una fonte naturale di delizie. E rivestirono l'intero circuito di mura, che abbracciava la zona più esterna, con lastre di bronzo, e rivestirono di stagno il circuito di mura successivo, mentre ammantarono del rosso splendore dell'oricalco il terzo cerchio che circondava la cittadella. I palazzi all'interno della cittadella erano costruiti nel seguente modo: al centro si trovava un sacro tempio dedicato a Cleito e

Poseidone, che rimaneva inaccessibile ed era circondato da un recinto d'oro; era questo il luogo ove era stata concepita e aveva visto la luce la famiglia dei dieci principi e qui ogni anno il popolo recava i frutti della terra nella loro stagione, provenendo dalle dieci regioni, per farne offerta a ciascuno dei dieci. Qui si trovava il tempio di Poseidone, della lunghezza di uno stadio e largo mezzo stadio e alto in proporzione, ciò che gli conferiva un aspetto stranamente barbarico. Tutto l'esterno del tempio, a eccezione dei pinnacoli, era coperto di argento, mentre i pinnacoli erano coperti d'oro. All'interno del tempio il soffitto era d'avorio, curiosamente intarsiato in tutte le sue parti con oro, argento e oricalco; e tutte le altre parti, muri, pilastri e pavimento, erano rivestite di oricalco. Nel tempio avevano posto statue di oro: vi era lo stesso dio in piedi su un cocchio – rappresentato come auriga di sei cavalli alati – di dimensioni tali da sfiorare con la testa il tetto della costruzione; attorno a lui vi erano cento nereidi a cavallo di delfini, perché tale era il loro numero secondo gli uomini di quei giorni. All'interno del tempio vi erano anche altre immagini dedicate da privati. E intorno al tempio, fuori di esso, erano collocate le statue di tutti coloro che erano stati annoverati fra i dieci re, e con essi le consorti, e vi erano molte altre grandi offerte di re e di privati, provenienti dalla città stessa e dalle città straniere che avevano in signoria. Vi era anche un altare, che corrispondeva, quanto a grandezza e a lavorazione, a tale magnificenza, e i palazzi corrispondevano in ugual misura alla grandiosità del regno e alla gloria del tempio.

Nelle vicinanze avevano due fonti, l'una di acqua calda, l'altra di acqua fredda, dal getto abbondantissimo; ed esse erano mirabilmente adatte al loro scopo in ragione della piacevolezza ed eccellenza delle loro acque. I re costruirono degli edifici attorno a esse e piantarono alberi adatti, fecero anche delle cisterne, alcune aperte verso il cielo, altre coperte da un tetto, da usarsi d'inverno come bagni caldi; vi erano i bagni dei re e i bagni privati, separati dai primi; e vi erano bagni distinti per le donne e per i cavalli e i buoi, e a ciascuno di essi diedero tutta l'ornamentazione che conveniva a essi. Parte dell'acqua che ne fluiva fu da essi convogliata al boschetto di Poseidone, ove crescevano alberi di tutte le specie, meravigliosi per altezza e bellezza grazie alla grande bontà del terreno, mentre l'acqua che avanzava era trasportata fino ai cerchi esterni dagli acquedotti lungo i ponti, e vi erano molti templi costruiti in onore di molti dèi; e anche giardini e ginnasi, alcuni per gli uomini e altri per i cavalli, erano posti su entrambe le isole formate dagli anelli di mare; e al centro della maggiore delle due isole si trovava una pista per le corse dei cavalli, larga uno stadio e lunga tanto da fare il giro dell'isola. E vi erano anche dei fortilizi, situati a intervalli, per il corpo di guardia principale, mentre le guardie più fidate avevano l'incarico di sorvegliare la zona minore, in prossimità dell'acropoli; infine le più fidate di tutte avevano le loro case entro la cittadella, vicino alla persona dei sovrani. Gli arsenali erano pieni di triremi e di depositi navali e ogni cosa era assolutamente pronta all'uso. E con questo è finita la descrizione del palazzo reale.

Lasciando il palazzo e uscendo attraverso i tre porti, saresti arrivato a un muro che cominciava dal mare e girava tutto intorno: esso distava in ogni punto cinquanta stadi dalla zona o porto maggiore e la circondava interamente, dato che le sue estremità si ricongiungevano in corrispondenza della bocca del canale che portava al mare. Tutta la zona era fittamente coperta di abitazioni; e il canale e il maggiore dei porti erano pieni di vascelli e di mercanti provenienti da ogni dove, i quali, a cagione del gran numero, producevano un brusìo molteplice di voci umane, strepitando e vociando notte e giorno.

Ho descritto la città e i dintorni dell'antico palazzo quasi con le stesse parole di Solone e ora mi debbo adoperare per descriverti la natura e la disposizione del resto del paese. L'intero paese era descritto da Solone come assai elevato e precipite dalla parte del mare, mentre la contrada immediatamente in vicinanza e intorno alla città era perfettamente piana, essendo a sua volta circondata da montagne digradanti verso il mare; era uniforme e livellata, di forma allungata, estendentesi in una direzione per tremila stadi, mentre trasversalmente al centro era larga duemila stadi. Questa parte dell'isola guardava a sud ed era riparata dal nord. Le montagne circostanti erano celebrate per il numero, la mole e la bellezza, ben superiore a qualsiasi montagna ancor oggi esistente, e su di esse vi erano molti ricchi villaggi di campagna e fiumi e laghi e praterie che producevano alimenti a sufficienza per ogni animale, selvatico o domestico e molto legname di vario genere, in abbondanza per ogni e qualsiasi genere di lavorazione.

Ora descriverò la pianura, nella sua configurazione dovuta alla natura e all'opera di molte generazioni di sovrani durante lunghe età. Essa era, in massima parte, naturalmente rettangolare e allungata e là dove si discostava dalla rettilinearità era stata regolarizzata mediante il canale che la circondava. La profondità, la larghezza e la lunghezza di questo canale di irrigazione erano incredibili e davano l'impressione che un lavoro di tale portata, in congiunzione a tantissimi altri, non avesse mai potuto essere artificiale. Ciononondimeno devo dire quello che mi fu riferito. Esso era stato scavato fino alla profondità di cento piedi e la sua larghezza era ovunque di uno stadio; esso circondava tutta la pianura ed era lungo diecimila stadi. Similmente su tutta la pianura all'interno si distaccavano ad angolo retto da esso altri canali larghi cento piedi che tornavano a gettarsi nel canale principale che finiva in mare; questi canali erano distanziati a intervalli di cento stadi e servivano a trasportare il legname dai monti alla città e trasportavano su navi i frutti della terra fino alla città attraverso passaggi trasversali tra un canale e l'altro. I frutti della terra erano raccolti due volte l'anno – d'inverno – grazie al beneficio delle piogge dal cielo e d'estate grazie all'acqua fornita dalla terra, dato che in questo tempo immettevano correnti di acqua dai canali.

Quanto alla popolazione ciascuna ripartizione della pianura doveva fornire un capo per gli uomini atti al servizio militare e la ripartizione aveva la forma di un quadrato con i dati di dieci stadi in ciascuna direzione e il numero totale delle ripartizioni era sessantamila. E quanto agli abitanti delle montagne e del resto del paese, anche di questi vi era una vasta moltitudine, distribuita fra le varie ripartizioni e aveva capi assegnati a essa a seconda del distretto e del villaggio. Al capo si chiedeva di fornire per la guerra la sesta parte di un carro da guerra in modo da fare un totale di diecimila carri; e doveva anche fornire due cavalli con i cavalieri e una coppia di cavalli da tiro senza carro, scortati da un cavaliere capace anche di combattere a piedi provvisto di un piccolo scudo, avendo dietro di sé un auriga che doveva tenersi alle spalle dei combattenti per condurre i due cavalli; inoltre era tenuto a fornire due soldati con armi pesanti, due arcieri, due frombolieri, tre lanciatori di pietre e tre uomini armati di giavellotto, armati alla leggera, e quattro marinai in modo da equipaggiare milleduecento navi. Tale era l'ordinamento militare della città reale – l'ordinamento degli altri nove governi variava e sarebbe tedioso enumerare le molteplici differenze.

Quanto alle cariche e agli onori, ecco com'era l'ordinamento a cominciare dalla carica più alta. Ciascun re nella propria ripartizione e città aveva potere assoluto sui cittadini e in molti casi sulle leggi, potendo punire e uccidere chiunque. Ora l'ordine di precedenza fra i re e i loro mutui rapporti erano regolati dai comandi di Poseidone secondo la legge da lui prescritta. Questa era stata incisa dai primi re su un pilastro di oricalco, posto al centro dell'isola presso il tempio di Poseidone dove i re si riunivano alternatamente a intervalli di cinque e sei anni, onorando così in pari misura il numero dispari e il numero pari. E una volta riuniti insieme si consultavano sui loro interessi comuni e indagavano se alcuno avesse trasgredito in qualche cosa e pronunciavano un giudizio, però prima di pronunciarlo si garantivano a vicenda nel modo seguente: vi erano dei tori che stavano nel recinto del tempio di Poseidone; e i dieci re, lasciati soli nel tempio, dopo aver offerto preghiere al dio al fine di poter catturare la vittima che gli fosse accetta, cacciavano i tori, senz'armi, ma con pertiche e lacci; e trascinavano fino al pilastro il toro che avevano catturato e gli tagliavano la gola sopra di esso in modo che il sangue scorresse sopra le sacre iscrizioni. Ora sul pilastro, oltre alle leggi, era iscritto anche un giuramento che invocava tremende maledizioni sul trasgressore. Allora, dopo aver ucciso il toro nel modo rituale, riempivano una coppa di vino e vi gettavano dentro un coagulo di sangue per ciascuno di essi e procedevano a bruciare le membra del toro; dopo aver purificato la colonna tutto all'intorno, gettavano nel fuoco il resto della vittima. Indi versavano il vino dalla coppa entro tazze di oro e, versando una libagione sul fuoco, giuravano di giudicare secondo le leggi incise sul pilastro e di punire chi le avesse già trasgredite in qualunque punto e di non tornare per l'avvenire, se l'avessero potuto, a compiere azioni a esse contrarie, né di imporle ad altri o di obbedire ad alcun sovrano che volesse imporre loro di comportarsi diversamente da come prescritto dalle leggi del loro padre Poseidone. Era questa la prece che ciascuno di essi innalzava per sé e per i suoi discendenti, mentre beveva e dedicava al tempio del dio la coppa in cui aveva bevuto; e dopo aver cenato e soddisfatto alle proprie necessità, come scendeva l'oscurità e il fuoco del sacrificio era spento, indossavano tutti splendide vesti purpuree e, seduti a terra durante la notte sui carboni del sacrificio, per il quale avevano giurato, dopo aver spento ogni fuoco nel tempio, ricevevano ed emettevano i loro giudizi, se alcuno di loro avesse da portare accuse contro chiunque; e, dopo aver emesso i giudizi, sul far del giorno scrivevano le loro sentenze su una tavoletta di oro che dedicavano alla memoria insieme con le vesti.

Iscritte nei templi vi erano molte leggi speciali riguardanti i re; ma la più importante era la seguente: non dovevano prendere le armi gli uni contro gli altri e tutti dovevano venire in soccorso se una qualsiasi delle loro città avesse tentato di rovesciare la casa reale; al pari dei loro antenati, dovevano deliberare in comune sulla guerra e altre cose, dando la supremazia ai discendenti di Atlante. E il re non poteva avere il potere di vita e di morte su alcuno dei suoi congiunti senza ottener prima il consenso della maggioranza dei dieci.

Tale era la grande potenza posta dal dio nell'isola perduta di Atlantide; e questa potenza diresse egli più tardi contro la nostra terra per le seguenti ragioni, secondo quanto ci dice la tradizione: per molte generazioni, finché la natura divina persistette in loro, essi furono obbedienti alle leggi, ossequienti verso il dio di cui erano la stirpe; possedevano infatti un animo sincero e grande sotto tutti gli aspetti, che riuniva in sé la dolcezza all'accortezza nelle varie evenienze dell'esistenza e nei loro reciproci rapporti. Tutto avevano in spregio salvo la virtù, poco curando l'attuale condizione di vita e tenendo in poco conto il possesso di oro e di altri beni che ai loro occhi altro non erano se non un peso; né si lasciavano abbagliare dal lusso; né la ricchezza li privava del dominio di sé; ma erano morigerati e comprendevano chiaramente come tutte queste cose si accrescano grazie alla virtù e alla reciproca amicizia, mentre si perdono, e con esse si perde la virtù, quando si attribuisca a esse un'importanza e un interesse eccessivi. Grazie a tali riflessioni e grazie al permanere in loro della natura divina, le qualità che abbiamo descritto in loro crescevano e si moltiplicavano; ma, come la parte divina cominciò lentamente a svanire e venne a diluirsi troppo spesso ed eccessivamente con sangue mortale e la natura umana prese il sopravvento, essi, incapaci di reggere la propria fortuna, presero a comportarsi in modo disdicevole e si avvilirono visibilmente dinanzi a chi aveva occhi per vedere, dato che andavano perdendo la più bella delle loro preziose doti; ma agli occhi di chi non sapeva vedere la vera felicità essi apparivano gloriosi e colmi di ogni bene proprio nel momento in cui si venivano macchiando di indegne ambizioni e strapotere. Il dio degli dèi, Zeus, che governa secondo legge e sa vedere queste cose, avvedutosi che una stirpe onorata si trovava in dolorosi frangenti e volendo infliggere loro una punizione, affinché ne fossero corretti e potessero migliorare, radunò tutti gli dèi nelle loro santissime dimore, dalle quali si possono scorgere tutte le cose create, dato che sono poste al centro del mondo. E dopo averli riuniti così parlò loro:

A questo punto si interrompe il *Crizia*.

Riferimenti bibliografici

Il presente elenco non ha altro scopo all'infuori di quello di disporre sistematicamente i titoli dei libri e degli articoli che hanno formato la base principale del nostro studio. Di questi, molti forniscono un ampio indirizzo per ulteriori letture.

Sommari della letteratura sull'Atlantide

1. BRAMWELL, J. *Lost Atlantis*, London, 1937.
2. MARTIN, T. H. *Etudes sur le Timée de Platon*, Paris, 1841, I, pp. 257-332.

L'Atlantide considerata come la Creta minoica

3. BRANDENSTEIN, W. *Atlantis*, 1951.
4. FROST, K. T. The *Critias* and Minoan Crete, *Journal of Hellenic Studies 33*, pp. 189-206.
5. GALANOPOULOS, A. G. A proposito della collocazione e della grandezza dell'Atlantide, (in greco con riassunto in inglese), *Praktika Akad. Ath. 35*, pp. 401-418.
6. MARINATOS, S. The vulcanic destruction of Minoan Crete, *Antiquity 13*, pp. 425-439.
7. Sul mito di Atlantide, (in greco), *Kretika Chronika 2*, 195-213.

Documentazione e fondamenti storici

8. BREASTED, J. H. *Ancient Records of Egypt*, 4 voll., Chicago, 1906.
9. HOOD, S. The Home of the Heroes: *The Aegean before the Greeks*, London, 1967.
10. MARINATOS, S. Il vulcano di Thera e gli stati dell'Egeo, (in greco), *Atti del 2º Congresso cretologico 1967*, vol. I, Atene, 1968.
11. MATZ, F. *Minoan Civilisation: Maturity and Zenith*, Cambridge Ancient History, ed. riv., vol. 2, capp. IV (b), e XII (fasc. 12), 1962.
12. PRITCHARD, J, B. *Ancient Near Eastern Texts*, Princeton, 1955.
13. VERCOUTTER, J. *Essai sur les relations entre Egyptiens et Préhellénes*, Paris, 1954.

Creta antica

14. ALEXIOU, S., PLATON, N. e GUANELLA, H. *Ancient Crete*, London, 1968.
15. EVANS, Sir ARTHUR. *The Palace of Minos at Knossos*, London, 1921-36.
16. HUTCHINSON, R. W. *Prehistoric Crete*, Harmondsworth, 1962.
17. MARINATOS, S. *Crete and Mycenae*, London, 1960.
18. PENDLEBURY, J. S. S. *The Archaeology of Crete*, London, 1939.
19. SCHACHERMEYR, F. *Die minoische Kultur des alten Kreta*, Stuttgart, 1964.

Archeologia di Thera e delle Cicladi

20. ÅBERG, N. *Bronzezeitliche und Früheisezeitliche Chronologie*, Stockholm, 1930, vol. IV, pp. 127-137.
21. CASKEY, J. L. Investigations in Keos, *Hesperia 31, 33, 35*.
22. GAERTRINGEN, F. HILLER VON. *Thera*, 4 voll., Berlin, 1899-1909.
23. MAMET, H. *De insula Thera*, Lille, 1874.
24. MARINATOS, S. *Excavations at Thera, First preliminary report (1967 season)*, Atene, 1968.
25. RENAUDIN, L. Vases préhellèniques de Théra, *Bulletin de Correspondance Hellènique 46*, pp. 113-159.
26. SCHOLES, K. The Cyclades in the later Bronze Age: A synopsis, *Annual of the British School at Athens* 51, pp. 9-40.

Vulcanismo di Thera: Krakatoa

27. FOUQUÉ, F. *Santorin et ses éruptions*, Paris, 1879.
28. GALANOPOULOS, A. G. Tsunamis observed on the coasts of Greece from antiquity to the present time, *Annali Geofisici 13*, pp. 369-386.
29. NINKOVICH, D. e HEEZEN, B. C. Santorini Tephra, in *Submarine Geology and Geophysics*, Colston papers, vol. 17, Bristol, 1965.
30. RECK, H. *Santorin: der Werdegang eines Inselvukans und sein Ausbruch 1925-28*, 3 voll., Berlin, 1936.
31. SIMONS, G. J. *The eruption of Krakatoa and subsequent phenomena*. The Report of The Krakatoa Committee of the Royal Society, London, 1888.
32. WILLIAMS, H. *Calderas and their origin*. University of California Publication in Geological Science 25, pp. 239-346.

Indice dei nomi

Indice

Grandi Tascabili Economici, sezione dei Paperbacks
Pubblicazione settimanale, 26 ottobre 1994
Direttore responsabile: G.A. Cibotto
Registrazione del Tribunale di Roma n. 16024 del 27 agosto 1975
Fotocomposizione: Centrofotocomposizione Calagreti s.n.c., Città di Castello (PG)
Stampato per conto della Newton Compton editori s.r.l., Roma
presso la Rotolito Lombarda S.p.A., Pioltello (MI)
Distribuzione nazionale per le edicole: A. Pieroni s.r.l.
Viale Vittorio Veneto 28 - 20124 Milano - telefono 02-29000221
telex 332379 PIERON I - telefax 02-6597865
Consulenza diffusionale: Eagle Press s.r.l., Roma

Grandi Tascabili Economici

1. **Sigmund Freud**, *L'interpretazione dei sogni*
2. **Pablo Neruda**, *Poesie d'amore*
3. **Mohandas Karamchand Gandhi**, *La mia vita per la libertà*
4. **Albert Einstein**, *Come io vedo il mondo – La teoria della relatività*
5. **Rabindranath Tagore**, *Poesie. Gitanjali – Il Giardiniere*
6. **David Herbert Lawrence**, *L'amante di Lady Chatterley*
7. **Erich Fromm**, *Psicoanalisi dell'amore*
8. **Edgar Lee Masters**, *Antologia di Spoon River*
9. **Herman Hesse**, *Leggende e fiabe*
10. **Friedrich Wilhelm Nietzsche**, *Così parlò Zarathustra*
11. **Jacques Prévert**, *Poesie*
12. **Italo Svevo**, *La coscienza di Zeno*
13. **Sigmund Freud**, *Psicopatologia della vita quotidiana*
14. **Federico García Lorca**, *Poesie. Libro de Poemas*
15. **Giovanni Verga**, *I Malavoglia – Mastro-don Gesualdo*
16. **Hermann Hesse**, *Romanzi. Peter Camenzind, Gertrud, Rosshalde, Demian*
17. **William Shakespeare**, *I sonetti*
18. **Friedrich Wilhelm Nietzsche**, *Al di là del bene e del male*
19. **Albert Soboul**, *La Rivoluzione francese*
20. **Charles Baudelaire**, *I fiori del male e tutte le poesie*
21. **Franz Kafka**, *Tutti i racconti*
22. **Sigmund Freud**, *Sessualità e vita amorosa*
23. **Hermann Hesse**, *Poesie d'amore*
24. **James Joyce**, *Gente di Dublino – Ritratto dell'artista da giovane*
25. **Bertrand Russell**, *Introduzione alla filosofia matematica*
26. **Arthur Rimbaud**, *Tutte le poesie*
27. **Francis Scott Fitzgerald**, *Il grande Gatsby*
28. **Charles Darwin**, *L'origine delle specie*
29. **Guillaume Apollinaire**, *Poesie*
30. **Ernest Hemingway**, *Fiesta – Il sole sorge ancora*
31. **Sigmund Freud**, *La psicoanalisi*
32. **Rabindranath Tagore**, *Poesie d'amore*
33. **Italo Svevo**, *Una vita*
34. **Carl Gustav Jung**, *La psicologia dell'inconscio*
35. **Paul Verlaine**, *Poesie*
36. **Edgar Allan Poe**, *Tutti i racconti del mistero, dell'incubo e del terrore*
37. **Friedrich Wilhelm Nietzsche**, *L'Anticristo – Crepuscolo degli idoli – Ecce homo – La volontà di potenza*
38. **Gibran Kahlil Gibran**, *Il profeta – Il Giardino del Profeta*
39. **Alessandro Manzoni**, *I promessi sposi*
40. **Jean Piaget**, *Cos'è la psicologia*
41. **Giacomo Leopardi**, *Canti*
42. **Hermann Hesse**, *Viaggio in India – Racconti indiani*
43. **Bertrand Russell**, *I princìpi della matematica*
44. **Evgenij Evtušenko**, *Poesie d'amore*
45. **Franz Kafka**, *Il processo*
46. **Erich Fromm**, *Personalità, libertà, amore – La missione di Sigmund Freud*
47. **Pellegrino Artusi**, *La scienza in cucina e l'arte di mangiar bene*
48. **Hermann Hesse**, *Racconti*
49. **Charles Darwin**, *L'origine dell'uomo*
50. **Boris Pasternak**, *Poesie d'amore*
51. **Michail Bulgakov**, *Il maestro e Margherita*
52. **Sigmund Freud**, *La psicoanalisi infantile*
53. **Juan Ramón Jiménez**, *Poesie d'amore*
54. **Thomas Mann**, *Romanzi brevi. Tristano, Tonio Kröger, La morte a Venezia, Cane e padrone*
55. **Édouard Schuré**, *I grandi iniziati*
56. **David Herbert Lawrence**, *Poesie d'amore*

57. **Joseph Conrad**, *Romanzi del mare. Il negro del Narciso, Tifone, Un colpo di fortuna, Freya delle Sette Isole*
58. **Sigmund Freud**, *Totem e tabù e altri saggi di antropologia*
59. **Stéphane Mallarmé**, *Tutte le poesie*
60. **Italo Svevo**, *Senilità*
61. **Friedrich Wilhelm Nietzsche**, *Aurora. Pensieri sui pregiudizi morali*
62. **Paul Éluard**, *Poesie*
63. **Michail Bulgakov**, *Romanzi e racconti. Cuore di cane, Romanzo teatrale, Diavoleide, Le uova fatali, I racconti di un giovane medico e altri racconti*
64. **Friedrich Wilhelm Nietzsche**, *Umano, troppo umano. Un libro per spiriti liberi*
65. **Edgar Lee Masters**, *Il nuovo Spoon River*
66. **Hermann Hesse**, *Romanzi brevi. Sotto la ruota, Knulp, L'ultima estate di Klingsor, Klein e Wagner*
67. **Sigmund Freud**, *Sulla cocaina*
68. **Edgar Allan Poe**, *Tutte le poesie*
69. **Franz Kafka**, *Il Castello*

Marcel Proust, *Alla ricerca del tempo perduto*

70. **Marcel Proust**, *Dalla parte di Swann*
71. **Marcel Proust**, *All'ombra delle fanciulle in fiore*
72. **Marcel Proust**, *I Guermantes*
73. **Marcel Proust**, *Sodoma e Gomorra*
74. **Marcel Proust**, *La Prigioniera*
75. **Marcel Proust**, *Albertine scomparsa*
76. **Marcel Proust**, *Il Tempo ritrovato*
77. *Proust e la critica italiana*. A cura di Paolo Pinto e Giuseppe Grasso.

Gli otto volumi di *Alla ricerca del tempo perduto* e l'antologia critica su Marcel Proust sono disponibili anche in cofanetto.

78. **Ambrogio Donini**, *Breve storia delle religioni*
79. **Oscar Wilde**, *Poesie e «Ballata del carcere di Reading»*
80. **André Gide**, *I sotterranei del Vaticano*
81. **William Shakesperare**, *Tutto il teatro, vol.* I. *La tempesta, I due gentiluomini di Verona, Le allegre comari di Windsor, Misura per misura, La commedia degli errori, Molto rumore per nulla, Pene d'amor perdute*
82. **William Shakespeare**, *Tutto il teatro, vol.* II. *Sogno di una notte di mezza estate, Il mercante di Venezia, Come vi piace, La bisbetica domata, Tutto è bene quel che finisce bene, La dodicesima notte, Il racconto d'inverno*
83. **William Shakespeare**, *Tutto il teatro, vol.* III. *Re Giovanni, Riccardo II, Enrico IV, Enrico VI, Riccardo III, Enrico VIII*
84. **William Shakespeare**, *Tutto il teatro, vol.* IV. *Troilo e Cressida, Coriolano, Tito Andronico, Romeo e Giulietta, Timone d'Atene, Giulio Cesare*
85. **William Shakespeare**, *Tutto il teatro, vol.* V. *Macbeth, Amleto, Re Lear, Otello, Antonio e Cleopatra, Cimbelino, Pericle*

I cinque volumi di *Tutto il teatro* di W. Shakespeare sono disponibili anche in cofanetto.

86. **Salvatore Di Giacomo**, *Tutte le novelle*
87. **Salvatore Di Giacomo**, *Tutte le poesie*
88. **Salvatore Di Giacomo**, *Tutto il teatro*

I tre volumi di *Tutte le novelle, le poesie e il teatro* di Salvatore Di Giacomo sono disponibili anche in cofanetto.

89. **Mohandas Karamchand Gandhi**, *La voce della verità*
90. **James Joyce**, *Poesie*
91. **Robert Musil**, *Il giovane Törless – Congiungimenti*
92. **Sigmund Freud**, *Il sogno – Scritti su ipnosi e suggestione*
93. **William Blake**, *Poesie*
94. **Franz Kafka**, *America*
95. **Carl Gustav Jung**, *Psicologia dei fenomeni occulti*
96. **Omar Khayyàm**, *Quartine. Rubaiyyàt*
97. **Joseph Conrad**, *Lord Jim*
98. **Maurice Maeterlinck**, *La vita delle api – La vita delle termiti – La vita delle formiche*
99. **Hermann Hesse**, *Dall'Italia e Racconti Italiani*
100. **Francesco De Sanctis**, *Storia della letteratura italiana*
101. **Friedrich Wilhelm Nietzsche**, *Verità e menzogna – La nascita della tragedia – La filosofia nell'età tragica dei Greci*

102. **Guillaume Apollinaire**, *Poesie d'amore*
103. **Donatien-Alphonse-François de Sade**, *Le 120 giornate di Sodoma*
104. **Sigmund Freud**, *Psicoanalisi della società moderna*
105. **Saffo**, *Poesie*
106. **David Herbert Lawrence**, *Il peccatore*
107. **Voltaire**, *Dizionario filosofico*
108. **John Keats**, *Poesie*
109. **Hermann Hesse**, *Racconti brevi*
110. **Henri Pirenne**, *Storia d'Europa dalle invasioni al* XVI *secolo*
111. **Percy Bysshe Shelley**, *Poesie*
112. **Conan Doyle**, *Tutto Sherlock Holmes, vol.* I. *Uno studio in rosso*, *Il segno dei quattro*, *Le avventure di Sherlock Holmes*
113. **Conan Doyle**, *Tutto Sherlock Holmes, vol.* II. *Le memorie di Sherlock Holmes*, *Il mastimo dei Baskerville*
114. **Conan Doyle**, *Tutto Sherlock Holmes, vol.* III. *Il ritorno di Sherlock Holmes*, *La valle della paura*
115. **Conan Doyle**, *Tutto Sherlock Holmes, vol.* IV. *L'ultimo saluto di Sherlock Holmes*, *Il taccuino di Sherlock Holmes*
    I quattro volumi di *Tutto Sherlock Holmes* di Conan Doyle sono disponibili anche in cofanetto.
116. **Eschilo**, *Tutte le tragedie*. *I Persiani, I Sette a Tebe, Le supplici, Prometeo incatenato, Agamennone, Le coefore, Le Eumenidi*
117. **Sofocle**, *Tutte le tragedie*. *Antigone, Aiace, Edipo re, Elettra, Filottete, Le Trachinie, Edipo a Colono, I segugi*
118. **Euripide**, *Tutte le tragedie, vol.* I. *Alcesti, Medea, Ippolito, Gli Eraclidi, Ecuba, Andromaca, Le supplici, Eracle, Le troiane, Elettra, Elena*
119. **Euripide**, *Tutte le tragedie, vol.* II. *Ifigenia Taurica, Ione, Le fenicie, Oreste, Ifigenia in Aulide, Le Baccanti, Reso, Il Ciclope*
120. **Aristofane**, *Tutte le commedie. Gli Acarnesi, I Cavalieri, Le nuvole, Le vespe, La pace, Gli uccelli, Lisistrata, Le Tesmoforiazuse, Le rane, Le donne a Parlamento, Pluto*
    I cinque volumi del *Teatro greco completo* sono disponibili anche in cofanetto.
121. **Joseph Conrad**, *Romanzi della Malesia*
    La follia di Almayer, Il reietto delle isole, La linea d'ombra
122. **Sigmund Freud**, *Il motto di spirito e la sua relazione con l'inconscio*
123. **Emily Dickinson**, *Poesie*
124. **Sherwood Anderson**, *I racconti dell'Ohio*
125. **Carl Gustav Jung**, *Freud e la psicoanalisi*
126. **Hermann Hesse**, *Poesie romantiche*
127. **Thomas Mann**, *I Buddenbrook. Decadenza di una famiglia*
128. **Catullo**, *Le poesie. Carmina*
129. **Mohandas Karamchand Gandhi**, *Il mio credo, il mio pensiero*
130. **Trilussa**, *Poesie*
131. **David Herbert Lawrence**, *Donne innamorate*
132. **Johan Huizinga**, *L'autunno del Medioevo*
133. **Giuseppe Ungaretti**, *Poesie*
134. **Jack Kerouac**, *La città e la metropoli*
135. **Plauto**, *Tutte le commedie, vol.* I. *Amphitruo, Asinaria, Aulularia, Bacchides*
136. **Plauto**, *Tutte le commedie, vol.* II. *Captivi, Casina, Cistellaria, Curculio, Epidicus*
137. **Plauto**, *Tutte le commedie, vol.* III. *Menaechmi, Mercator, Miles gloriosus, Mostellaria*
138. **Plauto**, *Tutte le commedie, vol.* IV. *Persa, Poenulus, Pseudolus*
139. **Plauto**, *Tutte le commedie, vol.* V. *Rudens, Stichus, Trinummus, Truculentus, Vidularia*
    I cinque volumi di *Tutte le commedie* di Plauto sono disponibili anche in cofanetto.
140. **Sigmund Freud**, *Psicologia e metapsicologia*
141. **Salvatore Quasimodo**, *Poesie*
142. **Donatien-Alphonse-François de Sade**, *La nuova Justine*
143. **Petronio**, *Satyricon*
144. **Sigmund Freud**, *Ossessioni, fobie e paranoia*
145. **Gibran Kahlil Gibran**, *Sabbia e Spuma* e *Il Vagabondo*
146. **Joseph Conrad**, *Romanzi e racconti d'avventura di terra e di mare. Cuore di tenebra, La laguna, Gli idioti, Un avamposto del progresso, Karain: un ricordoIl ritorno, Domani, Amy Foster, Il compagno segreto*
147. **William H. Prescott**, *La conquista del Messico*
148. **William H. Prescott**, *La conquista del Perú*

I due volumi di W. H. Prescott sono disponibili anche in cofanetto.

149. **Alfred Adler**, *La psicologia individuale*
150. *Poesie Zen*. A cura di Lucien Strik e Takaschi Ikemoto
151. **Donatien-Alphonse-François de Sade**, *Le sventure della virtù*
152. **Sigmund Freud**, *Psicoanalisi dell'isteria e dell'angoscia*
153. **Heinrich Heine**, *Poesie d'amore*
154. **Thomas Mann**, *Racconti*
155. **Orazio**, *Tutte le opere. Odi, Epodi, Carme secolare, Satire, Epistole, Arte poetica*
156. **Carlo Goldoni**, *I capolavori, vol.* I. *La donna di garbo, Il servitore di due padroni, La vedova scaltra, La putta onorata, La buona moglie, La famiglia dell'antiquario*
157. **Carlo Goldoni**, *I capolavori, vol.* II. *Il teatro comico, La bottega del caffè, Il bugiardo, La serva amorosa, La locandiera, Le donne curiose*
158. **Carlo Goldoni**, *I capolavori, vol.* III. *Le massere, Le donne de casa soa, Il campiello, Le morbinose, L'apatista, Gl'innamorati*
159. **Carlo Goldoni**, *I capolavori, vol.* IV. *L'impresario delle Smirne, I rusteghi, Un curioso accidente, La casa nova, Le smanie per la villeggiatura, Le avventure della villeggiatura, Il ritorno dalla villeggiatura*
160. **Carlo Goldoni**, *I capolavori, vol.* V. *Sior Todero Brontolon, Le baruffe chiozzotte, Una delle ultime sere di Carnovale, Il ventaglio, Il burbero benefico*

I cinque volumi de *I capolavori* di Goldoni sono disponibili anche in cofanetto

161. **Molière**, *Tutto il teatro, vol.* I. *La gelosia del Barboullié, Il medico volante, Lo stordito, Dispetto d'amore, Le preziose ridicole, Sganarello, Don Garcia di Navarra, La Scuola dei mariti, I Seccatori, La Scuola delle mogli, La critica alla Scuola delle mogli, L'improvvisazione di Versailles, Il matrimonio per forza, La principessa d'Elide*
162. **Molière**, *Tutto il teatro, vol.* II. *Tartufo, Don Giovanni, L'amore medico, Il Misantropo, Il medico per forza, Melicerta, Pastorale comica, Il Siciliano, Anfitrione, La grande festa reale di Versailles, George Dandin*
163. **Molière**, *Tutto il teatro, vol.* III. *L'avaro, Il signor di Pourceaugnac, I favolosi amanti, Il borghese gentiluomo, Psiche, Le furberie di Scapino, La Contessa d'Escarbagnas, Le donne intellettuali, Il malato immaginario*

I tre volumi di *Tutto il teatro* di Molière sono disponibili anche in cofanetto.

164. **Vladimir Propp**, *Morfologia della fiaba – Le radici storiche dei racconti di magia*
165. **Bob Dylan**, *Blues, ballate e canzoni*
166. **Virginia Woolf**, *La signora Dalloway*
167. **Jack London**, *vol.* I. *I racconti del Grande Nord e della corsa all'oro*
168. **Jack London**, *vol.* II. *I racconti del Pacifico e dei Mari del Sud*
169. **Jack London**, *vol.* III. *Il richiamo della foresta – Zanna Bianca e altre storie di cani*
170. **Jack London**, *vol.* IV. *Avventure di mare e di costa – Il lupo dei mari – I racconti della pattuglia guardiapesca*

I quattro volumi *Romanzi e racconti del Grande Nord e dei Mari del Sud* di Jack London sono disponibili anche in cofanetto.

171. **Hans Christian Andersern**, *Le fiabe*
172. **Luigi Capuana**, *Tutte le fiabe. C'era una volta, Il raccontafiabe, Chi vuol fiabe, chi vuole? Si conta e si racconta..., Le ultime fiabe*
173. **Carlo Collodi**, *Fiabe e racconti. Racconti delle fate, Pinocchio, Storie allegre*
174. **I fratelli Grimm**, *Tutte le fiabe*
175. **Emma Perodi**, *Le novelle della nonna. Fiabe fantastiche*

I cinque volumi le grandi *Fiabe* sono disponibili anche in cofanetto.

176. **Eduardo Scarpetta**, *Tutto il teatro, vol.* I. *Persicone mio figlio, Gelusia ovvero Ammore, spusalizio e gelusia, 'Na Commedia 'e tre atte, Quinnice solde so'cchiù assaje de seimila lire, È buscìa o verità, Felice maestro di calligrafia ovvero Lu Curaggio de nu pumpiere napulitano, La Collana d'oro o i cinque talismani, Tetillo, Mettiteve a fà l'ammore cu me!, Duje marite 'mbrugliune, Il non plus ultra della disperazione ovvero La Bottiglieria del Rigoletto, Lu Pagnottino, Lo Scarfalietto, Tetillo 'nzurato*
177. **Eduardo Scarpetta**, *Tutto il teatro, vol.* II. *Tre pecore viziose, L'Amico 'e papà, 'No pasticcio, Il Romanzo di un farmacista povero, Nun la trovo a mmaretà, La Nutriccia, 'Nu Frungillo cecato, Amore e polenta: 'Na paglia 'e Firenze, 'Nu brutto difetto, 'Na matassa 'mbrugliata, 'Na società 'e marite*
178. **Eduardo Scarpetta**, *Tutto il teatro, vol.* III. *Li Nepute de lu sinneco, Lu Marito de Nannina, Miseria e nobiltà, 'Nu turco napolitano, 'Na Santarella, Pazzie di Carnevale, Lu Cafè chantant, 'Nu Ministro mmiezo a li guaje, Tre cazune furtunate, 'Na Bona guagliona*
179. **Eduardo Scarpetta**, *Tutto il teatro, vol.* IV. *La Casa vecchia, La Bohéme, L'Albergo del Silenzio, Nina Boné, La Pupa movibile, 'A Cammarera nova, Duje chiapparielle, 'Na Figliola romantica, 'A Nanassa, Cane e gatte, Il Debutto di Gemma, Madama Sangenella*

180. **Eduardo Scarpetta**, *Tutto il teatro, vol.* V. *'O Balcone 'e Rusinella, Il Processo Fiaschella, Il Figlio di Iorio, 'Na Mugliera zetella, 'O Miedeco d'e pazze, Tre epoche, L'ommo che vola!, La statua di zi' Giacomo, Feliciello scarparo, Pulcinella se venne la mogliera pe mezza lira, Vaco a Roma pe n'affare, Gli spiriti dell'aria, Il cinematografo e il teatro*
I cinque volumi di *Tutto il teatro* di Eduardo Scarpetta sono disponibili anche in cofanetto.

181. **Friedrich Wilhelm Nietzsche**, *Genealogia della morale*
182. **Gibran Kahlil Gibran**, *Gesù figlio dell'uomo*
183. **Virginia Woolf**, *Le onde*
184. **Luigi Pirandello**, *Tutti i romanzi, vol.* I. *L'esclusa, Suo marito*
185. **Luigi Pirandello**, *Tutti i romanzi, vol.* II. *Il turno, Il fu Mattia Pascal*
186. **Luigi Pirandello**, *Tutti i romanzi, vol.* III. *I vecchi e i giovani*
187. **Luigi Pirandello,** *Tutti i romanzi, vol.* IV. *Uno, nessuno e centomila, Quaderni di Serafino Gubbio operatore*
I quattro volumi di *Tutti i romanzi* di Luigi Pirandello sono disponibili anche in cofanetto.

188. **Luigi Pirandello,** *Novelle per un anno, vol.* I. *Scialle nero, La vita nuda, La rallegrata*
189. **Luigi Pirandello**, *Novelle per un anno, vol.* II. *L'uomo solo, La mosca, In silenzio*
190. **Luigi Pirandello**, *Novelle per un anno, vol.* III. *Tutt'e tre, Dal naso al cielo, Donna Mimma*
191. **Luigi Pirandello**, *Novelle per un anno, vol.* IV. *Il vecchio Dio, La giara, Il viaggio, Candelora*
192. **Luigi Pirandello**, *Novelle per un anno, vol.* V. *Berecche e la guerra, Una giornata, Appendice*
I cinque volumi delle *Novelle per un anno* di Luigi Pirandello sono disponibili anche in cofanetto.

193. **Luigi Pirandello**, *Maschere nude, vol.* I. *Sei personaggi in cerca d'autore, Ciascuno a suo modo, Questa sera si recita a soggetto, Enrico IV, Diana e la Tuda, La vita che ti diedi, L'uomo dal fiore in bocca, Il giuoco delle parti, Il piacere dell'onestà, L'imbecille*
194. **Luigi Pirandello**, *Maschere nude, vol.* II. *L'uomo, la bestia e la virtù, Come prima, meglio di prima, Vestire gli ignudi, Come tu mi vuoi, Così è (se vi pare), Tutto per bene, La ragione degli altri, L'innesto, Sogno (ma forse no), L'amica delle mogli*
195. **Luigi Pirandello**, *Maschere nude, vol.* III. *La morsa, La signora Morli, una e due, Pensaci, Giacomino!, Lumie di Sicilia, Il berretto a sonagli, La giara, Cecè, Il dovere del medico, Sagra del Signore della Nave, Ma non è una cosa seria, Bellavita, La patente, L'altro figlio, Liolà*
196. **Luigi Pirandello**, *Maschere nude, vol.* IV. *O di uno o di nessuno, Non si sa come, Trovarsi, Quando si è qualcuno, All'uscita, La nuova colonia, Lazzaro, La favola del figlio cambiato, I giganti della montagna*
I quattro volumi di *Maschere nude* di Luigi Pirandello sono disponibili anche in cofanetto.

197. **Bram Stoker**, *Dracula*
198. **Carl Gustav Jung**, *Tipi psicologici*
199. **Rabindranath Tagore**, *Canti e poesie*
200. **Thomas Mann**, *Altezza Reale*
201. **Blaise Pascal**, *Pensieri*
202. **Guido Gozzano**, *Tutte le poesie. La via del rifugio, I colloqui, Le farfalle, Poesie sparse*
203. **Virginia Woolf**, *Gita al Faro*
204. **Ettore Petrolini**, *Il teatro. Macchiette, Venite a sentire, Nerone, Amori de notte, Romani de Roma, Acqua salata, Gastone, Il padiglione delle meraviglie, Benedetto tra le donne, Chicchignola, Il metropolitano*
205. **Ettore Petrolini**, *Facezie, autobiografie e memorie. Ti à piaciato?, Abbasso Petrolini, Io e il film sonoro, Modestia a parte..., Un po' per celia un po' per non morir...*
I due volumi di Petrolini sono disponibili anche in cofanetto.

206. **Alfred Adler**, *La Psicologia Individuale nella scuola – Psicologia dell'educazione – Psicologia del bambino difficile*
207. **Gibran Kahlil Gibran**, *Il folle – Poesie in prosa – Il diverbio*
208. **Edward Morgan Forster**, *Casa Howard*
209. **Federico García Lorca**, *Tutte le poesie, vol.* I. *Libro de poemas, Suites*
210. **Federico García Lorca**, *Tutte le poesie, vol.* II. *Poema del Cante jondo, Canzoni, Romancero gitano, Odi, Poeta a New York, Lamento per Ignacio Sánchez Mejías, Sei poesie galizie, Diván del Tamarit, Sonetti, Poesie sparse, Canti popolari*
211. **Federico García Lorca**, *Tutto il teatro. Il maleficio della farfalla, La fanciulla e il principe, Lola, Le marionette, Mariana Pineda, Dialoghi, La calzolaia prodigiosa, Amore di don Perlimplín con Belisa, Di qui a cinque anni, Il pubblico, Retablillo di don Cristóbal, Nozze di sangue, Yerma, Donna Rosita nubile, La casa di Bernarda Alba, Commedia senza titolo, I sogni di mia cugina Aurelia*

I tre volumi di García Lorca sono disponibili anche in cofanetto.

212. **Henri Pirenne**, *Maometto e Carlomagno*
213. *Le più belle poesie d'amore della letteratura italiana*. A cura di Ferruccio Ulivi e Marta Savini.
214. **David Herbert Lawrence**, *Il pavone bianco*
215. **Marziale,** *Gli epigrammi*
216. **Claudio Rendina**, *I papi. Storia e segreti*
217. **Claudio Rendina**, *I dogi. Storia e segreti*
I due volumi *I papi* e *I dogi* sono disponibili anche in cofanetto.
218. **Michael Grant**, *Gli imperatori romani. Storia e segreti*
I tre volumi *I papi, I dogi, Gli imperatori romani* sono disponibili anche in cofanetto.
219. **Bertrand Russell**, *Matrimonio, sesso e morale*
220. **Jack Kerouac**, *Mexico City Blues*
221. **Joseph Conrad**, *Nostromo*
222. **Victor W. von Hagen**, *L'impero degli Inca*
223. **Victor W. von Hagen**, *Il mondo dei Maya*
224. **Victor W. von Hagen**, *Gli Aztechi, civiltà e splendore*
225. **Victor W. von Hagen**, *Gli imperi del deserto nel Perú precolombiano*
I quattro volumi *Le antiche civiltà precolombiane* di von Hagen sono disponibili anche in cofanetto.
226. **Sigmund Freud**, *Psicoanalisi dell'arte e della letteratura*
227. *Il fiore della libertà*. A cura di Elena Clementelli e Walter Mauro.
228. **Edith Wharton**, *L'età dell'innocenza*
229. **Carl Gustav Jung**, *La libido, simboli e trasformazioni*
230. **George Byron**, *Satire. Beppo, racconto veneziano, Visione di un giudizio*
231. **David Herbert Lawrence**, *Figli e amanti*
232. **Sigmund Freud**, *Casi clinici*
233. **Francesco Petrarca**, *Poesie d'amore*
234. **Virginia Woolf**, *Orlando*
235. **Henrik Ibsen**, *Tutto il teatro, vol.* I. *Catilina, La tomba del guerriero, La notte di San Giovanni, Donna Inger di Östraat, Festa a Solhaug, Olaf Liljekrans, Guerrieri a Helgeland, La commedia dell'amore, I pretendenti alla corona*
236. **Henrik Ibsen**, *Tutto il teatro, vol.* II. *Brand, Peer Gynt, La lega dei giovani, Cesare e Galileo: 1. L'apostasia di Cesare, 2. Giuliano imperatore*
237. **Henrik Ibsen**, *Tutto il teatro, vol.* III. *I pilastri della società, Casa di bambola, Spettri, Un nemico del popolo, L'anitra selvatica, La casa dei Rosmer*
238. **Henrik Ibsen**, *Tutto il teatro, vol.* IV. *La donna del mare, Hedda Gabler, Il costruttore Solness, Il piccolo Eyolf, John Gabriel Borkman, Quando noi morti ci destiamo*
I quattro volumi di *Tutto il teatro* di Henrik Ibsen sono disponibili anche in cofanetto.
239. **Howard Phillips Lovecraft**, *Tutti i romanzi e i racconti, vol.* I. *L'incubo*, I
240. **Howard Phillips Lovecraft**, *Tutti i romanzi e i racconti, vol.* II. *L'incubo*, II
241. **Howard Phillips Lovecraft**, *Tutti i romanzi e i racconti, vol.* III. *Il sogno*
242. **Howard Phillips Lovecraft**, *Tutti i romanzi e i racconti, vol.* IV. *Il mito*, I
243. **Howard Phillips Lovecraft**, *Tutti i romanzi e i racconti, vol.* V. *Il mito*, II
I cinque volumi di *Tutti i romanzi e i racconti* di H. P. Lovecraft sono disponibili anche in cofanetto.
244. **Omero**, *Iliade* nella versione di Vincenzo Monti.
245. **Omero**, *Odissea* nella versione di Ippolito Pindemonte.
I due volumi di *Iliade* e *Odissea* di Omero sono disponibili anche in cofanetto.
246. **Donatien-Alphonse-François de Sade**, *Le sventure della virtù, Justine ovvero le disgrazie della virtù* (*Opere complete, vol.* I)
247. **Donatien-Alphonse-François de Sade**, *Aline e Valcour* (*Opere complete, vol.* II)
248. **Donatien-Alphonse-François de Sade**, *La filosofia nel boudoir, Teatro e opuscoli* (*Opere complete, vol.* III)
249. **Donatien-Alphonse-François de Sade**, *La nuova Justine ovvero le sciagure della virtù* (*Opere complete, vol.* IV)
250. **Donatien-Alphonse-François de Sade**, *Juliette ovvero le prosperità del vizio*, I (*Opere complete, vol.* V)
251. **Donatien-Alphonse-François de Sade**, *Juliette ovvero le prosperità del vizio*, II (*Opere complete, vol.* VI)
252. **Donatien-Alphonse-François de Sade**, *I crimini dell'amore, L'autore a Villeterque* (*Opere complete, vol.* VII)

253. **Donatien-Alphonse-François de Sade**, *La marchesa di Gange, Adelaide di Brunswick, Isabella di Baviera* (*Opere complete, vol.* VIII)
254. **Donatien-Alphonse-François de Sade**, *Le 120 giornate di Sodoma, Storielle e racconti* (*Opere complete, vol.* IX)
255. **Donatien-Alphonse-François de Sade**, *Viaggio in Italia, Viaggio in Olanda* (*Opere complete, vol.* X)
I dieci volumi delle *Opere complete* di Sade sono disponibili anche in cofanetto.
256. **Bertrand Russell**, *L'analisi della mente*
257. **Vladimir Vladimirovič Majakovskij**, *Poesie*
258. **Virginia Woolf**, *Gli anni*
259. **Alfred Adler**, *La conoscenza dell'uomo nella psicologia individuale*
260. *I futuristi*. A cura di Francesco Grisi
261. **Joseph Conrad**, *Vittoria*
262. **Guy de Maupassant**, *Tutti i racconti neri, fantastici e crudeli*
263. **Émile Zola**, *Germinal*
264. **Jacob Burckhardt**, *La civiltà del Rinascimento in Italia*
265. **Ernst Theodor Amadeus Hoffmann**, *Gli elisir del diavolo*
266. **Edith Wharton**, *La casa della gioia*
267. **Lev Davidovič Trotskij**, *Storia della Rivoluzione russa, vol.* I. *La Rivoluzione di febbraio*
268. **Lev Davidovič Trotskij**, *Storia della Rivoluzione russa, vol.* II. *La Rivoluzione di ottobre*
I due volumi della *Storia della Rivoluzione russa* di L. Trotskij sono disponibili anche in cofanetto.
269. **A. M. di Nola**, *Il diavolo*
270. **Howard Phillips Lovecraft**, *I miei orrori preferiti*
271. **Arthur Conan Doyle**, *Tutti i racconti fantastici e dell'orrore*
272. **Arthur Conan Doyle**, *Tutti i romanzi fantastici, vol.* I. *Il mondo perduto, La fine del mondo, La macchina disintegratrice, Una scoperta meravigliosa*
273. **Arthur Conan Doyle**, *Tutti i romanzi fantastici, vol.* II. *Nel paese delle nebbie, Quando la Terra urlò, L'abisso di Atlantide*
I tre volumi di Arthur Conan Doyle sono disponibili anche in cofanetto.
274. **Bertrand Russell**, *Dio e la religione*
275. **D. H. Lawrence**, *La ragazza perduta*
276. **Virgilio**, *Eneide*
277. **Georg Groddeck**, *Il libro dell'Es*
278. **Honoré de Balzac**, *Tutto il teatro*
279. **Ambrose Bierce**, *Tutti i racconti dell'orrore*
280. **Aleksandr Nicolaevič Afanas'ev**, *Fiabe popolari russe*
281. **Hans Christian Andersen**, *Fiabe*
282. **Jean de La Fontaine**, *Favole*
283. **Charles Perrault e altri**, *I racconti delle fate*
284. **William Butler Yeats**, *Fiabe irlandesi*
I cinque volumi di *Fiabe* sono disponibili anche in cofanetto.
285. **Alfred Adler**, *Cosa la vita dovrebbe significare per voi*
286. **Edith Wharton**, *Storie di fantasmi*
287. **Marcello Vannucci**, *I Medici*
288. **J. V. Luce**, *La fine di Atlantide*
289. **Evan Hadingham**, *I misteri dell'antica Britannia*
290. **Georges Goyon**, *Il segreto delle grandi piramidi*
291. **J. Alberto Soggin**, *I manoscritti del Mar Morto*
292. **H.V.F. Winstone**, *Alla scoperta della tomba di Tutankhamun*
I cinque volumi *Enigmi e misteri dell'archeologia* sono disponibili anche in cofanetto.

Tascabili Economici Newton

100 pagine 1000 lire

1. **Sigmund Freud**, *Il sogno e la sua interpretazione*
2. **William Shakespeare**, *Amleto*
3. **Franz Kafka**, *La metamorfosi* e *Nella colonia penale*
4. **Hermann Hesse**, *Vagabondaggio*
5. **Kahlil Gibran**, *La Voce del Maestro*
6. **Robert Louis Stevenson**, *Il Dr. Jekyll e Mr. Hyde*
7. **Sigmund Freud**, *Psicoanalisi, cinque conferenze*
8. **William Shakespeare**, *Otello*
9. **Italo Svevo**, *Corto viaggio sentimentale*
10. **Hermann Hesse**, *Amicizia*
11. **Mallanaga Vatsyayana**, *Kamasutra*
12. **Thomas Mann**, *La morte a Venezia*
13. **Charles Darwin**, *L'origine delle specie. Abbozzo del 1842*
14. **Friedrich W. Nietzsche**, *L'Anticristo*
15. **Federico García Lorca**, *I sonetti dell'amore oscuro*
16. **Hermann Hesse**, *Pellegrinaggio d'autunno*
17. **Marziale**, *I cento epigrammi proibiti*
18. **Edgar Allan Poe**, *Racconti del terrore*
19. **Pietro Aretino**, *Sonetti lussuriosi* e *Dubbi amorosi*
20. **William Shakespeare**, *Romeo e Giulietta*
21. **Oscar Wilde**, *Aforismi*
22. **Michail Bulgakov**, *Cuore di cane*
23. **Buddha**, *I quattro pilastri della saggezza*
24. **Edgar Allan Poe**, *Racconti del mistero*
25. **Sigmund Freud**, *Tre saggi sulla sessualità*
26. **Henrik Ibsen**, *Casa di bambola*
27. **Giovanni Paolo II**, *Pensieri di pace e di speranza*
28. **Hermann Hesse**, *Knulp*
29. AA.VV., *Canti degli indiani d'America*
30. **Edgar Allan Poe**, *Racconti d'incubo*
31. **Albert Einstein**, *Teoria dei quanti di luce*
32. **Luigi Pirandello**, *Sei personaggi in cerca d'autore*
33. **Seneca**, *La felicità*
34. **Hermann Hesse**, *Bella è la gioventù*
35. **Charles Baudelaire**, *Il poema dell'hashish*
36. **Horace Walpole**, *Il castello di Otranto*
37. *La regola sanitaria salernitana*
38. **Raymond Radiguet**, *Il diavolo in corpo*
39. **Seneca**, *L'ozio* e *La serenità*
40. **Hermann Hesse**, *Francesco d'Assisi*
41. **Ben Jonson**, *Il Dottor Sottile*
42. **John William Polidori**, *Il vampiro*
43. **Victor Hugo**, *L'ultimo giorno di un condannato a morte*
44. **Nikolaj V. Gogol'**, *Il cappotto* e *Il naso*
45. **Edmond Rostand**, *Cirano di Bergerac*
46. **Hermann Hesse**, *Klein e Wagner*
47. **Kahlil Gibran**, *Massime spirituali*
48. **Charles Baudelaire**, *Un mangiatore d'oppio*
49. **Friedrich W. Nietzsche**, *Ecce homo*
50. **Lucio Dalla**, *Parole cantate*
51. **Luigi Pirandello**, *Il turno*
52. **Hermann Hesse**, *Hermann Lauscher*
53. **Cicerone**, *L'amicizia*
54. **Franz Kafka**, *Lettera al padre*
55. **Renato Fucini**, *Le veglie di Neri*
56. **Howard P. Lovecraft**, *La casa stregata*
57. **Sigmund Freud**, *Al di là del principio del piacere*
58. **Ugo Betti**, *Corruzione al Palazzo di Giustizia*

59. **Kahlil Gibran**, *Le ali spezzate*
60. **Hermann Hesse**, *Amore*
61. **Giovenale**, *Contro le donne*
62. **Plutarco**, *Il fato* e *La superstizione*
63. **Giovanni Verga**, *Storia di una capinera*
64. **Francois de La Rochefoucauld**, *Massime*
65. **Joseph Sheridan Le Fanu**, *Carmilla*
66. **Ambrose Bierce**, *I racconti dell'oltretomba*
67. **George Eliot**, *Il velo dissolto*
68. **Bram Stoker**, *L'ospite di Dracula*
69. **Robert Louis Stevenson**, *Il ladro di cadaveri*
70. **Oscar Wilde**, *Il delitto di Lord Savile* e *Il fantasma di Canterville*
71. **Carlo Goldoni**, *La locandiera*
72. **Luigi Pirandello**, *L'umorismo*
73. **Hermann Hesse**, *Il miglioratore del mondo* e *Emil Kolb*
74. **Italo Svevo**, *Il buon vecchio e la bella fanciulla e altri racconti*
75. **Napoleone Bonaparte**, *Aforismi, massime e pensieri*
76. **Théophile Gautier,** *Jettatura*
77. **Franco Cuomo**, *Elogio del libertino*
78. **Joseph Conrad**, *Cuore di tenebra*
79. **Herman Melville**, *Billy Budd il marinaio*
80. **William H. Hodgson**, *L'orrore del mare*
81. Robert Louis Stevenson, *L'Isola delle Voci* e *La spiaggia di Falesà*
82. *Le avventure di Sindibàd il marinaio*
83. **Arthur Schopenhauer**, *Saggio sulla visione degli spiriti*
84. *I fioretti di San Francesco*
85. **Johann Wolfgang von Goethe**, *I dolori del giovane Werther*
86. **Seneca**, *Come vivere a lungo* e *La provvidenza*
87. **Karl Kraus**, *Aforismi in forma di diario*
88. **Arthur Conan Doyle**, *La mummia*
89. **Paul Verlaine**, *Femmes* e *Hombres*
90. **Aleksandr Isàevic Solzenicyn**, *Una giornata di Ivàn Denìsoviec*
91. **W.H. Hodgson/R.E. Howard/H.P. Lovecraft/S. Quinn/M.W. Wellmann,** *Gli Indagatori dell'Incubo*
92. **Sören Kierkegaard**, *Diario del seduttore*
93. **Alessandro Manzoni**, *Storia della colonna infame*
94. **Kahlil Gibran**, *Gli dèi della terra*
95. **Ivo Andrić**, *Racconti di Sarajevo*
96. **Boris Vian**, *Non vorrei crepare*
97. **Luigi Pirandello**, *Questa sera si recita a soggetto*
98. **Mohandas Karamchand Gandhi**, *Buddismo, Cristianesimo, Islamismo*
99. *Canti d'amore e di libertà del popolo kurdo*
100. **Dante Alighieri**, *Divina Commedia*
101. **Virginia Woolf**, *Una stanza tutta per sé*
102. **Michail Bulgakov**, *Le uova fatali: l'invasione dei rettili giganti*
103. **Leonardo da Vinci**, *Aforismi, novelle e profezie*
104. **Gustav Meyrink**, *Racconti agghiaccianti*
105. **Carlo Bernari**, *L'ombra del suicidio*
106. **William Shakespeare**, *Molto rumore per nulla*
107. *Aladino e la lampada meravigliosa*
108. **Ugo Foscolo**, *Ultime lettere di Jacopo Ortis*
109. **Johann Wolfgang von Goethe**, *Elegie romane* e *Epigrammi veneziani*
110. **Epicuro**, *Massime e aforismi*
111. **Friedrich Schiller**, *Il Visionario*
112. **Mark Twain**, *La banconota da un milione di sterline e altri racconti*
113. **Giovanni Della Casa**, *Galateo*
114. *Le più belle arie d'opera*, (a cura di Piero Mioli)
115. **Giuseppe D'Agata**, *Il medico della mutua*
116. **Hermann Hesse**, *Aforismi*
117. **Kahlil Gibran**, *Aforismi. Sabbia e spuma*
118. **Ezra Pound**, *Aforismi e detti memorabili*
119. **Alphonse Karr**, *Aforismi sulle donne, sull'uomo e sull'amore*
120. **Friedrich W. Nietzsche**, *Aforismi*
121. **Charles Dickens**, *Un canto di Natale*

122. **Charles Dickens**, *Il grillo del focolare*
123. **Charles Dickens**, *Il patto col fantasma*
124. **Charles Dickens**, *Le campane*
125. **Charles Dickens**, *La battaglia della vita*
126. **Karl Marx/Friedrich Engels**, *Manifesto del partito comunista*
127. **Ippocrate**, *Aforismi e Giuramento*
128. **Ettore Petrolini**, *Macchiette, lazzi, colmi e parodie*
129. **Sun Tzu,** *L'arte della guerra*
130. **David Herbert Lawrence**, *La vergine e lo zingaro*
131. **Edith Wharton**, *Ethan Frome*
132. **E. Hoffmann Price/G. Stroup/A. Burks/A. Graham/H. Lieferant**, *Le case maledette*
133. **Stephen Crane**, *Il segno rosso del coraggio*
134. **Gaspara Stampa**, *I sonetti d'amore*
135. **Gilles Bellemère**, *Le quindici gioie del matrimonio*
136. **Oscar Wilde**, *L'amore e le donne. Aforismi*
137. *Luna d'amore* (a cura di Luciano Luisi)
138. **Carlo Goldoni**, *Gl'innamorati*
139. **Tommaso Moro**, *Utopia*
140. **Guy de Maupassant**, *Le Horla e altri racconti dell'orrore*
141. **Giulio Mazzarino**, *Breviario dei politici*
142. **Buddha**, *Aforismi e discorsi*
143. *Donna, mistero senza fine bello* (a cura di Silvio Raffo)
144. **Diego Fabbri**, *Processo a Gesù*
145. **Aristofane**, *Le commedie delle donne*
146. **Edgar Allan Poe**, *Racconti dell'impossibile*
147. **Joseph Sheridan Le Fanu**, *Tre casi del dr. Hesselius*
148. **Anonimo Francofortese**, *Libretto della vita perfetta*
149. **Roberto Gervaso**, *Aforismi*
150. *Antologia del blues* (a cura di Elena Clementelli e Walter Mauro)
151. **August Strindberg**, *Inferno*
152. **Cicerone**, *L'arte di invecchiare*
153. *Mamma, le più belle poesie a te dedicate* (a cura di Giovanni Gigliozzi)
154. **Arthur Schnitzler**, *Il ritorno di Casanova*
155. **Mao Tse-tung**, *Citazioni. Il «libretto rosso»*
156. **Oscar Wilde**, *De Profundis*
157. **Apicio**, *La cucina dell'antica Roma*
158. **Ludwig Andreas Feuerbach**, *L'essenza della religione*
159. **Nathaniel Hawthorne**, *Racconti neri e fantastici*
160. **Jack London**, *La sfida e altre storie di boxe*
161. **Giorgio Saviane**, *L'inquisito*
162. **Motti dannunziani** (a cura di Paola Sorge)
163. **Pietro Verri**, *Osservazioni sulla tortura*
164. **Nikolaj V. Gogol'**, *Racconti degli «Arabeschi»*
165. **J. Rudyard Kipling**, *Il risciò fantasma e altre storie fantastiche*
166. **Fëdor Michajlovič Dostoevskij**, *Le notti bianche*
167. **Marcel Proust**, *Massime e aforismi dalla* «Recherche»
168. **Molière**, *L'Avaro*
169. **Friedrich Wilhelm Nietzsche**, *Crepuscolo degli idoli*
170. **Luciano di Samosata**, *Storia vera*
171. **Hermann Hesse**, *L'ultima estate di Klingsor*
172. **Johann Wolfgang von Goethe,** *Massime*
173. **Alfred Adler**, *Psicologia dell'omosessualità*
174. **H. Wire/R.C. Albright/S.F. Wright/T.McClusky,** *Storie di streghe*
175. **William Shakespeare,** *Sogno di una notte di mezza estate*
176. **Michel Eyquem de Montaigne,** *Dizionario della saggezza*
177. **Rainer Maria Rilke**, *Danze macabre*
178. **Plutarco**, *Sull'amore*
179. **H. Walpole/V. Lee/O. Onions/M.R. James/F.M. Crawford,** *Fantasmi inglesi*
180. **H. James/H. Lawlor/M. Freeman/D. Quick/A. Bierce,** *Fantasmi americani*
181. **J. S. Le fanu/F.J. O'Brien/B. Stokey,** *Fantasmi irlandesi*
182. **Th. Gautier/Ch. Nodier/P. Mérimée/G. de Maupassant/E. Zola,** *Fantasmi francesi*
183. **L. Capuane/L. Gualdo/A. Lauria/L. Pirandello/I. Tarchetti/ A. Mazzarese,** *Fantasmi italiani*
184. **E.T.A. Hoffmann/G. Meyrink,** *Fantasmi tedeschi*

Il sapere

Enciclopedia tascabile Newton
100 pagine 1000 lire

1. **Ludovico Gatto,** *Il Medioevo*
2. **Pio Filippani-Ronconi,** *Il buddhismo*
3. **Pierre Grimal,** *La letteratura latina*
4. **Enrico Malizia,** *Le droghe*
5. **Walter Mauro,** *La storia del jazz*
6. **Henri Michel,** *La seconda guerra mondiale*
7. **Maurice Reuchlin,** *Storia della psicologia*
8. **Henri Firket,** *La cellula vivente*
9. **Giuseppe Antonelli,** *Storia di Roma antica dalle origini alla fine della Repubblica*
10. **Mario Verdone,** *Il futurismo*
11. **Jacques Soustelle,** *Gli Aztechi*
12. **Serena Foglia,** *Il sogno e le sue interpretazioni*
13. **Claudio Quarantotto,** *Dizionario della musica Pop & Rock*
14. **Vincenzo Calò,** *L'agopuntura*
15. **F. Bluche / S. Rials / J. Tulard,** *La Rivoluzione francese*
16. **Napoleone Colajanni,** *La Cina contemporanea, 1949-1994*
17. **Claude David,** *Hitler e il nazismo*
18. **Michel Godfryd,** *Dizionario di psicologia e psichiatria*
19. **Walter Mauro,** *La musica americana dal song al rock*
20. **Robert Escarpit,** *Sociologia della letteratura*
21. **Elisabetta Chelo,** *La fecondazione umana*
22. **Luciano** e **Federico di Nepi,** *Le diete*
23. **Cecilia Gatto Trocchi,** *Le sette in Italia*
24. **Roberto Michele Suozzi,** *Le piante medicinali*
25. **Enrico Nassi,** *La massoneria*
26. **Bruno Zevi,** *Architettura. Concetti di una controstoria*
27. **Giacinto Spagnoletti,** *Storia della letteratura francese*
28. **Pierre Renouvin,** *La prima guerra mondiale*
29. **Francesca Brezzi,** *Le grandi religioni*
30. **André Morali-Daninos,** *Storia della sessualità*
31. **Frédéric Teulon,** *Dizionario di economia*
32. **Eric Buffetaut,** *I Dinosauri*
33. **Giampiero Carocci,** *Storia del fascismo*
34. **Piero Mioli,** *Storia dell'opera lirica*
35. **Tommaso Pisanti,** *Storia della letteratura americana*
36. **Pio Filippani-Ronconi,** *L'induismo*
37. **Ludovico Gatto,** *Le crociate*
38. **Stefano Lanuzza,** *Storia della lingua italiana*
39. **Cecilia Gatto Trocchi,** *La magia*
40. **Enrico Malizia,** *L'AIDS*

Biblioteca Economica Newton

Ben Ragazzi

Ciascun volume 2000 lire

1. **Robert Louis Stevenson,** *L'isola del tesoro*
2. **Rudyard Kipling,** *I libri della Jungla*
3. **James Fenimore Cooper,** *L'ultimo dei Mohicani*
4. **Arthur Conan Doyle,** *Le avventure di Sherlock Holmes*
5. **Alexandre Dumas,** *Robin Hood*
6. **Jack London,** *Zanna Bianca*
7. **Jules Verne,** *Viaggio al centro della Terra*
8. **Edgar Rice Burroughs,** *Tarzan delle Scimmie*
9. **Edmondo De Amicis,** *Cuore*

Caro lettore,

ritagli e invii in busta chiusa, dopo aver risposto alle nostre domande, la scheda allegata.

Riceverà in omaggio periodicamente il nostro catalogo.

Dove ha acquistato il libro?

☐ libreria ☐ edicola ☐ ipermercato ☐ regalo

Ritiene di aver acquistato, indipendentemente dall'opera, un prodotto editoriale:

☐ scadente ☐ mediocre ☐ buono ☐ ottimo

Barri con una X le aree di lettura che predilige:

☐ narrativa	☐ filosofia	☐ antropologia	☐ storia
☐ psicologia	☐ poesia	☐ letteratura	☐ saggistica
☐ politica	☐ fiabe	☐ teatro	☐ cucina
☐ architettura	☐ arte	☐ magia	☐ musica
☐ giallo	☐ orrore	☐ fantastico	☐ avventura
☐ fantasy	☐ fantascienza	☐ rosa	☐ archeologia

nome .... cognome ....

età .... professione ....

Via .... cap .... Città ....

Spedire a: Newton Compton editori
Via della Conciliazione, 15
00193 ROMA
Tel. 06/68803250

GTE 288

Richiesta volumi arretrati

(Spedizione contrassegno senza alcun contributo per spese postali)
N.B. Per richieste di importo inferiore a L. 5.000, inviare, unitamente alla cedola libraria, francobolli di importo pari all'ordine.

Numero collana	Numero copie	Titolo	Importo

Data ____________________ Firma ____________________